映画とは何か——映画学講義

加藤幹郎

文遊社

映画とは何か——映画学講義

目次

第2部　映画史を書く　124

イラストレーション　清田もえこ

序章　映画（film）のコミュニケーション変遷史

初期から古典期へ

　映画史をコミュニケーション媒体の変遷史として考察してみよう。そうすれば、まず映画史初期（一八九〇年頃から一九〇六年頃まで）の映画《フィルム》（動く写真）がコミュニケーションをいかに構築するのか確証できるだろう。たとえば、サイレント（無声）映画における言語的メッセージ（伝言）の伝達能力は、映画史最初期の素朴な実験映画でも成功していた。すなわち、おそくとも一八九一年に「私はあなたが好きです」と発語する人物の顔を映したサイレント映画を聾唖《ろうあ》者たちに見せたフランス人映画作家ジョルジュ・ドゥメニは、耳が不自由な観客たちが無声映画の被写体の口唇の動きを見てメッセージを首尾良く読みとったことを報告している。この実験の成功は、トーキー映画（映像と音響が同調する映画）が世界的標準媒体となる一九三〇年代前半までの約四〇年間、サイレント映画でも、そのすぐれた視覚的「現実運動」再現によって十全たるコミュニケーション媒体たりうることを証している。

　さらに一八九五年末に、パリで映画興行（不特定観客に有料で動画像を見せること）を成功させたフランス（リヨン）のリュミエール兄弟は、一九〇〇年頃まで世界各地に映画撮影技師を派遣し、日本（京都、名古屋、東京など）をはじめ、世界中のエキゾチック（異国情緒的）な風物、生活習慣をとらえたドキュメンタリー的短篇動画像をヨーロッパにもちかえった。この最初の映画帝国主義とも呼びうるものは、視覚的特権（現実的動画像）をとおして映画観客は自国にいながら世界各地に観光旅行できることを証明した（それは現代のGoogle Mapsのストリート・ビュー［路上風景パノラマ動画像］と異質ながらも類似している）。

映画史最初期における作品は、基本、ドキュメンタリー的なものとトリック的物語が主流で、人間の内面（精神）と外面（身体）の接合をコミュニケーション的に提示するリアリスティック（現実的）な物語映画製作はまだ困難だった。それゆえ、映画史初期に物語映画を製作する場合は、あらかじめ誰もが知っている聖書《バイブル》のような有名な物語素材を利用するしかなかった。

そして映画史初期から古典期への「移行期（一九〇七年頃から一九一六年頃まで）」に入ると、物語映画を活性化するために映画的語彙《ごい》（字幕＝insert titles）が豊潤化され、標準的映画文法の熟成へといたった。すなわち、人間たちの会話シーンを撮影するとき、シネキャメラ（映画カメラ）をどのようなアングルに設置し、登場人物たちの口頭をどんなサイズで組み合わせ（編集し）ながら字幕並行すれば、人間の内面性（思惑《おもわく》や感情）を充溢《じゅういつ》に外面描写できるのか（葛藤劇をいかに表現しうるのか）という方法が構築される。

そして「古典期（一九一七年頃以降）」に入ると、アメリカの映画《フィルム》は現代（二一世紀）の標準的ハリウッド映画とほぼ変わらない容貌《ようぼう》文法にいたる（むろん、一九九〇年以降のコンピュータ＝ディジタル映画では、それ以前の古典的ハリウッド映画にはなかった、歪曲《わいきょく》的な長廻《ながまわ》し［ロング・テイク］移動撮影が増長するが、それも文字通り［映像通り］古典的映画文法の延長線上にすぎない）。

娯楽／芸術／記録

ハリウッド映画は、一九一〇年代半《なか》ばからはじまるアメリカのユダヤ系移民による主要産業である。そして一九二〇年代から五〇年代まで、ハリウッド主要映画会社は世界映画産業を席巻する巨大娯楽組織となった(ただし第二次大戦中は欧州や極東への映画配給は頓挫《とんざ》される)。それは現代のコンピュータ娯楽産業同様、大衆的趨勢《すうせい》だった。そのいっぽうで、さまざまな会社、企業、寺社や公共機関などがスポンサーとなる短篇キャンペーン映画も映画会社によって量産され、映画は宣伝、教化、教育、洗脳のための社会的組織媒体としても利用された。

また、総力戦を基盤とした第二次大戦期（一九三九年―四五年）には、主要各国が本格的プロパガンダ（組織的洗脳活動）映画戦を展開し、素朴なプロパガンダ映画のみならず、充溢《じゅういつ》した物語映画においても戦意昂揚《こうよう》をはかり、戦争大義を国民教育化する（むろん、第一次大戦期［一九一四年―一八年］の映画はまだサイレント［無声］だったが、プロパガンダ映画戦コミュニケーションは、それなりに充実していた）。国家政権下の映画会社によって、世界大戦期の好機、プロパガンダ映画は一元的メッセージを膨大な国民観客に伝授し、反対者は圧殺された。

さらに一九三〇年頃までには、映画は、物語映画においては娯楽性を、ドキュメンタリー（記録）映画においては現実性を志向するものだとみなされた。他方、芸術映画《アート・フィルム》は人間（本来は自然生物）の社会的規範からの多様な逸脱構成作品となる。とはいえ、特異な芸術作品をのぞけば、娯楽映画であれ記録映画であれ芸術映画であれ、コミュニケーションから乖離《かいり》するのはむずかしい。それゆえ映画作品を芸術映画、ドキュメンタリー映画、物語映画、プロパガンダ映画といった四範疇《はんちゅう》（フォー・カテゴリーズ）に単純に分類することも愚昧《ぐまい》である。むしろ、それら四範疇の多様なメッセージが渾然《こんぜん》一体となる作品こそがコミュニケーション映画史の心髄《しんずい》となる。

あるいはまた、案件性の高い事件を、あたかも本物のように再現した「擬似ニュース映画」は映画史初期から流行していた。それゆえ、一九三〇年代に公汎化《こうはん》するドキュメンタリー映画は「本格的ニュース映画」にも影響をあたえる。製作者も配給者も興行者も観客も、ニュース映画（現実的問題の簡便速報映画）の有効性を高評価する。一九二五年頃に、巨大映画館では「本篇（長篇物語映画）」上映前に「短篇ニュース映画」を上映するという慣例が定着し、それはテレヴィが全家庭に普及する一九六〇年頃まで、世界各地の映画館で上映されつづけた。

さらに一九三〇年代には、先進諸国の大都市に「ニュース映画専門館」が誕生し、その特異な（現在は消失している）専門映画館は五〇年代まで新聞会社とともに共存した。それゆえ新聞紙がニュースのみならず小説や漫画なども掲載したように、ニュース映画専門館は、ニュース映画のみならず短篇コメディ（喜劇）映画や文化的教養映画も併映した。またニュース映画専門館の立地はもっぱらターミナル駅（終着＝始発駅）のそばであり、観客は、しばしば列車出発時刻を待つあいだ映画を見るので、短時間上映＝低料金興行がなされた。*

いっぽう、五〇年代に入ると、テレヴィ産業の世界的普及によって映画産業の衰退がはじまる。それゆえ映画関係者は映画館での映画上映のみならず、テレヴィ放映のために映画を製作するという時代となる。

プロパガンダ映画

さて前述の「プロパガンダ（組織的宣伝活動）映画」は、基本、国家政府の頑強なる統制手段のひとつとして製作された。それは外見上、フィクション（虚構）映画のみならずドキュメンタリー（現実）映画としても制作される。しかし、いっぽうで、アメリカが第二次世界大戦に参戦する前から、ハリウッド大手映画会社のひとつ（ワーナー・ブラザーズ）が、反ナチス・ドイツのメッセージをこめた娯楽映画を広範なプロパガンダ映画として量産した。これはハリウッド大手映画会社首脳陣がユダヤ系アメリカ人だったから、彼らはナチス・ドイツによる不遜《ふそん》な反ユダヤ人政策（のちのユダヤ人絶滅計画《ホロコースト》）に抗議し、アメリカ国家に参戦をうながす世論を誘導する目的で製作興行にあたったのである。そして当然ながら、こうしたユダヤ系アメリカ人によるハリウッド映画会社の「偏向」（広義のプロパガンダ性）に対抗して、ドイツ系アメリカ人上院議員は査問委員会を召集するが、その査問結果が実効的な意味をもつ前にアメリカ政府は第二次大戦参戦を決定することになった。

参戦決定後は、アメリカ政府情報部の管轄《かんかつ》のもと、戦争の大義を新兵や一般市民に教育する目的で本格的なプロパガンダ映画が大量に製作されることになる。わけても有名なのが、アメリカの膨大な兵士に見せられることになる広義の擬似ドキュメンタリー映画（プロパガンダ映画）「われわれはなぜ戦う

＊　ニュース映画専門館の詳細については拙編著『映画学的想像力』（人文書院、二〇〇六年）、第二章を参照。また映画と列車の関係については本書、第Ⅳ章を参照。

のか」シリーズである。このシリーズの監修は、アメリカの第二次大戦参加直前までスクリューボール・コメディ映画と、その政治的延長線上たるポピュリスト・コメディ映画(権威性のない一般市民が既成社会制度を改革するために努力してやまないゆえに幸福なエンディングにいたる映画)を撮らせたら、右にでる者のない大手ハリウッド映画会社のひとつコロンビアの辣腕《らつわん》映画監督フランク・キャプラ(イタリア系アメリカ人)の手にゆだねられた(ちなみにフランク・キャプラは、サイレント期にもすぐれた喜劇映画その他も制作していたが、三〇年代からのトーキー映画期においては斬新な喜劇映画ジャンル[スクリューボール・コメディからポピュリスト・コメディまで]を構築する優秀な映画作家である)。

さて、キャプラ監修の「われわれはなぜ戦うのか」シリーズ中、もっとも興味深い作品は『黒人兵』*The Negro Soldier*(スチュアート・ハイスラー、1944)である。なぜなら、アメリカの参戦前、国内で人種差別化されていたアフリカ系アメリカ人たちに、総動員体制下、一転して自由民主主義のために国外の全体主義体制と戦ってもらわねばならないという論理が説得力をもちうることは困難だったからである。アメリカ国内の人種隔離政権問題にいったん目をつぶってもらい、国外の人種差別政策国(ユダヤ人絶滅計画を遂行中のナチス・ドイツ)との戦いに専念してもらわねばならないという御都合主義的要請が一筋縄でゆくはずもない。ナチス・ドイツは有色人種国たる日本と同盟関係をも結んでいたのだから、アフリカ系アメリカ人をアメリカ連合国家のための優秀な戦闘員にすることも難しかった。そうした困難にもかかわらず、プロパガンダ映画『黒人兵』は黒人と白人の共同製作体制で一見みごとな作品として完成し、多数の黒人観客＝兵士を集合させることとなった。*

一般にプロパガンダ映画は、国民国家が挙国一致体制にいたる危急存亡のさいに国民映画として製作されることが多い。新興国ソ連邦（ロシア）では、一九二〇年代に『戦艦ポチョムキン』（セルゲイ・エイゼンシュテイン、1925）をはじめとした、すぐれた「芸術映画」が多数製作されたが、それらはまた愛国主義的イデオロギーを伝播《でんぱ》させる派生的（非本源的）プロパガンダ映画として規定されたものでもあった。

観客の均質性と多様性

さらに、映画史におけるコミュニケーションの深層的事例を考察してみよう。それは映画史初期（一九一〇年頃まで）に英国圏で流行した特異なサブジャンル「御当地映画（hometown film）」である。これは観光地や遊園地や繁華街などの局地的ロケーション映画で、たまたまそこに居合わせた地元住人たちを撮影する。その商業的目的は、撮影から二週間後くらいに、本映画を同地で上映することにあった。つまり観客たちは、映画会社の宣伝や住人同士の伝聞や自覚によって、二週間くらい前に自分たちがたまたま歩いていた所で撮影されたことに気づいており、ほかならぬ自分たち自身が映っている映画を地元で見ることを楽しみにしているのである。

＊　この詳細については拙著『映画　視線のポリティクス』（筑摩書房、一九九六年）を参照されたい。

「御当地映画」の観客は、映画を、自分たち自身の姿と自分たちがいる地元の鏡として鑑賞する。観客たちは、スクリーンのどこそこに誰それが写っていると上映館のなかで指をさし、声をあげながら映画を享受する。そして他者の眼でとらえられた地元と自分の運動を見ることで、「御当地映画」は地元共同体に客観的な自己同一性さえもたらした。これは上映映画（スクリーン上の投影動画像）において、膨大な被写体が観客自身となることで、小共同体に円滑なコミュニケーションをもたらしてくれることになる。*

このような被写体と観客同士のあいだで自己参照的なコミュニケーション性がたちあがる「御当地映画」は、その後、一九三〇年代から現代まで世界的に広範化する「ホーム・ムーヴィー」へと移行することにもなる。**

他方、「移行期」以降の商業映画は、当初、画期的でありながらも、国際市場に流通する均質な世界商品ということになる。それは、もっぱら第一次世界大戦終結（一九一八年）以降のハリウッド映画が形成したイメージであり、そうしたメイジャー映画が膨大に存在するいっぽうで、マイナー映画もまた並存しえた。「古典期」以降の映画産業の勃興化において、前述の初期「御当地映画」に類似した限定的観客層のみを目的に製作された映画も多々あった。

それは、とりわけ「エスニック（少数民族）映画」とも呼びうるアメリカ映画である。古典期以降、アメリカ映画界を代表するハリウッド映画作品は、第一次大戦終結後、世界中に膨大に輸出配給された。ところが、移民国家たるアメリカ合衆国ではさまざまな映画会社によって、もっぱら国内在住の移民第一世代向けに、たとえば「イディッシュ語（東欧系ユダヤ人向け）映画」などのマイナーな物語映画がさかんに製作された。また人種隔離政策が施行されていた一九五〇年代前半頃まで、アメリカ国内総人口の一〇パーセント以上をしめるアフリカ系観客のみを対象に、黒人主演映画「オールモスト・オール・ブラック・キャスト映画」ないし「黒人劇場専用映画（race film）」が大量製作された（本書、第VI章参照）。

これらマイナー映画の存在は、トーキー映画期にはハリウッド映画が世界各国で多様な翻訳字幕によって上映されるのとはうらはらに、ローカル（局地的）商品であるがゆえに、たとえばアメリカ国内のユダヤ系移民観客のためにイディッシュ語で会話される娯楽映画は、第二世代以降の若いユダヤ系アメリカ人観客のために英語（アメリカ語）字幕つき映画も上映された。

二〇世紀前半、アメリカでつくられた大量の娯楽＝芸術映画は、グローバル（世界的）コミュニケーション商品でありながら、同時に、ローカルなコミュニケーション商品でもあったわけである。映画出演者のエスニシティ（民族固有性）にもとづく独自の使用言語と物語内容、そしてそれに対応する同じ民族観客による物語映画への感情移入がコミュニケーション水準で重視されていたのである。

全体として見た場合、アメリカ映画はハリウッド映画のみに集約されない多様性と非均質性を有して

＊　この詳細については拙著『列車映画史特別講義　芸術の条件』（岩波書店、二〇一二年）を参照されたい。
＊＊　「ホーム・ムーヴィー」の詳細についてはインターネット映画学術誌 *CineMagaziNet!*, no.18 を参照されたい。

おり、そのかぎりで個々のエスニック映画は均質的コミュニケーションを保証されていた。「イディッシュ語映画」はアメリカ在住の東欧系、中欧系のユダヤ人移民観客のための言語と習慣を保証し、「黒人劇場専用映画」は米国内のかつての黒人奴隷観客に、ほかの映画では味わえない昂揚《こうよう》感をあたえた（一九六〇年代以前は、ハリウッド主流映画では端役しか演じることのできなかった黒人俳優たちでも、黒人劇場専用映画ではスーパー・ヒーローを演じることができた）。

古典期以降の映画観客は、スクリーンに登場する主人公に感情移入して物語映画を楽しむよう陶冶されたため、その新たなコミュニケーション水準が登場人物の外見（肌色や民族衣装や慣例的心身様式）と言語と物語の役回りによって規定された。

個人と全体

一九六〇年代にテレヴィ受像機が、また一九八〇年代にはテレヴィに接続するVCR（ヴィデオ・カセット・レコーダー）が先進諸国のほぼ全家庭に浸透する。それ以前は、映画《フィルム》は多数の観客が一堂に会する映画館《シネマ》(film theater)で見るものだった。むろん、ホーム・シアターの概念と実践は一九一〇年代からあった。しかし、映画館で上映されるのと同じ長篇作品を家庭《ホーム》で見ることは、一九八〇年代以降のホーム・ヴィデオ期まで一般化しえなかった。なぜなら、テレヴィ主流時代に家庭でテレヴィ映画を見ても、映画館で上映される普通の映画《フィルム》（約九〇分）は短時間化され、しかも放映中に何度もCF（コマーシャル・フィルム）が挿入されたので。

映画館で映画を見ることとは、暗闇内でスクリーンに投射された光の反映を観《み》ることである。言いかえれば、映画館はスクリーンからの反射光が太陽光と溶融しないように闇黒を留保する必要があった。そして映画館での映画上映中の闇は、自分が他の大勢の観客とともに同じ場所を共有しているということを忘れさせる。映画作品は多数の観客に共有されることを前提として製作されながら、上映中には観客の個人的体験(物語映画の主人公への独自の感情移入)として受容されることが多かった。それゆえ、映画は物理的には個人が多数となる場所を前提としながら、心理的には多が個となる状態を産みだす装置と考えられた。

しかし映画館《シネマ》のこの性癖《せいへき》は、当然、大衆という名の巨大な均質集団を構成することにも通じた。基本、誰もが個として映画を享受しながらも、多数の観客が映画館で同じ物語映画を共有することで、巨大なマス(ひとかたまり)も構成された。一本の映画作品が世界中の映画館で何百万人もの観客に共有されることは、他のマス・メディア=マス・コミュニケーションの拡大化と軌を一にして、二〇世紀最大の大衆社会を形成した。一九三三年のヒトラー政権誕生によるドイツの改悪なる全体主義体制、スターリン時代に代表されるソ連邦の共産主義による悲惨な全体主義体制。第二次世界大戦期における日本の国家総動員体制(最終的に特攻隊による強制集団自死攻撃行為)など、二〇世紀は個人が全体として集約される時代だったが、それは映画館で映画を見る個人集団の体験に通じることもある。

インターネット時代のマス・コミュニケーション

映画は一九三〇年代前半までに、映像と音響（音声、音楽、環境音）が機器的レヴェルに同調することになったので、マス・メディア（ツールズ・オブ・マス・コミュニケーション）のひとつとして、つぎのように定義されるようになった。すなわち、映画とは動画像と音響と静止画像（たとえば動画像のなかに一瞬提示される手紙《レター》＝書簡に書かれた文字《レターズ》や字幕など）の三つを構成要素とする表象／表現媒体である。とりわけ、映画が画像流動において同調する音声言語（口で発するもの）と文字言語（口をつぐむもの）を有することは、コミュニケーションとして重要な意義をもつ。じっさい、映画産業衰退期をはじめるテレヴィ産業（一九五〇年代初頭以降）やインターネット産業（一九九〇年代後半以降）のシステムにおけるコンテンツ（情報内容）の進展も、映画を先鋭的モデルとすることなしには考えられない。

コミュニケーションとは、メッセージの伝達者と被伝達者とのあいだで「共に」意思（「事実」にたいする意欲を身体運動を通じて活性化する精神）を「分有する」ことであり、両者間の発話と聴取が、いずれも欠けてもコミュニケーションは成立しない。そしてマス・メディア＝マス・コミュニケーション時代においては、伝達者と被伝達者が「共に」意思を「分有する」ことが希薄化している。

マス・メディアにおいては、伝達者はあくまでも被伝達者たちを塊《かたまり》＝集団（マス）として語りかけるので、被伝達者は伝達者に向かって脆弱《ぜいじゃく》な個としてしか応答できない。両者間で対等の意見交換がなされることはむずかしい。このマス・コミュニケーションにおける一方向性と非対称性が、前述のプロパガンダ映画に代表される歪曲《わいきょく》化された情報伝達、ひいてはコミュニケーション倫理低下の温床《おんしょう》となっている。

要するに、コミュニケーションの弁証法が二一世紀のテクノロジーにおいては逆説的に困難になっている。今日、もっとも民主主義的な先端文化技術たるインターネットにおいてすら、匿名性に胡座《あぐら》をかいた無責任かつ無自覚な言語と映像が氾濫し、高水準コミュニケーションの理想から離反する時代となっている。

コミュニケーションの潮流

映画は、ほかのマス・メディア（新聞、ラジオ、テレヴィなど）とともに、マス・コミュニケーションの一翼《いちよく》をになう媒体というのが大方の社会的理解である。しかし、このときコミュニケーションの質自体が問われることは少ない。前述のように、コミュニケーションは本来、情報交換と意思交流のうえに成立するものである。その意味で、映画をふくめたマス・メディアの一方向的情報伝達は、コミュニケーション潮流をいちじるしく損なうことになる。とりわけ、映画作品がコミュニケーションの一手段だとすれば、それは観客（受信者）の意思をほとんど配慮することなく、また受信者からのフィードバック（反応）もあまり期待することなくおこなわれるものである。新聞が購読者の便りを掲載し、ラジオが聴取者の声を放送し、テレヴィが視聴者本人を出演させることはできても、映画は一般にそうした受信者（観客）のフィードバックをみずからの内部に取りこむことは不得手である。それゆえ映画は種々のマス・メディアのなかで、確固たるコミュニケーションからもっとも距離をおいた媒体である。

いっぽう、現代のコンピュータ・テクノロジーによって、旧名称たる「テレヴィ電話（Skype等）」が実現された。相互に、相手の顔（眼や口の動きなど）を見ながら、誰もが視聴覚的遠隔会話をすることができる時代となった。映画がサイレントでありながら顔のクロースアップによって発話内容を観客に理解させたのは、前述のように一八九一年のことであったし、一般に映画内の登場人物同士の会話が顔のクロースアップを中心とした切り返しショットの連続で編集されるようになったのは一九一七年頃以降のことである。その後、観客は登場人物の視線（そして／あるいはカメラの視線）をみずからの視線と連繫《れんけい》させることによって、登場人物が見るものを見、登場人物が考えることを考え、それによって登場人物に感情移入し、物語世界に積極的に参入することで映画を享受するようになった。

しかしながら今日の「テレヴィ電話」は、話をする相手の顔と自分の顔の両面を画面上で同時に見ながら会話するということになっている。画面上で主役を演ずるのは、見知らぬ人物でもスターでもなく会話の相手でもなく、いわば観客でもある自分自身である。そこには動画像と同調音声というトーキー映画の特徴のほかに、つぎのような映画の一般的約束事が介在する。すなわち、自分の顔を好きなアングルとサイズで相手に見せるカメラマンの役割をみずから担いながら、なおかつ相手の顔をこちらの好きなアングルとサイズで見られるよう相手に指示をあたえる監督の役割をも担うのである。このカメラマンと監督の役回りは無論、互換可能である。こうしたインタラクティビティ（双方向性）はディジタル動画像をつかった今日の娯楽、芸術、コミュニケーション媒体に顕著な特徴である。

こうして、映画の一般的システムは今日の先端的コミュニケーション文化技術のひとつたる「テレヴィ電話」にまで影響をあたえていることがわかる。映画史のひとつの側面としてホーム・シアターとホーム・ムーヴィー（ＶＣＲなど）の長い歴史があるが、今日の「テレヴィ電話」の隆盛も映画史のそうした側面なしにはありえないだろう。映画はコミュニケーションに不向きな媒体であるが、にもかかわらず、その一世紀以上の長い歴史にもとづく新たなるパーソナル・コンピュータ装置は、コミュニケーション文化技術に映画的影響をおよぼしている。

映像史の第四のイメージ

人類の愚劣な歴史を伝える映画の表象は、基本、ふたつの極がある。一方の極に短篇映画『夜と霧』*Nuit et Brouillard*（アラン・レネ、1955）のように、痩《や》せさらばえた棒切れのようなユダヤ人の屍体の山などが提示されるホロコースト（大量虐殺）の凄惨さを端的かつ短時間（三〇分）で伝える映像証言。他方の極に、商業主義的ハリウッド映画『シンドラーのリスト』*Schindler's List*（スティーヴン・スピルバーグ、1993）で示されるような、ナチス・ドイツ国家政権による強制収容所の悪辣《あくらつ》かつ惨憺《さんたん》たる人間様態。たとえば、大勢のユダヤ人被収容者が収容所の外庭で全裸のまま駆け足させられ、そこで体力をすでに失っている者たちが選別されて絶滅収容所（大量殺戮工場）へと移送されるシーン。さらにまた収容所内の子供たちだけが母親たちから引き離されて絶滅収容所へとトラックで運ばれるシーン（そこでは事後の虐殺現実よりも、母子間のメロドラマ的離別が強調される）。

かくして、一方の極に絶滅収容所の純然たる殺戮工場機器と累々《るいるい》たる屍体の山（首を切り落とされているユダヤ人たちの複数の顔と身体）の映像があり、他方の極に一時収容所の存在目的たる被収容者たちの選別と移送が演出された映像音響がある。そして「ホロコースト映画」のこの両極的イメージの中間地帯に、充溢《じゅういつ》たる超長篇ドキュメンタリー映画『ショアー』*Shoah*（クロード・ランズマン、1985）がある（「ショアー」とはユダヤ人のヘブライ語で「ホロコースト」の意）。映画専門家ではない、このユダヤ系フランス人監督による九時間半の映画は、世界映画史上最高のドキュメンタリー映画作家（ユダヤ系アメリカ人）フレデリック・ワイズマンの傑出したドキュメンタリー作品群*とは、かなり異質な、部分的に少し非ドキュメンタリー化する、素朴ながらも充実した作品である。しかも、そこでは、かつて絶滅収容所に取りこまれながら例外的に生きのこったイスラエル在住のユダヤ人が詳細な「証言（当時の絶滅収容所内でのユダヤ人たちの被虐殺状況の話）」をしながら、凄惨な殺戮の記憶に窮《きゅう》して、ついに押し黙らざるをえなくなってしまった生存者の顔を、再発話を待つあいだ、えんえんと超長廻し撮影で提示する傑出したシーンがある（本書第Ⅲ章、参照）。

　しかしながら、第二次大戦中のホロコーストは、当然、この三種類のイメージだけで語れる（提示する）ことはできない多様な凄惨形象である。前述の三つの映画のイメージとは異なる別種の（第四のイメージ）映画もあり、それもまたホロコーストの「現実」を表象（提示）できるという点で重要である。「第四のイメージ」の重要ポイントは、ハリウッド映画『シンドラーのリスト』で描かれるような一時収容所（アウシュヴィッツのようなユダヤ人大量殺戮《さつりく》工場［絶滅収容所《ホロコースト》］へ被収容者を定期的に送りだすための通過駅のような収容所）に拘束されていた当時のユダヤ人自身がみずからの収容所内の被収容者たちを撮影した映画である。

　そして戦後、西ドイツ人となる特異なドキュメンタリー映画作家ハルーン・ファロッキ**が、韓国のチョンジュ国際映画祭のディジタル・プロジェクション作品用オムニバス映画（複数の短篇映画の接合によって観客が映画身体に乗り合わせる映画《オムニバス》）『記憶』*Memories*（二〇〇七年、ポルトガル、リスボン出身の傑出した映画作家ペドロ・コスタも共同参加）制作のために、フィルム・アーカイヴ（映画保存所）から発掘した前述の被収容所記録映画を再編集した『執行猶予（一時中断）』*Respite*（2007）という特異なドキュメンタリー映画（四〇分）がある。

そこには一九四四年に、あるひとつの強制収容所の模様を撮影することを許可された（というよりも、検閲用に撮影することを命じられた）被収容者＝ユダヤ人男性の手によって、強制収容所の別様のイメージが現出する。すなわち、それはわれわれが一般に強制収容所について知っているつもりのイメージを裏切って、収容所内の仮設劇場でヴァラエティ・ショウや演奏会などが愉しくおこなわれ、また収容所の運動場でユダヤ人女性被収容者がダンスに興じ、さらにまた、この一時収容所から絶滅収容所（虐殺工場）へと貨物車輛で送りだされるときの被収容者の笑顔さえも映しだされる。

当時、検閲された「ドキュメンタリー映画」（現実を百パーセント提示することなどない映画）では、一時収容所内に送りこまれるユダヤ人たちも、そこからさらに絶滅収容所へと移送されるユダヤ人被収容者も整然とし、彼らを送り迎えするＳＳ（ナチス親衛隊）も紳士然としている。むろん、これは検閲

*　土本典昭他編著『全貌フレデリック・ワイズマン　アメリカ合衆国を記録する』（岩波書店、二〇一一年）を参照されたい。
**　ファロッキ自身による、すぐれたドキュメンタリー映画論については、『現代思想　ハリウッド映画臨時増刊特集』二〇〇三年六月号（青土社）における共拙訳を参照されたい。

ずみのドキュメンタリー映画であるから、ナチス・ドイツにとって都合の悪いイメージが見られないのは当然である。

しかし、すぐれた映画作家ハルーン・ファロッキは、ユダヤ人被収容者撮影者が一九四四年にのこしたフィルムを、約六〇年後に再編集して現代の観客に再提示するとき、すぐれた分析的イメージを創出する。映画作家ファロッキは、われわれ観客同様、この擬似記録映像を眺めながら、さまざまな問いかけをし、さまざまな分析解釈をほどこしたのだ。なぜ被収容者たちは収容所内での強制労働にほとんど嬉々として献身的に従事しているのか。なぜアウシュヴィッツ（絶滅収容所のひとつ）へ向けて収容所駅を出発する列車（貨物車輌）内で、ユダヤ人のひとりが笑みを浮かべるのか。そうした種々の問いかけのなかで、ファロッキはひとつのイメージを見のがさずに再編集する。それは、この記録映画の男性撮影者（ユダヤ人被収容者）がクロースアップ（大写し）に近いショットで撮った唯一の対象たる、ひとりの少女（ユダヤ人被収容者）の茫然とした表情である。彼女は貨車に乗せられ、扉が閉められるまえの一瞬、自分の悲惨な運命に気づいたかのような虚《うつ》ろな表情にいたっている。

この映画には絶滅収容所へと移送される被収容者たちの抵抗感など、いっさい提示されない。そのような現実映像が、この検閲ずみ映画内に認められるわけなどないからである。にもかかわらず、検閲ずみ映画のなかに、ファロッキが指示するように、検閲から逸脱する「第四のイメージ」が生成する。すなわち、貨車のなかで静かにたたずむ少女の虚無性である。それは洗練された再編集ゆえに、前述の収容所でのダンスやショウや貨物列車内の被収容者の笑顔の映像と対極的関係になることもなければ、弁証法的関係になることもない。両者は、いわば、たまたま隣り合ったイメージとして並置されるだけで、第四のイメージとして生起する。すなわち「事実を虚構化するもの、それが現実世界である」ということである。

イメージの再定義

なおイメージ（image）とは、想像と実践をつなぐ架橋である。つまり、イメージそれじたいは作業仮説から現実基盤へと確実に移行することはなく、ただそれ自体でありつづけることによってしか用をなさない。イメージは、それが指示／思案させるものから乖離《かいり》することで（あるいは現前を表象に代補することで）、はじめて他者に共有されなくもない流動性を獲得する。世界の景勝地は写真に撮られ、絵葉書となり、海外者へと投函されてイメージ（映像）として成立する。「絵葉書」であれEメイル添付写真であれ、イメージはいつまでも統覚にいたることのない現実の便宜的認識である。この意味で、イメージは部分の総和を全体に変え、欠落の常態化を円満な日常へと補完する。精神分析学者ジャック・ラカンによれば、自我もまたイメージにすぎないが、それでも自己の鏡像を失うことが忌避すべき厄災であることはドイツ映画『プラーグの大学生』*Der Student von Prag*（1912/1926/1935）にも明らかである。イメージとして持続変貌される自我がなければ、そこに人間関係も社会活動も成立しえないからである。*

＊　映像と言語の伝達たる「絵葉書」の多元的想起性については、ジャック・デリダ、若森栄樹他訳『絵葉書　I』（水声社、二〇〇七年）を参照されたい。

そして／あるいは「わたし」のコミュニケーション

さらに、わたしがハルーン・ファロッキの映画のごとく、「第四のイメージ（他者が撮影した映像の混淆的位相性）」と遭遇したのは、ロサンジェルス山麓《さんろく》のJ・ポール・ゲティ美術館においてだった。そこで卓越なるコンピュータ・アーティスト（七〇年―八〇年代はヴィデオ・アーティストだった）ビル・ヴィオラの最新展覧会とともに、リー・ミラー写真大回顧展が開催されていた（二〇〇三年）。

膨大な収蔵品を誇る写真アーカイヴもそなえたこの巨大美術館は、一九三〇年代のフランスでマン・レイやローランド・ペンローズ（米英系男性の有名なシュルレアリストたち）と親交したアメリカ人女性リー・ミラー（当時は写真モデルでもあった美女）が、一九四〇年代前半、報道カメラマンとして従軍し、連合軍の攻勢とともにナチス・ドイツが敗戦をむかえるプロセスの記録（写真）を大量にのこしている。

ゲティ美術館における回顧展で展示された彼女の多数の写真のなかで、とりわけわたしがおどろいたのは、ホロコーストの典型的な写真、前述の第一のイメージ、すなわち、ぼろきれのようになったユダヤ人たちの慄然《りつぜん》たる屍体の山の写真のかたわらに並べられた一連の優雅なブルジョア階級者たちの写真である。とりわけ、豪奢な衣装をまとった若い美しいブルジョア女性が高級住宅のソファにすわって眠っている（ような）優雅な光景写真。すぐ隣には、壮年期の夫婦と思われる男女が、先ほどの若い女性と同じような姿勢で、同様の高級ソファに二人並んですわって気持ちよく眠っている写真が展示されている。一種独特の雰囲気を放つ写真群である。ところが、写真のかたわらに添えてある説明文を読んで、おどろいたことに、気持ちよく眠っているかに見えたこれら三人の男女が、服毒自殺したベルリン市長親娘の直後の撮影写真であることがわかった。ベルリン市内がアメリカ連合軍の掌中に落ちたとき、ベルリン市長は市庁舎内家屋で妻と若い娘とともに服毒自殺し、その直後にアメリカ軍人および従軍写真家リー・ミラーに発見され撮影されたのである。彼らは数時間前まで生きていたのである。服毒薬じたいも彼らにいっさい苦痛をあたえなかったのだろう。彼らの姿（屍体）は、わたしに、なんの心身的苦痛も感じさせることなく、衣服にも一糸の乱れもなく、気持ちよくソファで眠っているようにしか見えない優雅な屍体群。

そのナチス・ドイツ人のブルジョア的屍体の写真群が、棒きれのようなユダヤ人たちの凄惨な屍体の山の写真群と展示会場で（当時の撮影時期と並行して）並べられている。従軍写真家として、モデルでもあった美しいリー・ミラーが、ドイツ各地を訪れ、ベルリンをはじめ、各地の絶滅収容所で目撃した殺戮＝戦争の現実、ナチス・ドイツのみならず、不埒《ふらち》な人類史の延長線上のテクノロジカルな権威的人間（弱肉強食動物）による蛮行痕跡を正確に撮影している。

これら固有の独自の密度をもった屍体写真の並置に、ホロコーストの「第四のイメージ」が浮かびあがる。大戦中に屠殺工場とも言うべき各絶滅収容所で殺されていった約五〇〇万人のユダヤ人たちの凄惨な屍体と、高級住宅内で安眠しているかのようなベルリン市長の美しい娘の屍体が、同じ「生から死への転換」でありながら、あまりにもイメージが離れすぎているので、それが「同じ死」であるとは言えないわけである。そして、あまりにも人目にさらされすぎて、ホロコーストの紋切り型になってしまった感のある棒きれのような絶滅収容所の累々たる屍体の山は、眠っているかのように死んでいる、あざやかなベルリン市長の娘の稀有な写真とくらべると、死亡（屍体）というイメージの本来の衝撃力をわたしは失ってしまう。二〇世紀前半におけるホロコーストのような前代未聞の蛮行すら、そのイメージは陳腐化し、ステレオタイプ化してしまう危険にたえずさらされるのである。

だからこそ、すぐれたドキュメンタリー映画作家ハルーン・ファロッキのように、ホロコーストの「第四のイメージ」をくみだす作業が重要になる。命令されて撮影され、検閲されて上映された映画の内部に見えないイメージを創出すること。それが世界映画史上、きわめて放胆な自己反射的コミュニケーション成果なのだ。逆に言えば、コミュニケーション・ルールが一元的であれば、現実世界は蒙昧《もうまい》化するにすぎないのである。

BRUIN

第1部　映画を見る

Frankie & Johnny
Al Pacino
Michelle Pfeiffer
Frankie & Johnny

（扉写真）ロサンジェルス市ウェストウッド地区の映画館ブルーイン・シアター

第Ⅰ章　サイコアナリシス　映画を見る（聴く）とはどういうことか

死を公然たる主題にしたテクストに、心を動かされない者がいるだろうか？

――ロラン・バルト*

わたしはまるでオルガンを演奏するみたいに観客を演出した。

――アルフレッド・ヒッチコック**

理想的な観客

一本のフィルムの肌理《きめ》、その織り合わせを愛《め》でることとは、ひとりの理想的な観客を立ちあげることである。フィルムの重層的、多元的な意味合い、その生成変化の現場に立ち会い、意味のうねりに身を投ずる観客を想定すること。この観客は、初見でありながら、一本のフィルムのすべてのショット、すべ

* 花輪光訳『記号学の冒険』（みすず書房、一九八八年）、一八九頁。
** 山田宏一、蓮實重彦訳『映画術　ヒッチコック／トリュフォー』（晶文社、一九八一年）、二八一頁。

てのシーンの視覚的、聴覚的相関関係に高度に自覚的な実践家である。はじめてその映画を見ながら、それが自分のうちに巻き起こす感情の奔流《ほんりゅう》に身をまかせ、しかも各ショット、各シーン、各シークェンスの構成を映画の全体的文脈のなかで的確に反芻《はんすう》しながら見る（聴く）ことのできる観客。わたしたちはこのような理想的な観客を想定することで、映画のより十全な記述に到達することができるだろう。

この理想的な観客はまた教育効果上の産物でもある。一九九五年頃に日本で誕生してまもない映画学コースの講義と演習では、理想的な観客とは、学生たちが導かれてゆく先に位置する教育的なポジションとなるだろう。学生たちはまず「理想的な観客」になることを第一の学業目標に教育指導される。理想的な観客になるプロセスをとおして、学生たちは、映画製作の政治的、文化的、歴史的、経済的諸条件を学習し、一本のフィルムの意味生成のメカニズムの探求の悦び、知性と感性の饗宴に参加する悦びを学ぶことになるだろう。言いかえれば、問題になるのは、ある一本の映画テクストの静態的な解釈ではなく、意味の生成と脱臼《だっきゅう》にひとはどのように向き合うのか、その実践的な探求である。

しかしなぜ教育が問題になるのか。なぜ探求なのか。この問いに答えることは、本章そのものの射程を超え、人文諸科学全体の存立基盤にかかわることになるだろうが、わたしたちはとりあえず次のように答えておきたい。すなわち、もしひとが映画を見る動物であるとすれば、映画批評家の仕事は、ひとにある特定の映画を見るように勧めることにあり、映画研究家の仕事は、それを見たにもかかわらず、そこで何ものかが不可視にとどまっていたことを指摘し、それがなぜ見えていなかったのか、その原因をテクストと歴史の双方に探ることにあると。映画批評家はひとを劇場へと駆りたて、映画研究家はひとを内省へと駆りたてる。スクリーンのうえに見たはずのものが見えていなかったとすれば、それはいかなる理由によってなのか、そしてよりよく見るためにはわたしたちはどうすればよいのか、見ること（と聴くこと）へのこのドライヴこそが、教育と探求の、そして批評と研究の出発点であろう。そしてそれが教育にかかわるかぎりにおいて、この探求がしょせん合目的的で、有意的であるという印象をまぬがれないこともわたしたちは知っている。しかし、それでもわたしたちは映画を見ることの厳密にして偶発的な認識を信じて、この探求に着手したい。

他方、理想的な観客は歴史的虚構でもある。

そもそも映画とは近海鮪《まぐろ》のようなものである。専門的な能力と多大な労力、そしてそれなりの資本を集中的に投下しながら、映画はきわめて短命の商品とみなされていた。二週間も上映されれば、それは劇場から降ろされ、また別の新しいフィルムにかけかえられる。あくまでも鮮度が重視されたのである。それゆえ映画はまた週刊誌のようなものでもある。一、二週間もすれば、それは観客（読者）の記憶から忘れ去られ、次の新しい巻にとってかわられる。映画はそのときどきの観客の夢と欲望を最大公約数的に反映しながら、大量生産されてきた。それゆえ、わたしたちのいう理想的な観客とは、そのフィルムが公開された週に、すばやく劇場に駆けつける熱心な映画ファンのことでもある。旬の時期に旬の映画を見る。こうした観客は、何十年も保存された冷凍鮪をＶＣＲ（ヴィデオ・カセット・レコーダー）、YouTube解凍しながら賞味するわたしたちのような遅れてきた観客とは決定的にちがっている。当時の観客は映画の本当の味わいを知っていたにちがいない。つまり、わたしたちのいう歴史的虚構としての理想的観客とは、映画が公開されたそのときに、それを見る観客を今日、再構成した姿のことである。

本章は、以上のような理想的な映画観客の瞳（と鼓膜）に、ある一本のフィルムがどのように映じ（響き）うるのか、映画の上映時間中に、この観客は何を感じ、何を考えうるのかをできるだけ精密に再現しようとするものである。むろん、以下に記述されるこの理想的な観客の反応は、あくまでも理論的なものであり、あなたやわたしがじっさいに映画を見るときの反応とは一致しないかもしれない（むしろ一致するほうが気味悪いだろう）。しかしいずれにせよそれが、かけがえのない体験であることには変わりはないはずである。「理想的な観客」はフィルムをどのように経験するのか、以下の分析あるいはスローモーション再生（理解は一時的に運動を遅らせる）は、そうした問いに答えようとするものである。

直線的な結合

映画が、その受容において漫画や小説などと大きく異なる点がある。それは映画がほかの物語媒体にくらべて、きわめて緊密な継起性をもっているという点である。映画の物語の構成単位（ショットやシーンやシークエンス）はリニアに編集され、その直線的結合ぶりはほとんど鉄道を思わせる。* 映画のこの物理的前提なしには、登場人物のいかなる運動（モーション）も情動（エモーション）もありえない。映画の物語展開はあくまでも物語単位の一方向的継起性のうえになっており、観客の物語受容は、映画のこの物理的制約から自由ではありえない。映画の観客は小説や漫画の読者とはちがい、ページを読み飛ばしたり後もどりするような緩やかな自由はあたえられてはいない。

映画のこの前提事項は、映画の物語構成が観客にあたえる効果に自覚的な映画作家に大いに利用されることになる。

ここにとりあげるアルフレッド・ヒッチコックという監督はまさにそのようなタイプの作家であり、その名を知らぬ者はないこの偉大な映画作家が演出した『サイコ』*Psycho*（1960）は、映画のこの自明の直線的結合性を利用して、観客に思いがけない効果をあたえるよう構成された稀有《けう》な作品である（ヒッチコック本人も「『サイコ』はたぶん私の作ったもっとも映画的な映画の一本だろう」と述べている）**。じっさい『サイコ』ほど世界中の観客に大きな驚愕《きょうがく》をもってむかえられた作品もないし、映画ファンを自称する者で『サイコ』を見たことのない者もまたいないであろう。以下の分析（アナリシス）は『サイコ』のそうした特徴を中心におこなわれる。

感情移入の化け物

恐怖映画『サイコ』は、一九三〇年以来このジャンルの成長と発展に力のあったユニヴァーサル社のスタジオをパラマウント社が借り受けるかたちで製作され、一九六〇年に全米公開された。『サイコ』が

* 鉄道と映画の関係ならびにヒッチコックの他の諸作品については本書第Ⅳ章、一六八頁以下を参照されたい。またヒッチコック映画全体の革新性については、拙著『ヒッチコック「裏窓」ミステリの映画学』（みすず書房、二〇〇五年）を参照されたい。

** アルフレッド・ヒッチコック著、シドニー・ゴットリーブ編、鈴木圭介訳『ヒッチコック映画自身』（筑摩書房、一九九九年）、三四一頁。

劇場公開されたとき、この映画を見たひとびとのなかに理論的に存在するはずの理想的な観客は、この映画にどのように反応したであろうか。彼あるいは彼女は『サイコ』の「おもしろさ」あるいは「こわさ」をどのように受けとめたであろうか。じっさい『サイコ』はどのようなメカニズムによって、理想的な観客に前代未聞の恐怖を惹き起こしたのであろうか。

劇場の暗闇のなか『サイコ』を見はじめて五〇分ほどが経過したとき、理想的な観客は腰を抜かすようなショックに見舞われる。ヒロイン(当時、有名な女優のジャネット・リー)がほとんどなんの前触れもなく、なんら明確な理由もなく誰とも知らぬ人物に突如襲われ切り刻まれ絶命するからである。ヒロインのこの不意の死は、少なくとも次のふたつの理由から理想的な観客を死ぬほど驚かす。

第一に、ヒロインの死は理想的な観客本人の死だからである。ヒロインが浴室で惨殺されるとき、それを傍から見ていた理想的な観客もまたいわばそこで惨殺される。

理想的な観客とは、必要とあらば、物語映画の主人公にほぼ無条件で感情移入する者のことである。そもそも彼あるいは彼女はなぜ身銭を切ってまでして映画館に出向き、他人の生活と意見に関心をはらう必要があるのか。それは感情移入の渦《うず》に溺《おぼ》れんがためである。他人の人生をつかのまとはいえ我がものにせんがためである。さらに言えば、感情移入をとおして自分ではない他の何者かになることによって、かりそめにも自己の心身限界を超えんがためである。

映画学者クリスチャン・メッツはかつて精神分析学的光学をとおして、映画の観客がスクリーンの主人公より上位の超越的主体に同化する仕組みを照らしだしてみせたが*、いま確認しておきたいことは、映画の観客は言ってみれば感情移入の化け物であり、隙あらば他人の心にはいりこみ、他者になりきって我を忘れたいと願っている人間だということである。逆に言えば、ここで問われているのは、物語映画はなぜ主人公を必要とするのかということである。映画の主人公は端的に言って観客を釣る擬餌である。理想的な観客は、スクリーンの彼岸から観客席に投げいれられた擬餌に釣られて向こう側の世界へとはいってゆく。主人公は理想的な観客が銀幕の向こうの物語空間に円滑に参入するための潤滑剤の働きをする。フライ・フィッシングにつかわれる擬餌はつるりと滑らかで、きらきらと極彩色に輝き、魚たちの眼を惹く。同じ理由から映画の主人公はしばしば燦然《さんぜん》と輝くスターたちによって演じられる。誰もが見知っているスター、『サイコ』の場合なら、人眼を惹く美人女優ジャネット・リーが擬餌の役目をする。すでにキャリア一五年近いこの有名女優が、映画がはじまって（その直線体を旅して）まだ半分も経たないうちに（あるいは半分近くも経っている以上）まさか殺されるはずがない、理想的な観客なら誰もがそう無意識に考えている。ところが映画のこの無意識の慣習を『サイコ』は無残にも打擲《ちょうちゃく》し、理想的な観客を死ぬほど驚かせる。

一般に映画の主人公は、理想的な観客をのせて物語世界を航行するテーマ・パークの乗物（ライド）のようなものである。観客は主人公がゆくところにゆき、主人公が見たものを見る。それゆえ主人公はスタンドインでもある。主人公が観客の「身代わり」としてそこにいる以上、主人公は原則としてスク

＊ Christian Metz, *The Imaginary Signifier: Psychoanalysis and the Cinema* (Bloomington: Indiana U.P., 1982), pp. 55-56.

リーンのなかで死ぬはずがない。ところが『サイコ』はハリウッド映画史上はじめてその制度的原則を破棄する。ヒロインのジャネット・リーが物語半ばで斬殺されるとき、理想的な観客は文字通り一心同体のスタンドインを失い、いったいのこりの映画旅程をどうやって楽しめばよいのか途方に暮れてしまう。テーマ・パークの乗物は故障して動かなくなり、映画はそこから先に進まない。* 理想的な観客は貝殻を失ったヤドカリのように映画の大洋に投げだされ、眼鏡を奪われた視力矯正者のように見知らぬ空間に放りだされる。ヒロインがシャワー室でめった刺しにされるとき（もっとも、ナイフがじっさいに柔肌に突き刺さる場面などないのだが）、理想的な観客もまたヒロインとともに浴槽に屠《ほふ》られる。

以上が『サイコ』のヒロインの死が、理想的な観客を死ぬほどこわがらせる理由の第一である。この映画は母殺しの罪にほおかむりを決めこむ息子のおぞましき精神の物語であるが、その映画のなかでもっともおぞましい瞬間が、殺されてはならないはずのヒロインが殺されるときである。これが『サイコ』を映画史上もっとも戦慄すべき恐怖映画としている第一の理由である。しかしながらこの第一の理由も、以下に記述する第二の理由とくらべれば、わたしたちの本来の関心であるフィルムの肌理そのものには直接関与しない、映画の制度的な水準、映画の外部水準にとどまっている。理想的な観客を心底こわがらせる第二の理由は、『サイコ』というテクストの内部水準からやってくる。

ナイフとワイパー

先にヒロインはほとんどなんの前触れもなしに突如切り刻まれ絶命すると述べたが、映画の内部水準に位置する恐怖はまさにこの点を問題とする。はたしてヒロインは本当になんの前触れもなしに殺されたのかという問いが可能なのである。この問いに答えることは、この惨殺場面を特徴づけるあのいわく言いがたい不条理にひとつの明快な説明をあたえることにもなるだろう。

しかし、この問いに向かうまえに、ひとつ予備的考察をすませておかねばならない。『サイコ』のヒロイン（ジャネット・リー）は人里離れたモーテルの浴室で惨殺されるのだが、そのまえに結婚資金に窮して会社の金を横領している。ヒロインが勤め先で大金を預かり、それをもって逃走しようと決意するとき、彼女の背後の壁にかかっている一枚のパネル。その写真が理想的な観客の眼を惹かずにおかない（S①）。彼女がいるのは不動産屋のオフィスなのだから、そこにある種の不動産の写真が掲げられているのはごく当然のことであろう（その写真に写っているのがおよそ宅地開発にふさわしくない荒野に見えるとしても）。しかしそれにしてもそのパネルの写真はどこかしら不自然である。そこに写っている光景は人里離れた荒野である。そこにはひとつ子ひとり写っておらず、ただあっけらかんとした寂寞感が漂っている。そしてこの荒野の写真を背に仕事をしていたヒロインが、会社をあとにして十数時間後（上映時間にして重苦しい四分後）、逃避行の果てに、この写真の場所とよく似た人気《ひとけ》のない荒野にいることに理想的な観客は気づく。その場所は、写真の風景同様、風にそよぐ草木以外動くものは何ひとつなく、いわく言いがたい孤独感がヒロインがそこで不安な夜をすごしたにちがいない乗

＊　映画とテーマパークと銀幕の向こう側への旅については本書第Ⅳ章、一四三頁以降を参照されたい。

用車を包みこんでいる（S②）。前日、その背後でヒロインを包みこむように存在していた巨大写真パネルはいわばヒロインの未来（彼女がそのとき人知れず決意した未来）を予兆し、その後の物語の発芽をうながしていたように思われる。

前述したように、映画の物語展開は物理的な継起性に依存している。物語の構成単位たるショットとショット、シーンとシーンは直線的に結合しており、その一方向的で緊密な直線性が映画の物語時間を産みだす。パネルの光景（S①）とじっさいの風景（S②）とは全体としてたがいによく似ており、それゆえ先行するS①が後続するS②を予示し、遡及的に言えばヒロインの行動や運命を密かに理想的観客に予告していたように思われる。S①とS②はこの映画的テクストにおいてたがいに同質の肌理を示しているのである。

『サイコ』における映像の予示作用（あるいはテクスチュアの一貫性）を強調しなければならないのは、この映画の早すぎたクライマックスとでもいうべき浴室の殺人シーンもまたそれに先だつシーンによって予告されていたからである。

逃避行の果てにモーテルに投宿したヒロインは、自分が犯した罪を悔い、盗んだ金を返す決心をする。それから彼女は浴室にはいるのだが、すでに諸家も指摘するように、*シャワーの水は彼女の過去の罪科を洗い流すはずであった（S③―S④）。ところが何者かの手によって突如浴室のカーテンが開けられ、無防備な彼女の裸体に幾度となくナイフが振りおろされ、おびただしい血が流される（S⑤―S⑥）。ナイフは彼女の身体を切り刻み、フィルムもまた彼女の身体同様、裁断される。シャワー・カーテンの向

S①
ヒロインの背後に荒野の写真が見える

S②
十数時間後、ヒロインは写真同様の荒野のなかに

S③
罪を洗い流すはずのシャワーが……

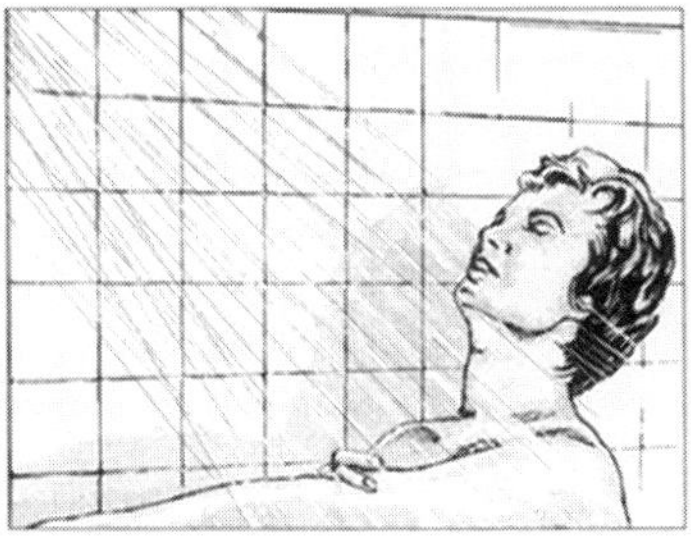

S④
しのつく雨の代わりにシャワーのお湯が

こうに不吉な影がせまるショットから、殺人鬼が立ち去るショットまでのわずか四〇秒ほどの殺害シーンが実に三三ショットにも裁断（編集）され、彼女の断末魔の叫びはフィルムそれ自身が切り刻まれるときの痛みの声のようにも聞こえる。

この殺害シーンは前述したように、理想的な観客を死ぬほど驚かす。まさかここで自分のスタンドインたるヒロインがあっけなく動きを停止してしまうとは夢にも思わなかったからである。だが、はたして本当にそうであったのだろうか。理想的な観客は五〇分近くものあいだ、なかば同化しつづけてきたヒロインとともに、ここで本当に思いがけず殺されたのであろうか。彼あるいは彼女にとって、この問いの答えはイエスであると同時にノーでもある。というのは、シャワーを浴びる彼女の裸身にナイフの最初の一撃が振りおろされる二〇分ほどまえに、理想的な観客は実はまったく同様のシーンをすでに見ていたからである。そのふたつのシーンは、先ほど検討したＳ①とＳ②がたがいに似かよっていたように、たがいによく似ている。その問題のシーンとは、ヒロインが「惨劇のモーテル」に到着する直前のシーンである。それは夜、しのつく雨のなかを車を走らせるヒロインの顔のまえで（Ｓ⑦）、フロントグラス（ウィンドシールド）にたたきつける雨をはらいのけるワイパーが何度もゆききしていた場面のことである（Ｓ⑧―Ｓ⑨）。

この浴室シーンと運転シーンには、少なくとも三つの共通点がある。すなわち水飛沫、しかめられたヒロインの顔のクロースアップ、そして弧をえがきながら機械的に振り動かされる金属片の三点である。つまりヒロインの顔にふりかかるシャワー（Ｓ③―Ｓ④）は、しのつく雨（Ｓ⑧）とそれを見つめるヒ

S⑤
シャワーのなかのヒロインにむかって
振りおろされるナイフ

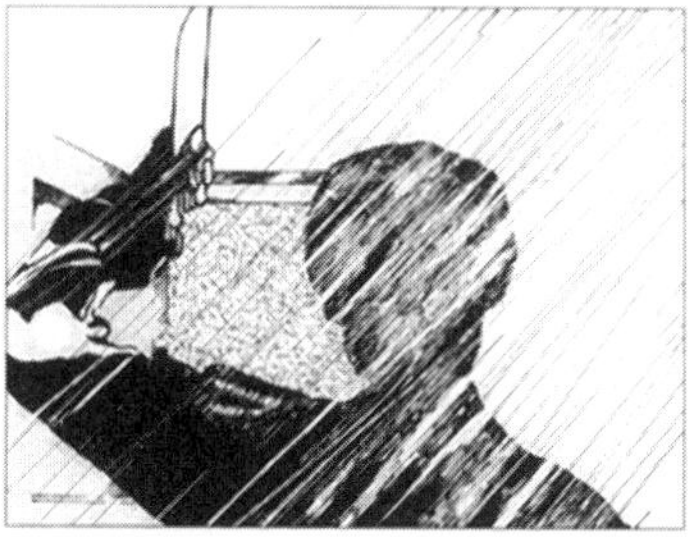

S⑥
肘を中心に何度もナイフが振りおろ
される

S⑦
しのつく雨に視界を失うヒロイン

S⑧
雨をはらうフロントグラス上のワイ
パー

ロインの顔（S⑦）によって先どりされており、肘を定点に何度も振りおろされるナイフ（S⑤―S⑥）は弧をえがくワイパー（S⑧―S⑨）によって先どりされている。ふたつのシーンの酷似ぶりは理想的な観客にとってはただごとではない。浴室での殺害シーンは、理想的な観客にとって思いがけない場面であると同時に、まえもって見知っていた場面でもあり、それゆえ理想的な観客は倒錯的な感覚に襲われる。彼あるいは彼女は未知であると同時に既知であるという不思議な既視感をともなってこの殺害シーンを見なければならない。死はたった一度しか訪れないはずなのに、それがこの映画のなかでは二度襲ってくる。後述するように、『サイコ』では不吉なことはいつも二度くりかえされる。そしてそれこそがこの死の映画テクストを彩る恐怖のテクスチュアなのである。

かくしてヒロインは本当になんの前触れもなく殺されたのかという問いは、理想的な観客にとってはイエスでもありノーでもある。1であると同時に0でもあるというこの両価的な不安定状態に『サイコ』の理想的な観客はおかれる。それがヒロイン惨殺シーンが理想的な観客を震撼せしめる第二の理由である。

唐突でありながら予告されていたもの、知っていながら知らなかったもの、最初でありながら二度目であるもの、そうした両義的混乱のなかで理想的な観客はヒロインの死を経験する。

むろん、わたしたちの想定する理想的な観客は、一九六〇年に『サイコ』が公開される直前に全米の映画館で流された、監督ヒッチコック自身が案内役をつとめる奇妙な七分弱の予告篇（ベイツ・モーテル・ツアー）で、この浴室の凶行のことがあらかじめ暗示されている。それゆえ当時の観客の多くは、ヒロインがシャワーを浴びはじめるや、なにかしら不吉なものを感じはじめたにちがいない。テクストの外でも内でも、ヒロインの死は予告されていたのである。さらにいえば、ベイツ・モーテルで血の雨をふらせるシャワー・ヘッドもまたあらかじめヒロインの自室に登場していた。映画の序盤でヒロインがあわただしく逃走準備をしているその背後に、そこになくてもいっこうにかまわなかったはずのシャワー・ヘッドがたしかに見えていた（S⑩）。それは理想的な観客にとって、忘れられているが同時に忘れられていない何ものかである。

殺人鬼と髑髏

さて、こうした倒錯的な既視感が『サイコ』に認められるとすれば、それではこの既視感はこの映画のなかでどのように組織化されているのだろうか。

映画の既視感は映画の直線的結合性を前提とするので、先行するショットやシーンに後続するそれを予示するように配列することは容易である。最初に見た例（S①のパネル写真とS②の光景のあいだ）にははっきりと既視感が認められるものの、それはとても倒錯的な既視感と呼べる類のものではない。S①はS②を奇妙な因果関係において指示するものの、そこにはそれ以上の効果はない。しかし前節で見たナイフとワイパーの場合はかなり特異であるし、これから分析する、組織化された予示的ショット群

＊（三六頁）ジェイムズ・モナコ、岩本憲児他訳『映画の教科書』（フィルムアート社、一九八三年）、一五〇頁。

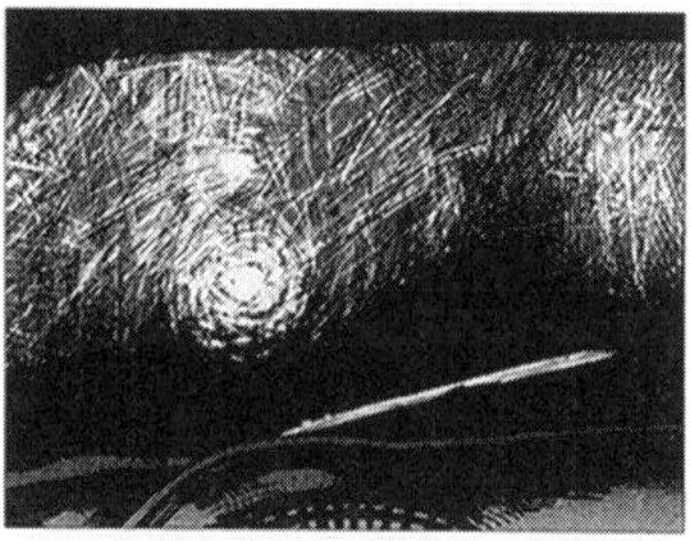

S ⑨
しのつく雨をはらうワイパー

S ⑩
画面後方左にシャワー・ヘッドが見える

S ⑪
「観客」を見つめる殺人鬼ベイツ

S ⑫
殺人鬼の顔のうえに髑髏が浮かぶ

もまたたんなる予示にとどまらない特異な効果を理想的な観客にあたえ、その結果、『サイコ』をその名に値する精神病的恐怖映画たらしめるものとなる。

前節で『サイコ』では不吉なことはいつも二度くりかえされると述べたが、そもそも物語映画では画面に一度あらわれたものは後で少なくとももう一度あらわれるものである。さもなければ物語は合理的に進行することはできないだろう。ただ『サイコ』の場合、この反復性は微妙にずらされている。そのずらされた反復の最たるものが、エンディングの「擬似サブリミナル効果」にあらわれている。『サイコ』は多くの驚くべき仕掛けをそなえた映画であるが、そのなかでももっとも繊細かつ大胆な仕掛けがエンディングで殺人鬼ベイツ（アンソニー・パーキンズ）の顔のクロースアップに一瞬かぶさる髑髏《どくろ》であろう。じっさい理想的な観客はあっと驚いて自分がいま見た奇妙な映像に我が眼を疑う。なにしろキャメラの方（つまり観客の方）をじっと見つめている殺人鬼の顔のうえに、剝きだしの歯をした髑髏がごくみじかいオーヴァラップによって一瞬重なり、殺人鬼が白い歯を見せて笑ったように見えるのだから（S⑪—S⑫）*。

しかし問題はそこにとどまらない。『サイコ』が真に戦慄すべき映画となるのは、ナイフにワイパーが

＊　このショットに「擬似サブリミナル効果」があると言ったのは、多くの観客がこのみじかいモンタージュに気づかないからである。京都大学の映画学講義で『サイコ』を見せたおりに学生たちに尋ねたところ、彼らの大半は殺人鬼の顔に髑髏が重なることに気づかない。しかし、そこで何か奇妙な事態が起きたらしいということには少なからぬ学生たちが気づく。ただそれが髑髏であったかどうか自信がもてないだけである。じっさいわたし自身はどうであったかと言えば、ことはまったく学生たちと同じであった。そこに何か奇妙な映像が重なっていると感じたわたしはテープを巻きもどしてみて、初めてそこに不気味な（四五頁に続く↓）

重なるとき理想的な観客に倒錯的な既視感をいだかせるのと同じように、殺人鬼の顔に髑髏が重なるとき、それが既視感をおぼえさせると同時に、その効果がさらに「既聴感」とでも呼ぶべきものによってあらかじめ準備されていたということ、そしてそれがまた先に論じた観客の感情移入の問題もふくめて入念に織りあげられたテクスチュアの一部だということに思いいたるときである。

既視感と既聴感

殺人鬼ベイツ（アンソニー・パーキンズ）の顔に髑髏が重なるシーンのまえに、ひとりの精神科医が殺人鬼の症状を関係者たち（と観客）に説明するシーンがある。彼の診断によれば、殺人鬼は「一〇年まえに母親とその愛人を殺害して以来、ずっと二重人格者だったが、いまや完全に母親の人格になりきってしまっている」。つまり、この殺人鬼はいままで無意識に一人二役（息子に近づく女たちを殺害する母親役と、嫉妬深い母親にふりまわされる無垢な息子役）を演じてきたが、逮捕されるにおよんで彼はいまや完全に母親になりきり、「女たちを殺したのは自分ではなく、息子だ」と主張する。これはある意味において真実である。連続殺人事件の犯人は母親ではなく、まさしく息子本人なのだから。しかしながら彼（あるいは彼女）はそう主張することによって、かつての母殺しのときのように罪の転嫁にみごとに成功する。息子はかつて母親の死体からミイラをつくり、それに母親の衣装を着せ、またときにみずから仮装して母親になりきることによって母の死そのものを否定し、母親の生存という幻想を生きてきた。そして今度もまた二重人格から他者人格へと擦り替わることによって、自分の罪をその根底から否定する（自分は息子ではなく母親なのだから自分に罪はない）。このとき問題になるのは、映画がこの完全変態（息子から母親への）をどのように表象するかということである。

（→四三頁より）髑髏を発見した。ところでサブリミナル効果とは何か。その効果の実効性について客観的な結論がでているとは言いがたいが、その定義はおおよそ次のようなものになるだろう。すなわちサブリミナル効果とは、映画の物語の「正常な」文脈からすればおよそ異質な映像を、瞬間的に、文字通り眼にもとまらぬ速さで挿入することによって観客にあたえられるはずの識閾下の効果であると。それによって観客は、挿入された映像メッセージをそれと自覚しないまま受けとる場合があるかもしれない。これだけではわかりづらいので、もう少し具体的に話す必要があるかもしれない。かつて奥山和由という松竹のプロデューサーが、監督の編集したものとは異なる版の映画を編集したことがあった。彼は『RAMPO』（1994）という江戸川乱歩を主題にした映画の別ヴァージョンをつくるさいに、そこにサブリミナル効果を織りこむことを思いたち、その任をある若い担当者に委ねた。以下の記述は、この担当者にわたしが直接聞いた話にもとづいている。映画のサブリミナル効果は一齣単位で計られる。この一齣は上映においては通常二四分の一秒の長さをもち、これが映画の物理的な意味での基本単位となる。問題は、この二四分の一秒の齣がじっさい観客に視認されるか否かということになる。もしそれが観客に知覚可能なものだとしたら、それは定義上もはやサブリミナル効果とは呼べないからである。結論からいえば、その二四分の一秒の一齣が映画のどのあたりに隠されているかを知っている者たちにとっては、それは見えすぎるほどよく見える長さであり、それがどこにあるのか知らない者たちにとっては、それはどんなに眼を凝らして見ても見つからないものである。これが映画のサブリミナル効果をじっさいに社内試写を重ねつつ編集した者たちの結論である。つまり見えるはずのものが見えていない状態が、いわゆるサブリミナル効果を産みだすはずなのである。だとすれば、理想的な観客にとって『サイコ』の殺人鬼と髑髏が重なる数十齣（上映時間にして約二秒間）がもたらす「擬似サブリミナル効果」とは、そこに見えないはずの何ものかが見えてくるという奇妙な視覚体験を産みだすものだと言えよう。したがって『サイコ』の理想的な観客の反応は、殺人鬼の顔に一瞬髑髏が重なったように思い、あっと驚いて自分がいま見た奇妙な映像に我が眼を疑うという次第となる。ひるがえって『サイコ』という映画は、この擬似サブリミナル効果の集積体とも言える。すでに分析したS①とS②の関係、そしてナイフとワイパーの場面はこの端的な例である。つまり理想的な観客の記憶と視覚の内では、殺人鬼の顔に髑髏がオーヴァラップするのと同じように、S②にはS①が、ナイフ（S⑤—S⑥）にはワイパーの場面（S⑧—S⑨）が重なるのである。

このシフトは興味ぶかいことに音声によってなされる。それもオフとヴォイスオーヴァという、トーキー映画におけるありふれた二種類の音響設計によってである。オフとは音源が画面内に認められない場面をいい、ヴォイスオーヴァとは画面に写っている登場人物の心の声が直接観客に語りかけられる技法をさす。

まず息子から母親への完全変態の最初のシフトは、オフの声によってしるしづけられる。精神科医の「解説」が終わると、寒さに震えている殺人鬼に警官が毛布をさしいれる。そのとき画面には殺人鬼本人の姿は見えないまま、殺人鬼が老母の声で警官に礼を言うのが聞こえる（彼＝彼女は観客の視野の外、画面左の「監視室」のなかにいる――S⑬）。それから監視室内にショットが切り替わると、毛布をかぶった殺人鬼が椅子に腰かけているのが見え（S⑭）、彼が老母の声でしゃべっているのが聞こえてくる。このとき興味ぶかいのは、理想的な観客は、オフからヴォイスオーヴァへのこのシフトに仕掛けられた罠にあっさり嵌《は》まってしまうという事実である。S⑬では（警官の視線からしても）たしかに彼＝彼女は警官に声をだして礼を言ったはずである。だとすれば画面がS⑭に切り替わっても、理想的な観客は、殺人鬼がじっさい声にだしてしゃべっていると思いこむであろう。ところがキャメラがズームで殺人鬼の顔に近づくにつれ、それが思い違いであったことがわかる。彼＝彼女の口は開いていない（S⑮）。声にださずにヴォイスオーヴァでしゃべっていたのである。そしてこのヴォイスオーヴァは息子を断罪しつつ、我が身の潔白を主張する。自分は「剝製の鳥のように、〔そして現にいまそうしているように〕ただじっと座っていることくらいしかできない人畜無害な人間〔母親〕」であると。

殺人鬼のこの長い自己正当化の物語が終わると、最後に、前節で述べた「擬似サブリミナル効果」の

S ⑬
老女が警官に礼を言う声が聞こえる

S ⑭
「悪いのはわたしではなく息子なんだ」

S ⑮
「ただじっと座っていることしかできないわたし」

S ⑯
母親のミイラ

場面（殺人鬼の顔から髑髏へのオーヴァラップ――S⑪―S⑫）となり、そこで理想的な観客はふたつの強い既視感とひとつの奇妙な既聴感に襲われることになる。

ふたつの既視感のうちの第一は、殺人鬼の顔の向こうに一瞬見えたかと思うと消えてゆく髑髏（S⑫）が、抽象的な死の象徴というよりも、むしろ「剝製の鳥のように」ミイラ化した母親の顔そのものを想起させるということである（S⑯）。椅子に座った殺人鬼がみずからを「じっと座っていることくらいしかできない」人間であると主張するとき、この殺人鬼は理想的な観客の記憶と視野のなかで、椅子に座らされた母親のミイラ（S⑯）と文字通り二重写しになる。さらに椅子のうえのこの母親と息子のふたつのバスト・ショットは、あの運命の夜、ベイツ・モーテルを目ざしてしのつく雨をはらいのけるワイパーのまえで同じように（観客席の方を見つめて）座っていた運転席のヒロインを想起させずにおかない（S⑰）。これが第二の既視感（と既聴感）である。なぜならあのときも、ちょうどいま殺人鬼が老母の声で（ヴォイスオーヴァをとおして）しゃべっていたように、ヒロインもまた驚くべきことに自分の声ではない他者の声（ヴォイスオーヴァ）でしゃべっていたからである。しかもこのふたつのシーンの類似点は、たんに映像と音声の形式的水準にとどまらない。ふたつの意識の声はその質的水準でもまた酷似している。いま息子の顔のクロースアップに母親の声がかぶさって、その他者の声が当の息子を非難しているように、あのときもまたヒロインの顔のクロースアップ（S⑰）に不動産会社の男性社長らの（想像の）声がかぶさって、当のヒロインを非難していた。つまり女性の顔に非難する男性の声がかぶさり、男性の顔に非難する女性の声がかぶさるのである（殺人鬼の性的同一性の不安定さは別の場面

S ⑰
「あの女はわしに気があるふりをして、
まんまと大金をもち逃げしやがった」

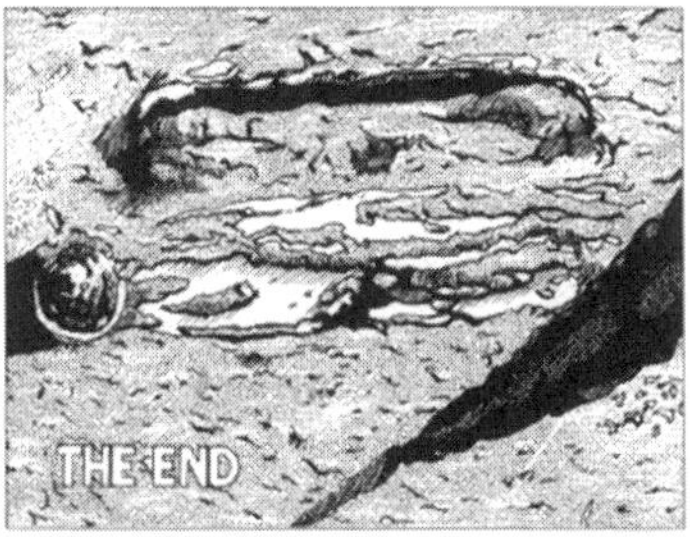

S ⑱
沼から引き揚げられる車

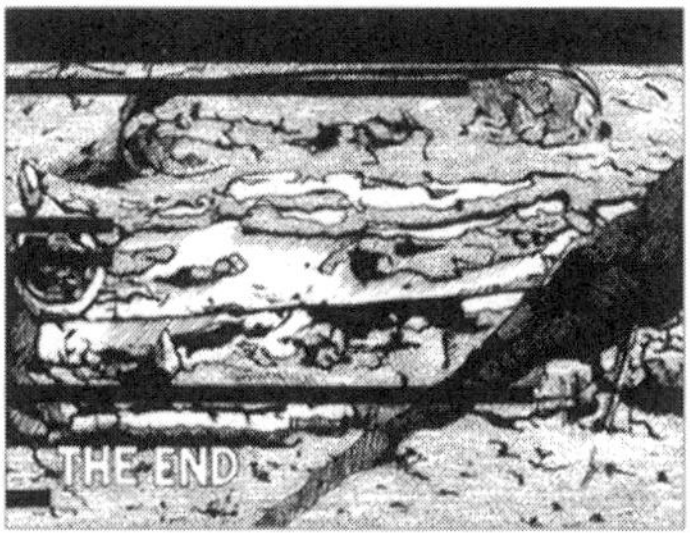

S ⑲
画面につきささる黒い棒線

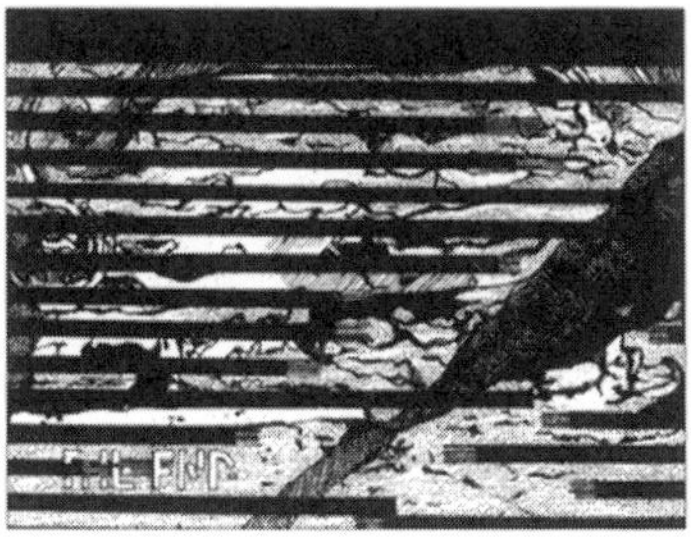

S ⑳

の別の文脈で予告されていたことになる）。これがわたしたちの言うところの恐るべき既聴感である。このふたつのシーンは、他者（他性）の声が覆《おお》いかぶさるようにして映像主体を非難するという特異な構造を共有している（ヒロインを殺害する殺人鬼も、会社の金を横領するヒロインも、ともに非難されてもしようがない罪を犯しているけれども）。

殺人鬼の顔と一瞬重なった髑髏（S⑫）は、次の瞬間には沼から引き揚げられている車体へとオーヴァラップして消えてゆく。それはまたこの車のなかに眠っているはずの白骨死体をも暗示することになるだろう。そしてこの引き揚げられる車のショットに THE END の文字が重なるや（S⑱）、この陰鬱にして官能的な映画にもついに終わるときがきたことを知らせる不吉な音楽がひときわ高く鳴り響き、そしてそれを合図に冒頭のクレジット・タイトルにも見られたのと同じ細長い縞模様が画面の左右から侵入してくる（S⑲—S⑳）。画面を引き裂くかのように侵入してくるこの棒グラフ状のアニメーションは、この映画の最初と最後に二度あらわれることによって、ナイフとワイパーのシーンを予示復唱する。ナイフがヒロインの身体を切り刻むように画面を切り裂いていたあの浴室の惨殺場面は、『サイコ』の冒頭と結末で変奏されながら反復される（冒頭のクレジット・タイトルでは、ヒロインを演ずる女優ジャネット・リーの名前そのものがこの細長い縞模様になって切り刻まれていた——S㉑—S㉒）。

こうした理想的な観客の視覚と聴覚の記憶のネットワークはおおよそ左図のように図示できるだろう。このように組織化された予示と現示の差異と反復は、理想的な観客の記憶のなかで反響し合いながら、この映画をある偶発的な一個のカノン状の織物、目の詰《つ》まったテクストにしたてあげる。そして混線し

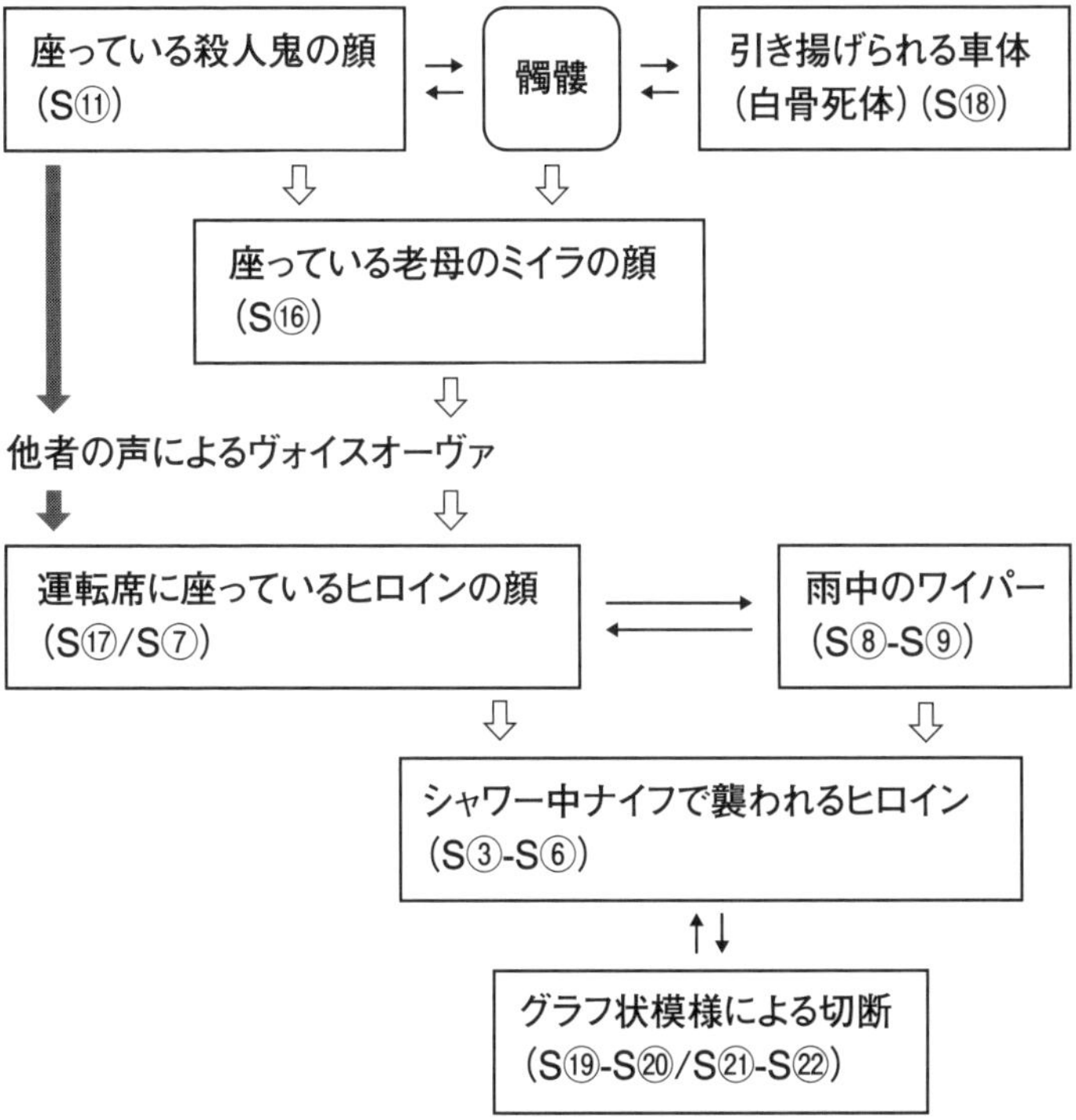

た電話や際限なく膨れあがるパーティ・ラインのように、理想的な観客は映画の音の継ぎ目のなかを彷徨しはじめる。もしこうした錯綜した視聴覚的ネットワークを理想的な観客が現に生きているとすれば、それはこの映画の主人公（狂人ベイツ）同様、理想的な観客は一であると同時に多であり、ここにいながらよそにいる、わたしでありながらわたしでない、この世ならぬエクスタシーを生きているにちがいない。

無防備な耳

さて『サイコ』における奇妙な既視感と既聴感の延長線上で、ふたたび感情移入の話にもどらなければならない。わたしたちのテクスト分析が示したように、もし未来の被害者のヴォイスオーヴァ（S⑰）があらかじめ加害者のヴォイスオーヴァ（S⑮）を予示していたとすれば（もっともこの加害者は自分が被害者だと主張するのだが）、理想的な観客の耳はきわめて倒錯的な既聴感を体験せねばならない。その倒錯感は、結局、『サイコ』という映画テクストが理想的な観客をいかに登場人物へと感情移入させるかを検証することによって明らかになるだろう。

前述したように、理想的な観客はいわば感情移入の化け物である。彼あるいは彼女は主人公の身振りと表情を注視し、その発言と内省に耳をかたむける。理想的な観客は主人公がゆくところへゆき、主人公が見るものを見、主人公が聞くものを聞き、そして主人公が考えることを考える。理想的な観客は主人公の運動と情動のすべてを我が物とするのである。

その端的な例は、前述の運転席のヒロインである。彼女の顔のクロースアップに、心の声であるヴォイスオーヴァが同心円状に幾重にも重なる。ヴォイスオーヴァはある男の声で言う、「あの女はわしに気があるふりをして、まんまと大金をもち逃げしやがった」。ヴォイスオーヴァはまた別の男（不動産屋社長）の声でも言う、「だから現金は禁物だと言ったでしょう」。これらの他者の声はすべて明確な起源をもたない彼女の想像上の産物であり、忖度の結果である（殺人鬼の心のなかで発せられる老母の声がそうであるように）。これら同心円状のヴォイスオーヴァをとおしてヒロインの心の声はたしかに理想的な

S ㉑
女優ジャネット・リーの名前が切り
刻まれている

S ㉒

S ㉓
ヒロインは見る……

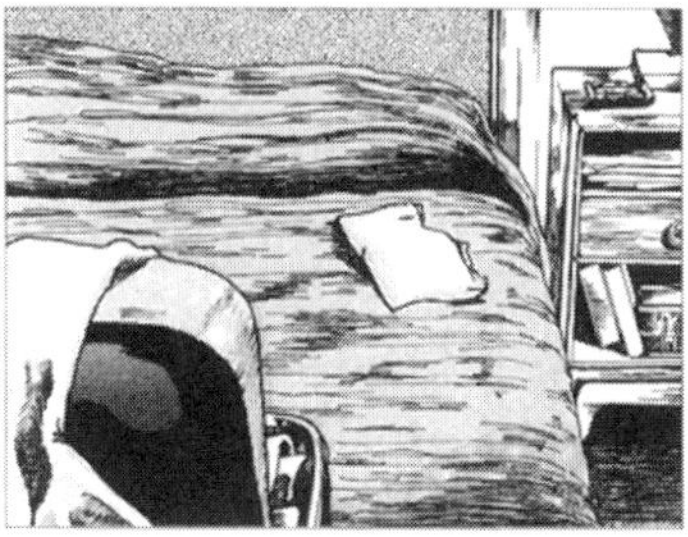

S ㉔
四万ドルの入った封筒を

観客の耳に届き、彼女の不安と焦燥は理想的な観客の心に痛いほど刻みこまれる。

そもそも理想的な観客は、この運転席（この客席）にいたるまでにすでにヒロインへの感情移入を達成している。大金をもち逃げするような不埒《ふらち》な女にも観客が感情移入できるのは、『サイコ』が彼女の主観ショット（見た眼のショット）を多用するからである。とりわけ逃避行の準備をすすめるヒロインの主観ショットが理想的な観客の眼を惹く。ヒロインはめくるめく陶酔と不安をともなって四万ドルの札束を凝視するが（S㉓―S㉔）、理想的な観客はそこで自分の視線を彼女の視線（S㉓）からキャメラの視線（S㉔）へとリレーし、ヒロインの不安と恍惚の視線を自分自身の視線と勘違いすることに成功して、みごと彼女への感情移入をはたす。* そもそも主人公のクロースアップとヴォイスオーヴァは観客の感情移入をうながすためのハリウッド映画の古典的手法である。理想的な観客はクロースアップによって見たい対象（もっぱらスターの尊顔）をよりよく見、ヴォイスオーヴァによって聴きたい対象（スターの心の声）をよりよく聴くことができる。

このような文脈において、最後に、理想的な観客が嵌められる罠（オフの音声からヴォイスオーヴァへの転換のさいに仕掛けられた罠）について、いま少し検討をくわえておこう。

映画が罠を仕掛ける必要があったのは、殺人鬼（アンソニー・パーキンズ）が老母の声で話すとき、それを心の声としてではなく、現実の声として聞いているように理想的な観客に思いこませるためである。というのも理想的な観客は、この薄気味悪いモーテルの経営者（アンソニー・パーキンズ）に最後まで感情移入することができないからである。映画中盤でヒロインというスタンドインを失った理想的な観客は、これからのこりの物語をどうやって楽しめばよいのかわからないまま、しかし自分の代理人として、この不気味な男を選ぶことだけはできないでいた。そのかわり、失踪したヒロインの捜索にモーテルを訪ねてくる私立探偵や（その殺害後はさらに）ヒロインの妹が理想的な観客のスタンドイン役をあぶなかしげながらも引き継いでくれていた。ところがいまやエンディングの画面には殺人鬼と断定されたこの二重人格者（アンソニー・パーキンズ）しか存在しない。

前述したように、理想的な観客はまず殺人鬼が老母の声で（警官に向かって）「毛布をありがとう」と話すのをオフで耳にする（少なくともそう思いこむ――S⑬）。次のショット（S⑭）でも、この声はつづいている。それゆえ理想的な観客は、この男が（画面手前の監視室で彼を観察しているはずの）警官に向かってしゃべっているのだろうと見当をつける（それは殺人鬼みずからがそう言うからでもある――「連中はわたしを見張っているから、わたしが剝製の鳥のように……人畜無害な人間であることを示してやりましょう」）。それを現実の声だと勘違いしている観客は、この男の言うことに耳をかたむけつづけるが、やがてその声が、おぞましい殺人鬼の心の声だったことに気づき、やりきれない当惑をおぼえる。理想的な観客はここでふたたび不意を（しかも緩やかに）つかれたのである。ちょうどヒロインに同一化していた観客がシャワー室で不意をつかれたように。理想的な観客の耳はここでいかにも無防備だった。理想的な観客は、この映画の最後にきて、この唾棄すべき殺人鬼の心の声に知らぬまに耳を

＊　観客を想像世界のなかへ縫いこむ視線のリレーについては、本書第Ⅲ章前半部で詳述する。

かたむけ、知らぬまに感情移入させられていたのである。

クロースアップとヴォイスオーヴァという、主人公に感情移入するために鍛えあげられてきた古典的手法をつかって、『サイコ』はここで理想的な観客に、唾棄すべき殺人鬼ベイツへの自己同一化をうながしていたのである。このおぞましくも不可能な自己同一化は、オフからヴォイスオーヴァへのシフトというミニマルな手法によってなかば実現化され、理想的な観客は眩暈《めまい》のような倒錯的敗北感を味わうことになる。なぜなら理想的な観客が心ならずもなかば感情移入してしまったこの殺人鬼は、母親に感情移入するあまり、彼女を殺害したあげく彼女にとってかわった人物である。椅子のうえから観客席のわたしたちを見おろしているこの男（女）こそ、登場人物に感情移入してやまない観客（隙あらば他人の心にはいりこみ、ヒロインであろうがヒーローであろうがとにかく他者になりきって我を忘れたいと願っている人間）のなれの果ての姿であるということをいったい誰が否定できようか。ベイツは他者になることによって死の事実すら乗り越えるのだから、理想的な観客は映画館の暗闇のなかで永遠の生命を勝ちとることになるのだろう。

第Ⅱ章　記号の視認　亡命映画作家フリッツ・ラング

私は映画をつくることと人生を生きることとを区別して考えたことがありません。
――ジャン＝リュック・ゴダール*

アメリカ時代の再評価

祖国に踏みとどまれない芸術家がいる。政治的、信条的理由から母国や母語を捨てざるをえない亡命者たちのことである。

ここに登場する映画監督フリッツ・ラングは、そうした亡命芸術家たちのなかでも、おそらくもっとも著名な人物のひとりであろう。

多くの伝記作家たちの語るところによれば、フリッツ・ラングはヒトラー政権下、宣伝相ゲッベルスにまねかれ第三帝国の映画製作の総責任者に就任するよう要請されたとき、自分にはユダヤ人の血がまじっていることを告げて、ナチス寄りの妻と全財産を家にのこしたまま、その日のうちにパリ行きの夜

＊　奥村昭夫訳『ゴダール／映画史　第一巻』（筑摩書房、一九八二年）、七六頁。

行列車に飛びのり、やがて敏腕プロデューサー、デイヴィッド・セルズニックの慫慂《しようよう》によって「ハリウッド帝国」へと亡命する。ドイツ映画『メトロポリス』*Metropolis*（1926）や『M』*M*（1931）の監督として有名なラングは、こうした神話的逸話によってもよく知られている。* ドイツの偉大な映画監督として米国に到着したラングは、以後ドイツ語をつかうことをみずから禁じたまま、一九三四年から五七年まで米国に滞在し、その間に実に二二本ものハリウッド映画を演出することになる。

しかるにラングのアメリカ映画は、ドイツ時代のラングの偉大さを喧伝する多くの映画史家たちによって長らく等閑視されてきた。亡命後のラングのアメリカ映画は商業主義に毒されているというのである。しかし、この評価は正しいのだろうか。ひとりの芸術家の作家生命は、その創作環境の変化によって、それほどかんたんに閉ざされてしまうものだろうか。アメリカ時代のラング全作品を仔細に調べてみると、この問いに対する答えが否であることがわかる。しかもこの否は、ドイツ時代のラングの偉大さが亡命後のラングに正しく継承されているという消極的な理由からくだされるのではない。むしろわたしたちは従来の映画史家とも近年の消極的なアメリカ時代再評価派ともちがい、積極的にこう主張したい。アメリカ時代のラングこそ、しかるべき成熟に到達した芸術家の映画史的成果であると。

このことをもっとも雄弁に物語るアメリカ映画が『クラッシュ・バイ・ナイト』（テレビ放映題名『熱い夜の疼き』）*Clash by Night*（1952）である。ラングの亡命時代を否定する陣営のみならず、それを評価する陣営からさえ長らく無視されてきたこのメロドラマ映画こそ、** ひとりの映画作家の成熟を示してあまりあるものがある。そこにはフリッツ・ラングが最終的にたどりついた人間の生が横溢《おういつ》している。ドイツ時代のラングは女性型アンドロイドを軸に階級闘争をえがき（『メトロポリス』）、唾棄すべき連続少女殺人犯を軸に市民の集団ヒステリーをえがいた（『M』）。しかしながら人間たちの葛藤劇を、収拾のつかない欲望の増大から責任への収斂《しゅうれん》という日常的プロセスにおいてとらえることはなかった。しかるにハリウッド映画『クラッシュ・バイ・ナイト』では等身大の人間ドラマが、ビールや香水や海水といった日常的な欲望の彩りのなかを静かに進行する。登場人物がみなそれぞれ自分の顔と声をもち、俳優がみな生き生きとした表情を見せている。そんなことは亡命以前の映画にはありえなかったことである。

この意味で『クラッシュ・バイ・ナイト』においてラングはそれまでの重厚な文体を文字通りクラッシュし、全体主義的ドイツから個人主義的アメリカへ、幽暗な造形美から自然な生活美へと脱皮したと

＊　クルト・リース、平井正他訳『ドイツ映画の偉大な時代』（フィルムアート社、一九八一年）、三六八―三七一頁。オットー・フリードリック、柴田京子訳『ハリウッド帝国の興亡』（文藝春秋、一九九四年）、七二―七三頁。これらの伝記的記述の出典のひとつは、フリッツ・ラング本人がハリウッドの映画作家ピーター・ボグダノヴィッチのインタヴューに答えた発言である。Peter Bogdanovich, *Fritz Lang in America* (London: Studio Vista, 1967), p. 15. ただしこうした神話的伝記はラング本人によっていかにも映画的に脚色されていたことが近年の調査で明らかになった。ラングのパスポートの記録を調べた結果、彼の亡命の経緯は当人がいうほどには劇的なものではなかったことが判明した。Willi Winkler, "Ein Schlafwandler bei Goebbels," in *Der Spiegel* (November 26, 1990)、この点についてはまた瀬川裕司「ナチ時代のドイツ娯楽映画」（『へるめす』一九九三年、第四一号、四二号）も参照されたい。

＊＊　ラングのアメリカ時代のほぼ全作品にテクスト分析を試み、すぐれた成果を導きだすReynold Humphries, *Fritz Lang: Genre and Representation in His American Films* (Baltimore: The Johns Hopkins University Press, 1989) さえ、『クラッシュ・バイ・ナイト』には一顧だにしないというのが現状である。なお最近、国際映画学会の折にハンフリーズ本人にこの点をただしたところ、彼もそれについてはその後忸怩《じくじ》たる思いをいだいていたとの返事だった。

いってもいいかもしれない。ひとりの芸術家が政治的亡命の果てに到達したのが、その芸術の限界拡張であったとすれば、それは誠に喜ばしいことであると言わねばなるまい。

本章ではラング映画の構造と主題を、そのドイツ時代からアメリカ時代にわたって仔細に検討することによって以上の仮説を論証し、従来の映画史の書き換えを試みたい。

22という数字

一九三六年はフリッツ・ラングにとって記念すべき年である。それは彼にとって最初のハリウッド映画『激怒』*Fury* が公開され、しかるべき評価を得た年である。『激怒』はリンチと裁判と復讐という、ラング映画に典型的な主題系によって織りあげられており、その意味でこの新生ラング映画第一号は、それ以前のドイツ時代のラング映画の特色と、これ以降につづくアメリカ時代の特色の双方を反映したフィルムである。

議論の経済上、まず『激怒』の物語のあらましを見ておこう。アメリカのある善良な市民（スペンサー・トレイシー）が旅行中に立ちよった小さな町で誘拐事件容疑者として突然逮捕される。しかも残虐な誘拐事件によって集団ヒステリー状態におちいった町の住人たちは、彼が拘置されている留置所を焼き打ちする（ここまでは、多発する営利誘拐事件とリンチという当時のアメリカの深刻な社会状況を反映しながら、*この三〇年代ハリウッド映画はドイツ時代の『M』(1931) とよく似た道具立てによって進行するが、ここから先は『M』には見られなかった新趣向の復讐劇が用意されている）。奇跡的に一命をとりとめた主人公は身をひそめ、嘆き悲しむ恋人にすら自分の所在を知らせず、やがてリンチに走った暴徒22人全員が裁判で極刑判決をくだされる日をむかえる。その日、彼は自分が実は殺害されてはいなかったのだと名のりをあげることをしない。その時点で彼はたしかに正真正銘の復讐鬼である。しかしながら良心の呵責をおぼえはじめた主人公は、深夜訪れたとあるバーで、ある抽象的な記号と遭遇する。それは彼（スペンサー・トレイシー）と彼に感情移入してきた観客を、そしてこの古典映画を今日の映画史的視点から見ていたわたしたちを不意撃ちする。

その抽象的な記号とは日めくりの数字である。今日が11月20日であることを示す、白地に黒で大書されたカレンダーの20という数字が、バーに座る主人公の眼のまえに見えている。零時がすぎたことを確認したバーテンダーがその日めくりをめくると、20と21の二枚の日づけが同時に破りとられ、突如、主人公（と観客）の眼の前に22という数字が飛びこんでくる。22、それは彼が電気椅子送りにする市民たちの数である。22という数字の偶然の一致に度胆をぬかれた男はやがて（善良なるアメリカ市民と著名なる映画スターは罪をおかさないというハリウッド映画の倫理にのっとり）、名のりをあげることになるが、むろんわたしたちは、そうしたありふれた偶然の一致（物語世界内の）に関心があるわけではない。

＊　ラングはボグダノヴィッチの質問に対して、『激怒』の脚本準備のために、映画製作の数年前カリフォルニアでじっさいに起きたリンチ事件を参照したと答えている（*Fritz Lang in America*, p. 16）。欧州から渡ってきたばかりの映画作家がアメリカの悪習ともいうべきリンチをその渡米後第一作において取りあげたという事実は、それをハリウッド映画でえがくことがなかばタブー視されていたことを考えあわせると興味ぶかい事実である。黒人のリンチについては本書第VI章、二四〇―二五三頁を参照されたい。

わたしたちにとって、この22という数字が興味ぶかいのは、それが映画史的な偶然の一致と呼んでしかるべきものによって、これからはじまるフリッツ・ラングのアメリカ時代を予兆するものになっているからである。

アメリカ時代の幕開けを告げるこの映画に予兆的にあらわれた22という数字は、実はラングが長い亡命生活のなかで撮ったハリウッド映画の総本数にあたる。アメリカ時代の第一作『激怒』(1936)から亡命生活に終止符を打つ最後の作品『合理的な疑いを越えて』*Beyond a Reasonable Doubt*(1956)にいたるまでのラングの署名入りハリウッド映画の総数はきっかり22本なのである。

22という数字をめぐるこの映画史的(物語世界外の)偶然の一致からいったん離れて、もう一度、物語世界内の偶然に立ちもどれば、精神の危機に直面している主人公のかたわらに突如あらわれては、主人公の心理状態を的確に観客に伝達する22のような映画的記号は、『激怒』以降も、そしてそれ以前のラング映画にも実は頻繁に認められるものである。重要なことは、ラング映画におけるそうした映画的記号がやがて質的に変化をはじめ、その質的変化こそが亡命以前のラングから亡命以後のラングを峻別するものであり、それゆえひとりの芸術家の精神的成熟を示す指標となるということである。この問題はのちほどアメリカ時代の最後の作品、つまり22本目の映画『合理的な疑いを越えて』を検討するときにまた立ちもどることにして、ここではいましばらくラング映画における記号の抽象ぶりを検討しておかなければならない。

抽象的な記号

暴徒と化した市民が冤罪の男を私刑にするという意味で、一九三六年のアメリカ映画『激怒』を「リンチ映画」と呼びうるとすれば、その五年前に撮られたドイツ映画『M』もまたリンチ映画と呼ばれねばならない。

『M』の要諦は、市民たちの緊密な連絡情報網にある。市民たちは、唾棄すべき連続少女殺しの容疑者（ペーター・ローレ）を、その緊密な連絡網によってからめとり、あろうことか、その容疑者を非公開「人民裁判」にかけて極刑を宣告する。暗黒街と共闘した市民たちのネットワークは、官憲のそれよりもはるかに整備されており、じっさい彼らは警察よりも早く容疑者を手中におさめるほどである。この整備された情報網は、ラングの初期の代表作『ドクトル・マブゼ』*Dr. Mabuse, der Spieler*（1922）の巨大な犯罪組織を連想させる。マブゼ博士はたんなる現金強奪よりも情報ネットワークの円滑な統轄と操作により野心を燃やす超人的犯罪王である。仮にマブゼ博士が局地的な強盗事件を立案指揮したとしても、

＊ 誰が最初にそう名づけたのかは知らないが、このフィルムは日本では慣習的に『条理ある疑いの彼方に』という文学主義的な題名で呼ばれており、じっさいこの映画が二〇〇〇年に日本公開されるまえから多くの日本語文献でも、その題名が踏襲されている。しかし残念ながら、これは誤訳である（しかも映画の内容形式両面にわたる誤訳である）。原題の *Beyond a Reasonable Doubt* は法廷用語であり、日本の法曹界でもこれは「合理的な疑いを越えて」という言い廻しで定着している。もし検察側の主張に「合理的な疑い」があると判断されれば、「疑わしきは罰せず」という原則にてらして陪審員によって被告人に無罪がくだされることになろうし、逆に検察側の主張が「合理的な疑いを越えて」いる証明があると判断されれば、被告人は有罪ということになる。この映画ではほかならぬラング的な主題として、陪審員のくだす錯綜的評決の根拠に焦点がしぼられるのだから、この機会に従来の「条理ある疑いの彼方に」という抒情的タイトルを「合理的な疑いを越えて」に改めておきたい。

それは地球的規模の株価操作のためである。至高の権力者を夢想するマブゼ博士の最大の関心事は、緊密に連絡しあった情報社会のなかで、いかに人間の運命をドミノ倒しのように操作しうるかということにある。*

重要なことは、こうしたラング映画の連絡情報網が抽象的な記号の交換によって支えられているということである。

『M』(1931)における抽象的な記号は、題名それじたいにあらわれている。そこでは容疑者が人混みに紛れて追跡不能になるのをふせぐために、容疑者の背中にMの烙印が捺《お》される。Mとは、「殺人者」(Mörder)をあらわす頭文字であるが、この記号は容疑者を発見した青年の掌にまず白いチョークで書かれ、ついでその白い記号Mは容疑者の背中へと転写される(青年は人混みのなかで容疑者にぶつかったふりをして、その背中にゴム印を捺すように掌を押しあてる)。群衆のなかからひとりだけ識別記号を捺され、いわば犠牲の羊と化した容疑者は、知らぬまに負わされたそのMという記号の意味を解釈しうる者たちの網の目のなかで徐々に追いつめられてゆく。映画『M』が観客を戦慄させるのは、何人ものいたいけな少女を殺害し、その動機をおのが精神の脆弱さに帰する犯罪者が登場するからでもなければ、この卑劣漢が非公開「人民裁判」によって極刑をくだされるからでもない。『M』の怖さは、第一次大戦以来、社会に蔓延したといわれるそうした倫理的頽廃よりも、むしろこの唾棄すべき犯罪の容疑者(「われらが内なる殺人者」)をとらえるのが記号の連鎖、記号の解釈の網の目だということにある。Mという記号は、それが意味することになっているものを理解しうる集団のなかだけで、ひとからひとへと転写翻訳伝達され、その記号を担う者を恐るべき罠へとからめとってゆく。**

本章の目的は『M』が撮られた当時のドイツの社会状況とこの映画の情報操作の側面とを比較することにはない。ここで確認したいことは、ラング映画にはMや22といった不吉な抽象記号が頻出するということである。アメリカ時代の映画『人間の欲望』*Human Desire*（1954）では、それはFという記号（列車のコンパートメントの表示）となる（Fと記されたその扉の向こうでは凄惨な殺人事件が起きるだろう）し、***あるいはまた『扉の蔭の秘密』*Secret Beyond the Door*（1947）では、不吉な記号は偏執狂的な夫が妻にさえ見せたがらない秘密の部屋の扉に記された7という番号となる。

M、22、F、7、といった記号が抽象的であるというのは、それらは本来なんの特定的な意味ももたないからである。それらの記号が殺人者を指示したり、暴徒＝死刑囚の人数を意味したり、あるいはその背後になにか不吉なものが待ち構えていることを暗示したりするのは、そのときどきの映画的文脈にほかならない。記号それじたいはもともと空っぽであり、その空虚を意味という内容物で埋めるのは、

＊　その三年まえに撮られたラングの監督第三作『蜘蛛』*Die Spinnen*（1919）もまた『ドクトル・マブゼ』同様、世界制覇をもくろむ犯罪王の物語であり、こうした主題は当時のドイツ映画界で流行していた。ラングはのちに『スピオーネ』*Spione*（1928）や『ドクトル・マブゼ』の二度にわたるリメイク版『怪人マブゼ博士』*Das Testament des Dr. Mabuse*（1932）と*Die Tausend Augen des Dr. Mabuse*（1960）でも同様の主題をくりかえすことになる。

＊＊　容疑者が知らぬ間にその背中に捺されたMの記号は、それを三個組み合わせれば、一九四一年にドイツ国内のユダヤ人が着用を義務づけられた「ダヴィデの星」となる。ここで記号Mを担わされたペーター・ローレが、監督のフリッツ・ラング同様、のちに米国への亡命を余儀なくされるユダヤ人であることはたんなる偶然ではあるまい。

＊＊＊　列車内殺人事件については本書第Ⅳ章、一七六頁以下を参照されたい。

その記号を視認し、解釈しようとする者たちのサークルだけである。こうした当然のことを確認しておかねばならないのは、後年この当然のことが当然ではなくなる映画をラングが撮ってしまうからである。

SS

さて本章の議論の目的は、ラング映画が、ドイツからアメリカへの困難な移動にともない、抽象的な記号の単純な連鎖から具象的な記号の複雑な連鎖へと変貌してゆくことを論証することにあるのだが、そのまえにもうひとつだけ、その変貌の過渡期にあたる記号映画を論じておかねばならない。

これまでに紹介した四本のフィルムの四つの抽象記号は、当該作品を見た観客なら気づかぬ者はいない、きわめて視認度の高い記号である。しかしこれから紹介する例は、これまでとはちがってやや複雑な記号連鎖をかたちづくることになる。

問題の作品は『スカーレット・ストリート』*Scarlet Street*（1945）といい、その直前に製作された『飾窓の女』*The Woman in the Window*（1944）と姉妹映画になっているという点でも興味ぶかいハリウッド映画である。『スカーレット・ストリート』の物語とスタイルは、基本的に心理ドラマ『嘆きの天使』*The Blue Angel*（ジョセフ・フォン・スタンバーグ、1930）のハリウッド・ラング版とでもいうべきものであり、後者でうぶな中年男を誘惑し破滅させるうるわしき悪女を演じていたマルレーネ・ディートリッヒの役を、ここではジョーン・ベネットが演じ、その悪女に翻弄される中年男をエドワード・G・ロビンスンが好演している。

問題の抽象記号が突出するシーンは、この中年男が年若い女のために、生まれてはじめて悪事を働く場面にある。出納係として長年勤めあげてきた会社と社長の信頼を裏切って、彼は会社の金を着服する。男は会社のなかで温室を想わせるガラス張りの小部屋をあたえられており、その透明な小部屋のなかで、ひとり金庫を預かっている。そしてちょうど人の頭の高さぐらいのところに、CASHIER（出納係）という文字がガラスの壁のうえに記されている。驚くべき抽象記号は、まさにこのガラスのうえの記号をとおして現出してくる。この哀れな出納係が女のために盗みを働くまさにそのとき、射しこんでくる冬の光線の加減で、このCASHIERという七文字のうち、Sという一文字が、苦悩に歪む男の額のうえに黒い小さな影を落とす。それは撮影監督ミルトン・クラスナーのみごとな照明のおかげで、まるでこの出納係の額に、犯罪の瞬間、不意にSという黒い烙印が捺されたかのように見える。しかもその額のうえの小さな烙印は、不注意な観客でも見逃さないように配慮されたかのように二度くりかえされる。*

わたしたちが眼にする、都合二度くりかえされるこのSSという記号の連鎖は、いったい何を意味するのだろうか。それに答えることは、問題の記号を視認することじたいにくらべれば、はるかに容易なことであろう。そもそもこの時期のハリウッド映画におけるこうした不吉な影の存在は、ラングそのひとを代表とするドイツからのユダヤ系亡命映画作家たちがアメリカにもたらした表現主義的技法に由来

* 厳密に言えば、Sという影文字があらわれるまえに一瞬Aの一文字が出納係の額のうえに落ちる。額のうえのAの一字は映画『スカーレット・ストリート』においては文字通り「緋文字」（スカーレット・レター）となり、「Adultery」（不義）の頭文字となる（この哀れな妻帯者は年若い女の言いなりになって罪をおかすからである）。

する。それはラング自身のハリウッド映画第二作『暗黒街の弾痕』*You Only Live Once*（1937）を嚆矢とするであろうフィルム・ノワール*と呼ばれる新ジャンルの特徴の一部としてハリウッドで展開したものである。『スカーレット・ストリート』（1945）における黒い影としての記号ＳＳはまずなによりも、このハリウッドの新ジャンルに包摂される新修辞法の成果として、そこにある。

それでは映画内記号として、このＳＳが意味するものは何なのか。

すぐれた映画俳優エドワード・Ｇ・ロビンスン扮する出納係は、フランスの画家アンリ・ルソーを想わせる素朴な細密画をえがく日曜画家でもある。妻の悪口雑言を浴びながらも、彼の絵はやがて画商に認められ高値を呼ぶことになるのだが、そのうちの一枚にＳＳ記号と連動する絵がある。それはこの映画の題名を視覚化したような、スカーレット・ストリートとおぼしき人気のない通りで、深夜、街灯の下にたたずむ若い女の絵である（この図柄じたい、いかにもフィルム・ノワール的である）。それは変化のとぼしい日常の鬱屈を胸にしたこの篤実な出納係が自分の人生を狂わせてゆくことになる「宿命の女」（ファム・ファタール）とはじめて出遭ったときの鬼気せまる心象風景でもある。その絵にえがかれた街灯の下の女の右手には、高架線の鉄柱が聳《そび》え、そこには遠近法を無視してえがかれた不気味な巨大な蛇がからまっている。そのからまった蛇のかたちがＳ字状であることを見逃す観客はまずいないだろう。いうまでもなく、このグリニッジ・ヴィレッジ版失楽園図にえがかれているのは、アダムを誘惑するイヴと、彼女をそそのかす蛇にほかならない。そして前述したように、アダム（出納係）は、生まれてはじめて悪事を働くとき（つまり楽園〔温室〕から追放される原因をつくるとき）、額にＳの烙印を捺される

（そもそも烙印とは、犯罪者の額に、その罪を戒めるために捺されてきたものである）。Sとは、ほかならぬSerpent（蛇）の頭文字であり、Sinner（罪人）の頭文字である。しかもその記号が二度くりかえされるとき、それはこの映画のタイトル「スカーレット・ストリート」Scarlet Streetのイニシャルズそのものへと自己言及することになるだろう。

このSS記号、あるいは黒い「緋文字《スカーレット・レター》」をめぐる解釈の輪はいくらでも拡げることができるだろうが、ここで重要なことは、映画『M』を見た者なら誰も忘れることのできない抽象記号の連鎖ぶりが、この

＊暗黒映画。欧州ユダヤ人の大量虐殺が報道された一九四一年から冷戦期の五八年にかけてアメリカで流行した映画ジャンル。通常一九二〇年代にダシール・ハメットが創造したハードボイルド探偵小説のハリウッド版と見なされるが、じっさいはこのジャンルの初期作品『マルタの鷹』*The Maltese Falcon*（1941）に出演するペーター・ローレがナチスの迫害を逃れて渡米したユダヤ人であることからも窺えるように、このジャンルの誕生の背景には欧州ユダヤ人の迫害がある。フィルム・ノワールは車のヘッドライトが雨にけぶる夜の都市と探偵の孤独を照らしだす人間不信と社会腐敗の寓話である。探偵は過去に魂に傷を負った覚えがあり、事件の解決はただ一個の犯罪が一個の死をもって償われたにすぎず、消費と幸福を等号で結ぶ都市のシステムそのものの改変にはおよばず、探偵の心は晴れない。問題はハッピー・エンディングを至上命令としてきたハリウッド映画がなぜかくも陰鬱な物語形式をもちえたかということにある。たんに第二次大戦が影を落としていると言うだけでは誤りである。この時期のハリウッド映画はおちゃらけた戦争映画も量産しているからである。重要なことはフィルム・ノワールの代表作のほとんどが基本、亡命ユダヤ人の手になるという事実である。『ローラ殺人事件』*Laura*（1944）のオットー・プレミンジャー、『深夜の告白』*Double Indemnity*（1944）のビリー・ワイルダー、『スカーレット・ストリート』（1945）のフリッツ・ラング、『らせん階段』*The Spiral Staircase*（1945）のロバート・シオドマク、『都会の牙』*D.O.A.*（1950）のルドルフ・マテ。彼らはもっぱら女性不信という仮装の下に人間不信を表明する。その根底には絶滅収容所でユダヤ人問題の「最終解決」が計られるという合理的な狂気への絶望があるだろう。このジャンルはまた近年『ブレードランナー』*Blade Runner*（1982）というすぐれた変奏例（寿命を設定された機械奴隷の寓話）をもちえた。フィルム・ノワールの詳細については、拙著『映画ジャンル論』（平凡社、一九九六年）、第I章、および『「ブレードランナー」論序説——映画学特別講義』（筑摩書房、二〇〇四年）を参照されたい。

映画『スカーレット・ストリート』ではみごとに変奏され増幅されているというラング映画の画期的な事実を確認することである。

さていまやおぼろげながら明らかになったことは、本章の議論の出発点であったドイツ時代のラングとアメリカ時代のラングを峻別する記号の質は、たしかに年を追うごとに変容してきているらしいということである。『M』における記号が、誰も見落とすことのない、そしてまた誰も解読できぬ者はいない、あからさまな記号連鎖であったのに対して（記号Mは、それを担わされた者が殺人者であることをすべての観客と一部の登場人物に示し、その容疑者を罠にからめとるためにだけ存在する記号であった）、『スカーレット・ストリート』における記号SSはもはやそうした明快かつ一義的な記号連鎖たることをやめ、それを視認した者（すべての観客がそれを視認するわけではない）の一連の複数の解釈にゆだねられる、より抽象度を増した、より連鎖度の高い記号となっている。*

こうして記号の抽象性がアメリカ時代のラングにおいてピークに達したとき、彼は一転して、より具象的な記号連鎖の創造性へと向かい、しかもその連鎖度がいやますような映画づくりをしているという事実を検証することが次節の課題となる。

翻意する瞬間

本章冒頭でわたしたちはメロドラマ映画『クラッシュ・バイ・ナイト』（1952）が、長年等閑視されてきたラングのアメリカ時代の最高傑作だと述べたが、それは以下のような理由からである。

『クラッシュ・バイ・ナイト』の映画的山場は、ヒロイン（バーバラ・スタンウィック）の改心と翻意の瞬間にある。ちょうどハリウッド映画第一作『激怒《フュアリィ》』（1936）の主人公（スペンサー・トレイシー）が記号22の顕現の瞬間に復讐の女神《フュアリィズ》から解き放たれ、自分をリンチしようとした22人の市民を電気椅子送りにすることをやめるように、バーバラ・スタンウィックもまた若い男と出奔《しゅっぽん》しながらも、やがて鈍感だが寛容な夫と子供が待つ家にもどる決心をする。妻と夫が言い争うファミリー・メロドラマの激烈な極点の直後のふっと力がぬける瞬間に、すぐれた女優バーバラ・スタンウィックはそれまで自分が熱望していたはずの若い男との新生活にもはや希望がいだけなくなっていることに思いいたる。彼女は欲望の肥大に歯止めをかけることのできない自堕落な女だが、それでも翻意することはできる。本来は冷徹な不義物語であるにもかかわらず、合法的な夫婦の幸福を要請する映画製作倫理規定（ヘイズ・コード）のもとに製作されたがゆえに、**『クラッシュ・バイ・ナイト』は妻の翻意の瞬間、なしくずしの擬似ハッピー・エンディングをむかえる。これはたしかにハリウッド的御都合主義映画であろう。しかし、わたしたちの文脈において興味ぶかいことは、その重要な翻意の瞬間が、この映画では無実の罪でとらえら

＊　冬の光線によって浮かびあがる黒い小さな影（SS記号）を見落とす不注意な観客というものは統計的に存在するし、それを視認しえた観客のなかにも、それをじっさいどのように解釈してよいかわからぬまま映画を追いつづける者もまた統計的に存在する。

＊＊　美女映画学者ジャネット・バーグストローム（UCLA）の調査によれば、PCA（映画製作倫理規定管理局）による『クラッシュ・バイ・ナイト』の脚本と完成フィルム双方に対する変更要請は、一九五一年七月から翌五二年三月にかけておこなわれている。これは独立プロダクションの一本のフィルムの検閲過程としては十分すぎるほど長い。Janet Bergstrom, "The Mystery of The Blue Gardenia," in Joan Copjec ed., *Shades of Noir: A Reader* (New York: Verso, 1993), pp. 99-100.

れた男（スペンサー・トレイシー）の度胆をぬく22のような抽象的記号によって表象されるのではないということである。

そもそもハリウッド・メロドラマの精華バーバラ・スタンウィックは、その存在じたいが翻意する女そのものであるといってよいだろう。彼女は『クラッシュ・バイ・ナイト』にとどまらず、三〇年代（『ステラ・ダラス』*Stella Dallas* キング・ヴィダー、1937）から四〇年代（『コネティカットのクリスマス』*Christmas in Connecticut* ピーター・ゴッドフリー、1945）をへて五〇年代（『わが望みすべて』*All I Desire* ダグラス・サーク、1953）にいたるまで、つねにいったんは自分の欲望をすべてに優先させながら、最終的には子供のため、夫のため、家庭のために翻意する女でありつづけてきた。唯一例外といえるものは、終始徹底したファム・ファタールを演じた『深夜の告白』*Double Indemnity*（ビリー・ワイルダー、1944）くらいのものであろう。バーバラ・スタンウィックというこのすぐれたハリウッド・メロドラマの生き証人を、フリッツ・ラングが自作に登場させるとき、彼女の精妙な演技力はたしかに新しい記号連鎖の可能性を切り開いたはずである。*

フランク・キャプラの『奇蹟の処女』*The Miracle Woman*（1931）以来、ハリウッド・メロドラマが飽かずえがきつづけてきたバーバラ・スタンウィックの翻意の瞬間、それは彼女の鼻にかかった高音が突如トーンダウンし、ねめつけていた視線がゆっくりと宙をおよぎだすときにやってくる。そこさえ押さえていれば、22やMといった抽象的記号にうったえなくとも、声と視線という人間身体の生身の記号だけで世界と自己の関係を十全に表象できるのだということに、ラングはここにきて思いいたったはずである。視聴覚媒体たる映画のそのような当然の可能性をラングは長い亡命生活の果てにいまようやく手にしたのである。じっさいバーバラ・スタンウィックの波打つ主調音に協調するように、『クラッシュ・バイ・ナイト』は抽象的な記号のかわりに具象的な記号を多用し、その連鎖に身をまかせる。それが撮影監督ニック・ムスラカの超絶技巧的キャメラにおさめられたモントレーの海岸に打ち寄せる黒い波であり、恋人に足首をつかまれ逆立ちしながら耳のなかにはいった海水を出そうとする水着姿のマリリン・モンローであり、両手にかかえきれないほどビール壜をもった中年男が手をすべらして道端に白いビールの泡の山をつくるシーンであり、妻の帰宅が遅いのに動揺した夫がなにかしら手がかりになるものはないかと妻の所持品を調べている最中にあやまって両手にいやというほど香水を浴びるシーンであり、さらにその香水を洗い流そうと蛇口の下で必死になって両手をこすりあわせるシーンである。

要するにクラッシュし、泡立つ水の主題系が、この映画のタイトル(「クラッシュ・バイ・ナイト」)が示す律動とバーバラ・スタンウィックの揺れ動く声と視線にのせて、個人の欲望の増大と責任の収斂の物語を紡ぎあげるのである。

『クラッシュ・バイ・ナイト』に登場するすべての人間は、みなそれぞれの方法でそれぞれの液体と戯れ、それぞれの困惑をもってそれぞれの欲望に処し、そのことによってこの物語を、人間が生の充溢を経験

* ラングはボグダノヴィッチの質問に答えて、バーバラ・スタンウィックがいかにすばらしい女優であるかを力説する。*Fritz Lang in America*, pp. 80-82.

する映画としている。このような等身大の人間ドラマは、亡命以前のラングはついに完成させることができなかった。ドイツ時代のラング映画は、社会システムに翻弄される人間、情報の制御に我が身を焼き、自我を肥大させる超越的人間、慢性的な欲求不満と集団ヒステリー下にある市民、いわば大文字の人間たちの自家中毒の物語であり、等身大の人間たちが日常のなかで悩み喜び、その卑小な生活の果てに新しい生の糧を発見する、そんなドラマではなかった。ラングのドイツ時代からアメリカ時代への移行は、寓意的表現主義から心理的リアリズムへの移行であり、『クラッシュ・バイ・ナイト』をまってはじめてラングはドイツ時代には見られなかった新しいリアリスティックな人間像を完成させるのである。

真実の証拠

さて以上の予備的考察をえて、いよいよここでフリッツ・ラングの長い「アメリカ亡命生活」に終止符を打つ裁判映画『合理的な疑いを越えて』(1956)をめぐって、その抽象的な記号と具象的、日常的記号の突出と連関性について検討しなければならない。

この22本目のアメリカ映画の恐るべき特徴は、このフィルムの主題がフィルムそれじたいの構造に色濃く反映しており、それゆえ観客は、映画の物語が問題にしていることに、たんなる傍観者としてではなく、さながら登場人物のひとりででもあるかのように積極的に参加しなければならないという点にある。

では、この裁判映画の物語が問題としていることとは何か。それは真実の証拠とは何か、ものを見るたしかな眼とはいかなるものかという問いである。さまざまな証拠の積み重ねの結果、「合理的な疑いを越えて」真の判断をくだすというのは、いったいどのようなことなのか、そのような問いをこの裁判映画は見る者（観客）に突きつけてくる。それはひるがえって、映画を見るとはどのようなことであるのかという問いでもある。

当然のことながら裁判映画『合理的な疑いを越えて』では、犯罪を立証するはずの種々の証拠がすべて視聴覚的な情報としてわたしたち観客に供される。しかるにわたしたち観客は、スクリーンという名の法廷に提出される数々の証拠を、この映画に登場する凡庸な陪審員たちとはちがって、すべて正確に認識しうるのだろうか。このアメリカ時代最後の映画はこうしたいささか特異な問いをわたしたちに課す。というのも、ここでラングはもう一度ドイツ時代のマブゼ的主題を変奏し高密度化していることになるからだ。『ドクトル・マブゼ』（1922）で問題になっていたのは、世界の情報網を一手に統御したいという欲望だった。その巨人的な野望が現代アメリカの標榜する民主主義世界においては、どのように具現化されるのだろうか。そして観客はスクリーンの視聴覚的情報をどのように統御しうるのだろうか。『合理的な疑いを越えて』の主人公（ダナ・アンドリューズ）は、現行司法制度の欠陥に反対キャンペーンをはかるジャーナリスト（新聞記者）である。彼は状況証拠をもとにくだされる極刑判決に実践的に異議をとなえるために、あろうことかみずから殺人事件の容疑者となることを買ってでる。マスコミで得た情報を手がかりに、彼はすべての状況証拠が自分が黒であることを示すように、さまざまな工作をはじめる。たとえば死体発見現場に自分の名前が刻まれたライターを落とし、殺された女のと同じ白粉を自分の車の助手席に撒いたうえで車内のあらゆる指紋を拭きとる。あるいは容疑者が身に着けていたとの目撃証言が得られているコートを買いもとめる。そしてあとあと無実の証拠として利用するために、そうした「虚構の」状況証拠づくり現場を逐一ポラロイド写真にのこしておく。やがて思惑通り、このジャーナリストは殺人事件の容疑者として逮捕される。ところが彼の無実を証明してくれるはずの肝腎の証拠写真が、それを撮ったキャメラマンとともに思わぬ事故で焼失してしまう。もはや何も（誰も）彼の「無実」を証明してくれるものがない。さてここまでのことなら『合理的な疑いを越えて』もまたフリッツ・ラング監督のアメリカ時代第一作の『激怒』程度の裁判映画に終わっていたことだろう。しかしこの最後のアメリカ映画では、ここからさらに二重の驚愕《きょうがく》に観客をおとしめることになる。

その二重の驚愕のひとつは、いきおいとはいえ、みずから容疑者になることを買ってでたこの社会正義に溢れんばかりに見えたジャーナリストこそ、実は真犯人であったという結末の大どんでん返し（彼は二重の詐称者だったのである）。これをいま物語世界内驚愕と呼んでおけば、いまひとつは、その直前に仕掛けられた物語世界外驚愕である。物語世界内驚愕にかんしていえば、一時間以上もまがりなりにも感情移入してきた主人公が真犯人であったという事実は、観客にとってたしかに大きなショックではある。しかし、それは前章で考察した物語なかばで屠られるヒロイン（『サイコ』）ほどには堪えがたいものではない。よりショックが大きいのは、むしろ物語世界外驚愕の方である。つまり、すべての「状況証拠」を入念に再構成し、あらゆる情報を完璧に操作しきっていると信じていた主人公に致命的な見落としがあったという事実を、観客自身もまた見落としていたということを観客が思い知らされるときである。映画『合理的な疑いを越えて』では、主人公が見逃した「状況証拠」を、観客もまた見逃さなかったかどうか

状況証拠づくりを逐一ポラロイド写真に収めてゆく（『合理的な疑いを越えて』）

が問題となる。つまり、観客の審級が真実の問題となるのである。前章で定義したように、もし観客というものが、主人公の見たものだけを見、主人公の考えたことだけを考える存在でしかないとしたら、いったいこの倒錯的裁判映画で、ある主体の判断を「合理的な疑いを越えて」いると判断する最終的主体はどこに位置することになるだろうか。いったい誰が物語の最終審を引き受けるのだろうか。

映画的知性

前章でも述べたように、古典的ハリウッド映画の観客は強引に主人につきしたがう忠実な下僕のような存在である。観客は映画のなかで主人公がゆくところにゆき、彼が見たものを見、彼が耳にしたものを耳にする。通常の物語映画では、映画の知の枠組というものは最終的にそれ以上でもなければ、それ以下でもない。ところがある種の反古典的映画では、この大原則が崩壊する。ラング最後のアメリカ映画『合理的な疑いを越えて』もまたそうである。この裁判映画では、物語世界内部のすべての知を掌握したつもりになっている主人公に同一化することで、彼と同様の昂揚感に満たされるはずの幸福な観客が、映画のある瞬間、主人公が見逃したものをも見逃さずに視認できたかどうかに、すべてのポイントがかかってくる。逆に言えば、通常の映画の知の枠組の外に、この映画の観客が出られるかどうかが問題となるのだ。じっさいそれを視認できたごく一部の観客は、その瞬間、物語世界の内部から外部へ、まるで不意に襲われた海鼠《ナマコ》のように裏返っている自分に気づくことだろう。

では主人公が、自分が管理掌握しているつもりの「状況証拠」を見逃す瞬間とは、いかなる瞬間なのか。

演出中のフリッツ・ラング（右端）

それは彼が自宅の車庫で状況証拠を工作し終え、ほっと一息つくときにやってくる。そのとき状況証拠工作の模様を写真におさめていた主人公の相棒は、パイプを取りだして一服つけるのだが、このパイプが命取りとなる。わたしたちは目撃者の証言から、殺人容疑者がパイプを喫っていたらしいことを知っている。にもかかわらず、主人公はパイプにかんする状況証拠づくりだけは怠ってきた。しかるに相棒（新聞社社長）はパイプにマッチで火をつけると、マッチ箱の表面でパイプの火皿を押さえたかと思うと、そのマッチ箱をその場に投げ捨てる。そしてここが肝腎な点なのだが、その一連の仕事は驚くべきことに主人公の眼にも、また大部分の観客の眼にも映らない。わたしたちの眼にそれが映らない理由はいくつかある。まず第一に、映画はそれまでに十数回にわたり喫煙シーンを観客に提示している。この映画では、いつも誰かがパイプか煙草を吹かしている。さながらショットからショットへと類焼しているかのごとく、ショットが変わり、新しい場面がはじまるたびに、彼らは煙草かパイプに火をつけるのだ。なにしろ本作もまた光と影の織物たる広義のフィルム・ノワールである。煙草の紫煙もまた黒い影やしのつく雨とならんで、このジャンルに特徴的な、きわめて自然なイコンである。したがって、この場でまた十何度目かの喫煙場面を提示されても、この映画の観客は文字通り（あるいは映像通り）煙に巻かれたかのように事態がよく見えない。じっさい問題の喫煙シーンは、ミディアム・ショットでほんの数秒えがかれるにすぎず、パイプ喫煙の習慣がない観客には、主人公の相棒がマッチ箱でパイプの火皿に何をしているのかさえわからないだろう。ましてその投げ捨てられたマッチ箱の表面に何が刻印されたのかは知るよしもないだろう。要するにそれは「見えない」のである。

ではなぜマッチの空箱をその場に捨てたことが、のちのち致命的な、予期せぬ状況証拠となってしまったのだろうか。それは、その捨てられたマッチ箱にいわば犯罪の刻印が捺されてしまったからである。犯罪の刻印とは、むろん比喩的な表現であり、じっさいにマッチ箱の表面にのこされたものは、火のついたパイプ穴に押しつけられたときについた黒く丸い焦げ跡である。それは白い矩形《くけい》のマッチ箱の中心部につけられた黒い日の丸のようにも見える。そしてこのブラック・サークルを「犯罪の刻印」と解釈するのが法廷の検事であり、それはおおむね次のような推論の連鎖によっている。

①目撃者の証言によれば、犯人はパイプを喫っていた。

②そして殺害現場からは「丸い焦げ跡のついたマッチ箱」が発見されている。
③容疑者（主人公）は法廷でパイプの喫煙習慣はないと証言した。
④にもかかわらず、パイプ喫煙者のあいだで習慣的に観察される「丸い焦げ跡のついたマッチ箱」が容疑者（主人公）の自宅車庫から発見された。
⑤それゆえ容疑者（主人公）は少なくとも虚偽の証言をしている。

以上の検事側の主張は、いささかも「合理的な疑いを越えて」いないたんなる憶測にすぎない。しかし証拠というものがつねにそれが証明しようとするものの函数にすぎない以上、容疑者（主人公）にとって、このマッチ箱は明らかに不利な状況証拠がまたひとつ増えてしまったことを意味する。しかもそれは彼が意図的に「工作」に利用していた他の日用品（ライターや白粉やコート）とはちがい、彼の情報操作の統御の網の目からいつのまにかすりぬけていたものである。

そしてここが肝腎な点だが、検事の推論が陪審員たちのまえで開陳されるとき、もしあなたが不注意な観客であれば、法廷の凡庸な陪審員たちと同様、検事のこの強引な「状況証拠」づくりに対して、あなたは明確な反証を何ひとつ提出できないまま退きさがるしかないだろう。つまり、前述の車庫での一連のシーン（主人公の相棒がマッチ箱を捨てるという日常的かつ自然な仕草――じっさいそれは二重の意味でそうである――ひとつは物語世界内でそれはいかにも「日常的」であり、いまひとつはすでに述べたようにフィルム・ノワールのジャンルの規則を部分的に運用するこの映画はすでに何度も紫煙をえがいてきたという意味で、それはなんの変哲もない「自然な」仕草となる）を、あなたがちゃんと見逃さずにいたかどうかが容疑者（主人公）に評決をくだすこの重要な局面で問題になる（アメリカの法制度では、すでに当時から映画の観客になれる成人なら誰でも陪審員になれる）。もしあなたが相棒（直後に事故死した新聞社社長）の問題の仕草を視認していたならば、検事の主張はいささかも「合理的な疑いを越えて」いないと、あなたはただちに胸をはって反論することができるだろう。すなわち容疑者の自宅車庫にマッチ箱（犯人のものと同じパイプ喫煙者の痕跡）がのこっていたのは、容疑者の相棒が捨てたからであると。じっさい、あなた以外のいったい誰が検事にそう反論しうるのだろうか。当事者たる相棒はすでに事故で亡くなっており、容疑者本人もなぜ黒い刻印の入ったマッチ箱が自宅車庫にあったのかを明確に説明できず、映画それ自身もまた、たとえば非人称キャメラによってこの不思議なマッチ箱の謎を事後的かつ反復的に説明してくれるわけでもないのだから。マッチ箱の表面にのこされたブラック・サークル（黒輪）は、それゆえこの映画にかかわるすべての主体の内で、ただあなたにとってだけ「証拠を捏造する証拠」（つまり冤罪の証拠）となるはずなのである。そしてもしあなたがそれを視認しそこねていたとしたら（残念ながらそれは大いにありうることであるが）[*]、あなたはラングが準備した日常的、習慣的、具象的かつ偶発的な「見えざる」記号の連鎖のプロセスに加担しそこねたことになり、そのゆえラング映画を真に享受している観客とはいえなくなる。結局、あなたはフリッツ・ラングが終生追求した情報と認識をめぐるゲームから仲間はずれにされたことになるのである。

かつてメディア学者M・マクルーハンは受容者による参加の度合いが低い媒体を「熱いメディア」、逆に受容者による参加の度合いが高い媒体を「冷たいメディア」と呼び、映画を「熱いメディア」の代表例に選んだことがあったが、**これまでの議論が示すように、それはかならずしも正しくない。『ミディアム・クール』*Medium Cool*（邦題は『アメリカを斬る』ハスケル・ウェクスラー、1969）という映画の題名それじたいが物語っていたように、映画もまた観客の中心的参加がなければ意味をなさない「冷たいメディア」のひとつとなりうるのである。***

さて事がいささか複雑になってきたので、ここでこれまでの議論をいったん整理する必要があるかもしれない。

この映画は最後に大どんでん返しを用意した映画である。それまでに観客は主人公にまがりなりにも感情移入しつつ（もっとも、冷ややかなまでに冷静沈着な俳優ダナ・アンドリューズに感情移入することは容易なことではないが）、比較的客観的な立場から主人公の一挙手一投足を観察し、その結果、主人公の無実を当然のことながら確信するようになっている。そしてこの裁判映画の要諦は、観客がその無

* 『合理的な疑いを越えて』をはじめて見た映画学専攻の学生一〇名ほどに訊いてみたところ、問題の仕草を視認した者は一名にすぎなかった。わたし自身もまた二〇年ほどまえにはじめてこの映画を見たとき、問題の箇所を見逃していたことをつけくわえておかねばならない。

** マーシャル・マクルーハン、栗原裕他訳『メディア論』（みすず書房、一九八七年）、二三頁。

*** 本書では media の日本語表記は原音に近い「ミディア」ではなく、慣例にしたがって一貫して「メディア」とした。したがってその単数形 medium も原則として「メディアム」と表記するが、ここでは例外的に「ミディアム」とした。その理由は読者諸賢の推察するとおりである。

実の確信を得る瞬間が、先に詳述した法廷シーン（検事が愚かしい推論によって新たな状況証拠を提出してくる場面）だということである。なぜなら検事のこの臆測こそ、まさに社会正義に溢れた主人公が反対キャンペーンにのりだすことになった動機であり、彼が戦うべき最大の敵だったからである。しかるに検事のこの攻撃に対して、あれほど理論武装してきたはずの容疑者（主人公）がなにひとつ弁明できないのである。あれほど入念にさまざまな「状況証拠」を準備してきたはずの主人公が、不慮の事故で相棒と証拠写真を失ってしまってからは（それは彼の責任ではないものの）、この世界には統御不可能な見えざる記号がまだいくつも存在していたという当然の事実に直面する。そしてこの映画最大のアイロニーは、主人公のこの窮地を救おうと、法廷外弁護人として唯一名のりをあげる資格をもちうるはずの観客（あの見えざる記号を視認できた稀有な観客）こそが、この映画の最後の大どんでん返したる物語世界内驚愕を心底味わわねばならないということである。

以上の分析を踏まえたうえで、ラングの亡命生活をしめくくる最後のフィルムの要諦は、記号論的に次のように結論づけることができるだろう。

表面にパイプの火皿の丸い焦げ跡のついたマッチ箱は、それにかかわる複数の主体（相棒、主人公、警官、検事、陪審員、そして観客）のあいだを流通していくうちに次々とその意味を変容させてゆく。最初それは捨てられるべきたんなる「焦げ跡」のついた空箱にすぎない。そこにはそれ以上なんの意味もその時点では認められない。したがってそれを捨てる相棒も、その捨てる仕草を「目撃している（はずの）」主人公も、そしてその両方の仕草を「目撃している（はずの）」多くの観客も、それを見逃す。何気なく捨てられた空箱があとあと重要な意味をもってくるなどとは誰も夢にも思わない。映画『M』において、記号Mを見逃す市民ネットワークというものは想像できないし、そしてそれを見落とす観客というものもまた想像できない。『激怒』において、不吉な記号22を見落とすスペンサー・トレイシーというものは考えられないし、さらにそれを見落とす観客もまた考えられない。ところがこの『合理的な疑いを越えて』においては、肝腎の記号生産の当事者たちが問題の記号（ブラック・サークル）を見落としつづけるのである。

主人公（容疑者）とその相棒によって視認しそこねられたマッチ箱の「黒い丸い焦げ跡」という具象的な記号は、ついで容疑者の自宅から採取されるべき抽象的な記号へと変容する。それは記号生産者以外の解釈者（警官）たちによって、なんらかの「犯罪立証可能性」を有する記号へと読み替えられる。それはさらに検事によって、記号Mのような、よりあからさまな「犯罪の刻印」として解釈され、同時にそれはまた一部の観客にとってだけ「証拠を捏造する証拠」という別のメタ次元の意味になる（映画館の暗闇のなかのブラック・サークルをめぐる盲目の解釈サークル）。こうしてある具象的な記号は、この映画のなかで複数の抽象的な意味へと次々に読み替えられてゆく。それはフリッツ・ラング監督の比較的初期の『M』や『激怒』における抽象記号の流通ぶりにくらべれば、はるかに高度なプロセスをたどっていることがわかるだろう。

そしてふたたびくりかえせば、「見えざる記号」を視認できるかどうかに、この映画におけるわたしたち観客（視聴者）の存在理由が賭けられているのである。

『合理的な疑いを越えて』におけるこの「見えざる記号」の視認と解釈のプロセスは（すでに部分的に『スカーレット・ストリート』で試みられていたとはいえ）、映画記号がたんに物語世界内にとどまることをやめ、物語世界外に飛びだして観客の審級へと繰りあげられることを示している。いいかえれば一部の意識的観客には、主人公に感情移入しつつも、彼を乗り越えてゆくことが要請されている。混沌とした世界に対して一定の距離を保つことができるのかどうか、そしてそれによって「合理的な疑いを越え」た真の判断をくだすことができるのかどうか、つまり観客が本当に画面に瞳を凝らしているのかどうかが問われているのである。映画というこの視聴覚的な物語媒体において徹頭徹尾見ることが問われている。それこそがオーストリア、ドイツ、フランス、アメリカ（そしてやがて西ドイツへ）と五つの国家をさまよいつづけた亡命映画作家が獲得した真の映画的知性だったのではなかろうか。*

＊ アメリカをあとにしたフリッツ・ラングは、彼を敬愛してやまないヌーヴェル・ヴァーグの世界映画史上最高の映画作家のひとりジャン゠リュック・ゴダールの映画『軽蔑』*Le Mépris*（1963）のなかで自分自身、すなわち異境の地（イタリア）でハリウッド時代同様、プロデューサーの専横に悩まされる映画監督を演じることになる（このすぐれた長いシークェンスの詳細については、拙著『表象と批評』［岩波書店、二〇一〇年］、第一章を参照されたい）。

補足説明　ハリウッド裁判映画

これは意外と知られていないことでしょうが、ハリウッド映画で一番息の長い人気サブジャンルは「裁判映画（法廷映画）」です。アメリカの大人たちが好きなジャンル映画はＳＦ映画でも戦争映画でも西部劇でもなく、あくまでも裁判映画なのです（なにしろ無法者への処遇を法廷外で決する西部劇においてすら「裁判」シーンはめずらしくありません――たとえば一流映画作家による『ロイ・ビーン』*Judge Roy Bean*［ジョン・ヒューストン、1972］）。アメリカ合衆国は建国以来いろいろな政策をくりだしてきましたが（相対的に孤立主義におちいっていた第二次大戦前から戦後の汎民主主義施策とその表裏をなす冷戦対決期をへて、冷戦終結後の湾岸戦争からグローバリゼイション／テロ戦争期にいたるまで）、ハリウッド映画史の定数として一定の潜在的観客を掘り起こしてきた盤石《ばんじゃく》のサブジャンル映画、それが裁判映画です。それを製作すれば、たとえそれほど評判が高くなくとも、製作費の回収は保証されるという人気サブジャンル映画が裁判映画なのです。そしてその人気の理由は映画史的観点から、すくなくとも三つ考えられます。

第一に、ハリウッド映画産業の担い手たちはまがりなりにも「アメリカ型民主主義」を喧伝する必要があり、それをもっとも端的に表現するのが裁判映画というサブジャンルだったということです。ハリウッド映画産業の中核をなす映画会社の創業者たちは、ほとんど例外なしに、一九世紀末、帝政ロシアによるポグロム（ユダヤ人にたいする組織的迫害）を避けてロシア西部や東欧から新天地アメリカへと脱出してきたユダヤ人新移民でした。かれらは旧大陸において人種差別と迫害の対象であった自分たちが、新大陸においてはすくなくとも社会的上昇を妨《さまた》げられない存在であることを実践的に証明して「アメリカン・ドリーム」を達成します（「だれもが金持ちになれる国、それがアメリカ」）。その意味でイスラエル建国（一九四七年）以前のユダヤ人民族の長い放浪の歴史のなかで、ユダヤ系アメリカ人がまがりなりにも信奉、護持せねばならない革新的イデオロギー、それが「民主主義」だったのです。いっぽう、一九世紀末にポグロムの惨禍をのがれて旧大陸からアメリカへ渡っていったユダヤ人たちはまだ幸せだったという歴史の皮肉が二〇世紀前半に生まれます。今度はナチス・ドイツによってホロコースト（ユダヤ人絶滅計画）が想像を絶するほど大がかりに、しかもきわめて「合理的に」遂行されたからです。数百万人もの欧州ユダヤ人がつぎつぎと殺戮工場の犠牲者となって消えてゆく第二次大戦期、わずかなユダヤ人エリート（知識人階級者）がアメリカへの亡命に成功します。そのなかにはユダヤ人映画監督もふくまれます（フィルム・ノワールという、二〇世紀末に人気再燃している、一九三〇年代後半から成立する新ジャンルも亡命ユダヤ人映画作家に負うところが大きかったのです）。ひとりだけ有名な例をあげれば、ドイツ映画の立役者フリッツ・ラングがいます。ラングは四半世紀におよぶ長いアメリカでの亡命生活中にすくなくとも二二本のハリウッド映画を演出しますが、一九三六年に公開された亡命後第一作（『激怒』）が裁判映画になるならば、一九五六年の亡命後最終作（『合理的な疑いを越えて』）もまた裁判映画となります。じっさいラングの「裁判映画」ほど、法と正義の水準と視覚的問題（写真や映画）の稠密性とが密接にリンクさせられる映画も他に例を見ません。その意味では、ラングのドイツ時代の有名な傑作映画『M』（1931）とも異なる特異なハリウッド「裁判映画」となります（二一世紀もアメリカでは裁判映画は撮られつづけていますが、典型的な作品はベルリン国際映画祭金熊賞を受賞した『十二人の怒れる男』*12 Angry Men*［シドニー・ルメット、1957］で、題名通りアメリカの陪審員は十二人制度だからです。むろん、この有名な作品もラングの特異な「裁判映画」にくらべるとレヴェルは高くありません）。

裁判映画がアメリカで絶大な支持をえている第二の理由として陪審制度があります。アメリカ合衆国ではハリウッド映画を理解できる程度の知性の持ち主なら、誰でも陪審員をひきうける義務を負っています。長年アメリカの成人市民なら誰もが社会の問題に妥当な解決をあたえる実践的理性の現場に関与できるこの制度（日本でも似たような裁判制度が二〇〇九年に始まります）は、第一の理由にあげた「アメリカン・ドリーム」の理念と同程度に重要なものでしょう。全員一致によって被告人の有罪／無罪を決する陪審員たちは、その評決が徹底した話し合いのすえにくだされるがゆえに「アメリカ型民主主義」を体現した法システムだともみなされます。それゆえ法廷はいきおい劇場化することにもなります。つまり係争（争いごと）は、しばしば誰にとっても理解可能な善悪二元論的対立へと還元され、被告人は断罪されるべき悪の化身か、さもなければ、いわれなき冤罪《えんざい》を負わされた罪なき者となります。居並ぶ、にわか法律家たちをまえに、その瞳と耳と良心のみを相手に自分の意見を展開せねばならない弁護人と検事の法廷戦術は、そのまま映画館のなかの裁判映画の観客たちをいかに魅了し、いかに説得するかというハリウッド映画製作者たちの課題ともなります。いっぽう、いつなんどき陪審員就任を打診されるかわからないアメリカ市民にしてみれば、裁判映画の観客となることは、じっさい陪審員席にすわるまえの心躍《こころおど》るシミュレーション（擬似体験）となります。この意味でも、法廷は陪審員にとってあらかじめ劇場化されています。たとえ法律の専門知識がなくとも、自分を市民社会の構成員とみなす自己認識がなければ、陪審員をひきうけることも、また裁判映画の観客となることも意味をなさないのですから、アメリカにおける裁判映画の人気の高さそれじたいがアメリカ人の社会秩序への希求の高さを物語ることになるでしょう。

　裁判映画の人気が高い第三の理由は、前述の第二の理由（法廷の劇場性）とも関連しますが、「見ること」と裁判の高い親和性にあります。法廷で採用される「証拠（evidence）」は定義上かつ歴史上「見ること（video）」に関係します。いうまでもなく *evidence* の *vide* は *video*（ヴィデオ）の *vide* と同義です（ラテン語の「ヴィデオ」は「わたしは見る」の意です）。アメリカの法廷でフィルム（その後ヴィデオ・テープなりコンピュータなり）が証拠として正式に採用されるようになったのは一九四〇年頃のことでしょうが、それら長年の視覚媒体が法廷で上映されるのみならず（なにしろ法廷は劇場化するのですから）、それら証拠物件を上映している法廷じたいが二〇世紀末にはケーブル・テレヴィ（C-Span）で、ほぼ毎日二四時間休みなく放映される二重の視覚対象となります（「わたしは証拠を見る《ヴィデオ・エヴィデンス》」）。テレヴィなりインターネットなりをとおして、ハリウッド製の虚構裁判映画のみならず、現実の裁判のノンフィクション動画音がほぼリアルタイムで市民たちに提示、共有される現代は、歴史上、例を見ないほど裁判所と視聴覚媒体が密接に結びつく時代となっています。

第Ⅲ章　表象問題としてのホロコースト映画　映画の観客はいかなる主体か

わが艦が航行不能におちいり座礁する大西洋の海底より、手記を収めたこの瓶を投棄する。これをなす所以は、ある種の尋常ならざる事実を社会に知らしめたいがためにほかならぬ。生きながらえてわが身でこれをはたすことは、十中八九ありえないであろう。

――H・P・ラヴクラフト＊

視線の組織化

映画は視線を組織化する。そしてその組織化は、複数の候補のなかからの選択と、その選択されたものにさらに優先順位をつけるというかぎりで、きわめてポリティカルな組織化である。それはせめぎあう複数の力の折り合いとして実現される。それゆえ映画の観客は、視線の組織化を通じて映画の唯一正当なる主体として政治的に生産される。じっさい映画学者クリスチャン・メッツとスティーヴン・ヒースが示したことは、映画は構造的に三つの視線を組織化するという事実である。すなわち登場人物の視線、観客の視線、そしてキャメラの視線である。＊＊それらは相互にリレーされ、観客は映画の内に縫合される。

＊　大瀧啓裕訳『ラヴクラフト全集⑤』（創元推理文庫、一九九五年）、一〇頁。

＊＊　Christian Metz, *The Imaginary Signifier: Psychoanalysis and the Cinema* (Bloomington: Indiana U.P., 1982), pp. 54-56; Stephen Heath, *Questions of Cinema* (London: Macmillan Press, 1981), pp. 119-20.

この視線のリレーという観点から、本章にとって重要な参照光となるのがハリウッド映画『質屋』*The Pawnbroker*（シドニー・ルメット、1965）である。以下の分析は、このフィルムの歴史とそれを包摂する文化史、そしてそのふたつの歴史が重なりあう奇跡的瞬間を選びだし、そのときその文化的総体に含まれる映画史に対して、このフィルムがどのような働きをなしえたのかを明らかにする作業となるだろう。

『質屋』はホロコースト映画である。しかもふたつの異なる時空間を結びつけることで、ナチのユダヤ人絶滅計画の地獄の深淵を象徴的に再現するホロコースト映画である。それは一九六〇年代のニューヨークの殺伐とした風景と四〇年代の東欧の強制収容所の地獄とを接合する。『質屋』の主人公（ロッド・スタイガー）は大都会の片隅で質屋を経営する初老のユダヤ人だが、彼は強制収容所の地獄から生還した男である。このユダヤ人はかつて鉄条網のなかに幽閉されていたが、現在は皮肉なことに質屋の防犯檻のなかにみずからを閉じこめることで口を糊している。*

フラッシュバック

ある日、この質屋に小さな事件が生起する。質屋をたずねた黒人娼婦が質草の値をあげてもらうために、主人公の目のまえで突如ストリップをはじめるのである。乳房を誇示するこのアフリカン・アメリカン女性のことば（「見なさいよ!」）によって、初老のユダヤ人男性の脳裏に過去の忌まわしい記憶がよみがえり、スクリーンのうえに、かつて彼が強制収容所で体験した地獄の数場面が断続的に挿入されはじめる。黒人女性に強制された窃視が、このユダヤ人男性に、かつてナチ将校に凌辱される妻の裸身を強制的に見せられたことを想起させるのである。一九六〇年代は、こうした短いショットをたたみかけるように挿入するフラッシュバックと呼ばれる映画的修辞法が世界を席捲した時代だったが、そこまでのことなら、この映画は当時の支配的モードを採用するかぎりで、同時代の他の凡庸なフラッシュバック映画となんら変わるところはない。それはただ類似した映像と音を梃子《てこ》に、過去と現在、記憶と現実をシャッフルし、執拗な支配的トラウマの主題と変奏を重層的に提示するだけのことである。そして過去の地獄から逃れることのできない主人公の苦悩を、その沁みだす記憶を商業主義的なスペクタクル性において表象するだけのことである（事実、この悩めるユダヤ人男性を演じた俳優ロッド・スタイガーは、その「圧倒的な」演技力によって、その年のアカデミー賞主演男優賞候補にのぼることになる）。しかし、ここで重要なことは、映画『質屋』が、その製作のプロセスにおいて帰属したもうひとつの歴史的文脈を想起することである。

ヘイズ・コード違反

それは『質屋』が、鉄の処女のように堅いヘイズ・コードの性描写規定を破った記念すべき最初のアメリカ映画のひとつだという事実である。その頭目の名をとってヘイズ・コードと呼ばれるこの映画製

* Cf., Annette Insdorf, *Indelible Shadows: Film and the Holocaust* (New York: Cambridge U.P., 1989), pp. 29-38; Ilan Avisar, *Screening the Holocaust: Cinema's Images of the Unimaginable* (Bloomington: Indiana U.P., 1988), pp. 122-25.

作倫理規定は、[*]一九三四年の罰則規定の発効以来、強力な自主検閲装置としてハリウッド主流映画の表象スタイルをその内部から実質的に拘束してきた。スクリーンにおける裸体描写にかんしては、その第六条第三項において「過度の露出はこれを禁ずる」とはっきり謳っている。にもかかわらず時代の趨勢に後追いするかたちで、一九六五年、この映画においてついに女性の裸身、とりわけその乳房がはっきりと提示されたのである。むろんヘイズ・コードの成立以前には、スクリーンに女性の裸身が見られることは珍しいことではなかった。それが実に三〇年ぶりに可能になったのである。じっさい、この映画の批評的・商業的成功によって、ヘイズ・コードは事実上幕を降ろすときがくるのだが、それはまた別の話である。

視覚の態変換

さて、以上の歴史的文脈を踏まえたうえで、『質屋』が本章前半において重要な参照光となるのは、その巧妙な視線のネットワークゆえである。『質屋』を見る観客は、安全このうえない視線のリレー体制においてオブラートに包まれるように保護されるのである。

そもそもこの映画は、およそ三〇年ぶりに公的領域において女性の裸身を見せる映画として喧伝された。それゆえ観客の期待感は、いやがうえにもヘイズ・コードの性描写規定違反を軸に醸成される。しかるに観客は女性の裸身を「見る」ために映画館に足を運んだにもかかわらず、それを能動的に「見る」のではなく、むしろ受動的に「見せられる」。『質屋』の要諦は、この視覚の態の〈能動態から受動態への）変換装置の精妙な働きぶりにある。その変換装置は、「［わたしの乳房を］見なさいよ！」という黒人娼婦の声に反応して始動する。主人公（ユダヤ人男性）をむりやりストリップの観客たらしめようとするこの黒人女性は、第I章で見た『サイコ』（1960）の白人女性（ジャネット・リー）の立場とは決定的に異なる。この哀れな犠牲者は『質屋』の黒人女性のように積極的に裸身をさらすのではなく、あくまでも精神的変態男性に裸身を見られる存在であった（結局、一九六〇年の時点ではまだ乳房は見えないけれども）。しかるに『質屋』の観客は（『サイコ』の変態男アンソニー・パーキンズのように）女性の裸身を積極的に「見る」のではなく、黒人娼婦の声と仕草によって、質屋のユダヤ人男性同様、いやいや裸身を「見せられる」存在である。この視覚の態の変換装置をここで便宜的に**装置1**と呼んでおこう。

＊　一九二二年、法律家出身の共和党政治家ウィル・H・ヘイズは、スキャンダルにゆれるハリウッド映画産業界を外圧から守る目的で新設されたMPPDA（アメリカ映画製作者配給者協会）の会長に就任した。一九三〇年、強まるハリウッド批判を牽制するため、MPPDAはハリウッド映画の気品を保証する映画倫理製作規定（プロダクション・コード）を制定する。会長の名をとってヘイズ・コードとも呼ばれるこの規定は、映画の社会的役割を強調する前文と性、宗教、犯罪等の描写を制限する細則とからなり、スクリーン上では使用が禁止される卑俗語のリストなども含まれた。ヘイズ・コードは一九三四年に罰則規定が強化されると、一九六六年まで実質的にハリウッド映画の表象スタイルを決定するようになった。あくまでも自主検閲規定でありながら、ヘイズ・コードの運用は厳格をきわめ、後顧の憂いなく映画を上映したいと願うすべての映画会社は、MPPDAの下部組織PCA（映画製作倫理規定管理局）に事前に脚本を提出し、ジョセフ・ブリーンの判断を仰がねばならなかった。ヘイズ自身は一九四五年に会長の座を退くが、ヘイズ・コードは五〇年代のなしくずしの運用破綻にもかかわらず、ハリウッド映画の親社会的、非政治的、倫理的性質を決定づける大きな原動力となった。ヘイズ・コード全文については拙著『映画　視線のポリティクス』（筑摩書房、一九九六年）の補遺を参照されたい。

つづいて装置2が始動する。物語世界のなかでじっさいに彼女の裸身を「見せられる」のは、あくまでも主人公のユダヤ人男性である。それゆえ『質屋』の観客はユダヤ人男性の視線（女性の裸身を見せられている登場人物の視線）を見せられているだけである。これが装置2である。観客の視線は装置1から装置2へとリレーされ、いわば二重の繭《まゆ》に包まれる。彼あるいは彼女は、ストリップの能動的な観客ではなく、ストリップの受動的な「観客の観客」となるのである。それによって、この映画の観客はあくまでも窃視症的な罪悪感から遠ざけられ保護された存在となる。

擬餌

そして最後に、だめおしの安全装置3が唸《うな》りをあげて始動する。それがフラッシュバックによって現在と地続きとなった過去の映像音である。断続的モンタージュをとおして、自分の妻がナチ将校に凌辱されるさまをむりやり主人公が「見せられる」過去の場面がスクリーンに提示されるとき（「「ほら、自分の女房の裸を」見るんだ！」）、この一連のモンタージュによって観客が本当に「見せられている」ものは、実は黒人女性の裸身などではなく、白人女性の裸身であったことがわかる。黒人女性の裸身はあくまでも白人女性の裸身を合法的に喚起するための擬餌《ぎじ》にすぎなかったのである。なぜなら黒人女性の裸身はいわば合法的な非合法の性的対象であり（なにしろ彼女はみずからの意思でストリップする娼婦なのだから）、それに対して白人女性の裸身は非合法な合法的性的対象である（なにしろ凌辱されている彼女はそれを強制的に見せられている男性の妻なのだから）。ヘイズ・コードに最初に違反するのが合法的な非合法の対象であり、そしてそれを梃子に真の視覚の対象が招来される。言いかえれば黒人女性はこの映画の製作者たる白人男性監督らによって搾取されている。* 一九三四年以来、実に三〇年ぶりに銀幕が公衆の面前で（合衆国の不特定多数の観客に）女性の乳房をさらすとき、観客の多数派を構成する白人男性たちはまず最初に黒い乳房を見たのである。彼らは自分たちの妻や恋人と同じ肌の色の乳房を見ることからまずは守られたのである。黒人女性の裸体（現在）は、白人女性の裸体（過去）を覆い隠す精妙なヴェールの役目をはたしている。

かくして観客の視線は、キャメラの視線と登場人物の視線とに継起的に媒介されながら、三重の保護膜に包まれる。観客はまず①黒人女性の裸身を見せられているユダヤ人男性の視線を見せられ、ついで②白人女性の裸身を見せられている同じ男性の視線を見せられる。②は①の視線のリレーを構造的に反復することによって、観客にとっての最終的な視線と欲望の対象を三重の安全装置をとおして表象することに成功する。

観客のポジション

映画観客は登場人物の視線とキャメラの視線とに媒介され、いまここの視線の対象ばかりか、現前しない過去の対象にすら目を向けることができる。観客は苦悩する男の意識すら覗き見することができる。

＊　黒人女性の表象の問題については本書第Ⅵ章、二六五頁を参照されたい。

このすべてを見晴らす高台、どこまでも遍在的な視点＝ポジションこそ、映画の観客が位置づけられる特権的な場所である。すでに骨抜きにされていたとはいえ、いまだ廃棄までに間があったヘイズ・コードに違反する映画として『質屋』はおよそ三〇年ぶりに合衆国国民に女性の裸身を見せるというスキャンダルの渦を形成しながら喧伝された。しかし映画館に出向いて『質屋』を見る観客のひとりひとりは、上述のような視線リレー装置によって、自分の視線をあくまでも窃視者の立場から守ることができたのである。

じっさい、『質屋』のように三重もの安全装置が働いている例もめずらしいが、星の数ほどあるフィルムのそのほとんどが一重《ひとえ》二重《ふたえ》の安全装置をはりめぐらしている。こうした視線と欲望のリレー装置こそ、映画が大衆にゆるぎない支持をえてきた大きな理由のひとつである。ひとは典型的ハリウッド映画の観客であるかぎり、いかなる心的外傷も負うことなく、みずからの欲望の拡大充足を夢見ることができる。そして映画を視線のリレーという構造的観点から分析することは、同時にそれがじっさい、いつどのように「見られたのか」を歴史的文脈において検討することでもある。テクスト分析はフィルムの生産と消費にかんする歴史的諸条件と無関係である必要はない。

編集の映画と無編集の映画

さて、ここまでの議論が前提としてきたものは編集である。撮影され現像されたフィルムは、いったん切断されたうえで再接合されてはじめて完成フィルムとなる。この切断と再接合あるいは再構成は、自然言語のように世界に一定の方向と意味をあたえ、世界をより明瞭に分節することができる。編集によって世界は単位ブロック化され、観客はそこで何を見るべきか（あるいは何を見るべきではないか）をはっきりと指示される。視線のゆき先についてのこのいささか強制的な指示を視線の組織化と呼ぶ。

しかし、視線の組織化によるこの強制と（それと引き換えの）安全装置は、実は映画にとってかならずしも所与のものではなかった。日本人が日本人のために日本人を被写体に撮影したという点で、いまのところ現存最古の「日本映画」であるであろう『紅葉狩』（柴田常吉、1899）に目を向けてみれば、そこで九代目市川団十郎が不覚にも扇をとり落とすという小さな事件のうちに、日本映画史最初期においては映画が編集という概念からいかに距離をおいていたかということが見てとれる。[*] しかも映画史はみずからを反復するものでもあるかのように、一九四〇年代以降、世界映画はふたたび編集という概念技法と対立する長廻し（ロング・テイク）によって、かなり確実に構成されるようになる。[**] それゆえ一般に二種類の映画があることになる。編集の映画と無編集の映画である。編集の映画がしばしば観客の視

＊　映画『紅葉狩』は団十郎が自分の振付けを記録することを目的にシネキャメラのまえに立った所産なのだが、舞台のうえで華麗な扇の舞いを披露するにさいして、あろうことか彼は扇をとり落とす。しかし団十郎は少しもあわてず、後見が拾って手渡す扇を受けとり、そのまま何事もなかったかのように扇の舞いはつづけられる。扇を落とすというこの小さな事件の内に日本映画史最初期の映画の物理的、精神的状況が凝縮されている。歌舞伎界の大御所がそのとき扇を落とすのは、それが「折からの風に」煽られたからである。そして舞台のうえに風が吹くのは、それが野外につくられた仮設舞台だからである。それが野外で撮影されねばならなかった理由は、屋内では撮影に必要な十分な光量が得られなかったからである。しかし今日なら、もし扇を落としたとすれば、その部分だけでももう一度撮り直して、あとで編集し直すところだろう。ところが一八九九年一一月に団十郎 （一〇一頁に続く→）

線のゆき先について幾重にも安全装置をはりめぐらし、それと引き換えにある種の強制力を発揮するのに対して、無編集の映画が観客の視線のゆき先について強制することは少ない。

再構成する映画

以上のような予備的考察をえたうえで、ホロコースト映画『ショアー』*Shoah*（クロード・ランズマン、1985）を見ることは興味ぶかいことであろう。六〇歳にしてこの映画の監督となったランズマンは、自作を映画史上、次のように位置づける。自分の映画はスティーヴン・スピルバーグの商業主義的ホロコースト映画（『シンドラーのリスト』*Schindler's List* 1993）とは決定的にちがう。なぜなら『ショアー』は『シンドラーのリスト』のような、歴史の「再構成」をしないからである。* ランズマンが自作（「新しい形式を発明した」ドキュメンタリー映画）とスピルバーグの映画（伝統的なハリウッド映画）を比較している以上、ここで最初に検討すべきことは、はたしてランズマンの映画は、スピルバーグをはじめおよそありとあらゆるハリウッド映画人がおこなう「再構成」なるものを本当に回避しえているかどうかという問題である。

じっさい九時間半におよぶ『ショアー』におけるアキレス腱、そのもっとも無自覚な場面は、監督ランズマンの弁とはうらはらにまさに「再構成された」証言のシークエンスにある。わたしたちの見るところによれば、この政治的長篇映画は監督本人が言うところの「新しく発明された形式」どころか、古典的ハリウッド映画史の伝統的約束事にきっちりとしたがっている。それゆえ第一に、映画における「再構成」の問題が視線のポリティクスという本章の問題に少なからぬ霊感をあたえてくれるという理由から、第二に、ランズマンのハリウッド映画批判とその尻馬にのった「映画愛好家」たちの映画史と映画理論にかんする無理解をただすという意味から、『ショアー』におけるもっとも無自覚な場面について、ここで若干の検討をくわえておかねばならないだろう。

列車の到着

ユダヤ民族絶滅計画にかんする、すぐれた証言映画『ショアー』におけるもっとも無自覚な場面、それは皮肉にも監督みずからが批判する『シンドラーのリスト』の基本構造にもっともよく似た場面であ

(→九九頁より)が扇を落としたとき、それをもう一度撮り直そうとは誰もしなかった。それはこの映画のキャメラマン(柴田常吉)にも、その被写体(団十郎)にも、そのとき編集とリテイク(再撮影)という発想がなかったことを示すものである。それだけではない。舞台のうえで扇を落としたとしても、それとて伝統芸能においてはパフォーマンスの一部である。後見はそのためにひかえているのである。したがって「活動写真」に自分の振付けを「記録する」ことの意味がよく理解できていなかったであろう団十郎には、歌舞伎の伝統芸能(扇を落とすという失態も含め)と映画という新技術が遭遇するさいの、しかるべき表象スタイルにおよそ無頓着であったことが想像できよう。なお日本におけるテレヴィ本放送第一号作品(一九五三年)もまた歌舞伎パフォーマンス(七代目尾上梅幸らによる「吉野山」)の実写(「NHK東京テレビジョン」開局記念式場で上演された演目の中継放送)であるから、新メディアの喧伝はつねに旧メディアの伝統的ソフト摂取からはじまるものらしい。初期映画の諸概念については次章および第V章を参照されたい。

**(九九頁) ジャン＝ルイ・コモリ、鈴木圭介訳「技術とイデオロギー」(岩本憲児他編『新映画理論集成 第二巻』フィルムアート社、一九九九年)、三二一―一〇一頁を参照されたい。

* クロード・ランズマン、高橋哲哉訳「ホロコースト、不可能な表象」(高橋哲哉他編『「ショアー」の衝撃』未來社、一九九五年)、一二二頁。

る。それは以下の三種類のセットアップから構成されているシークェンスである。

セットアップ① 前進する「ユダヤ人移送列車」から見た強制収容所跡地へ続く鉄路の主観ショット
セットアップ② 収容所で移送列車が到着するのを待ち、やがてユダヤ人たちが列車から降ろされるのを出むかえたユダヤ人Aの証言ショット
セットアップ③ 収容所到着後、恐怖と混乱のなかで列車を降ろされたユダヤ人Bの証言ショット

『ショアー』のすぐれた監督ランズマンは、自作はホロコーストという表象不可能な対象を表象するために「新しく発明された形式」を採用したと称するが、車載キャメラによる主観セットアップ①は、遅くとも一八九六年(「映画元年」の翌年)から今日にいたる一〇〇年以上のあいだ世界中の映画のなかで頻繁につかわれてきたものである。* 同じように、セットアップ①②③を編集してひとつのシークェンスを構成する方法もまた「新しく発明された形式」どころか、『ショアー』製作に遡ること七〇年ほどの昔に「発明された」ものである。この場面の編集の形式と歴史にかんしてはのちほど詳述するとして、まずこの場面の内容から確認しておきたい。

まず「列車の到着」を待つユダヤ人A(セットアップ②)の証言内容を以下に部分的に引用する。「列車が停止すると、SS伍長が扉を開ける。貨車には錠がおろされていたからだ。なかにいるのは、もち

ろんユダヤ人たちだ。彼らは鮨詰めの貨車のなかで何日も揺られて、いまようやく貨車から降ろされるのだけれど、彼らの九〇パーセントはこれから二時間以内にガス室送りにされる運命にあった」。いっぽう、これにつづくユダヤ人B（列車に乗せられてきた者）はおおよそ次のように証言する（セットアップ③）。「列車からころげ落ちるように降り、押しあいへし合いするうちに家族と離れ離れになってしまった。叫び声と怒号が飛びかうなか、連中〔SS〕は片っ端からわれわれに殴りかかってきた。ひどいものだった。いったい何が起きているのかわからなかった」。こうした証言がナチス・ドイツの胸の悪くなるような卑劣な戦争システムを如実に伝えているからといって、それだけでわたしたちはこの映画を見たつもりになってはならない。わたしたちはさらにその先へ（しかしゆっくりと）進まなければならない。

右の三種類のセットアップは、語りの視点とそれに対応するであろうキャメラの位置とから、次のように要約することができる。

セットアップ①　列車の上からの視点（列車が強制収容所に到着する）
セットアップ②　列車の外からの視点（列車が停止し貨車の扉がひらくのを外で待つユダヤ人A）

＊　映画史最初期における車載キャメラによる主観ショット映画群（ファントム・ライド）については、次章、一三二頁以降を参照されたい。

セットアップ③　列車の内からの視点（貨車の扉がひらき外に出されるユダヤ人B）

異なる三つのセットアップをこのように編集するということが、いったいどのような効果をもたらすものかということについて、監督ランズマン本人も彼の尻馬にのる多くの観客評論家たち*もおよそ無自覚である。結論から言えば、これら三種類のセットアップの編集の効果は、相容れない三つの視点、三つの異なる立場を「列車の到着」というメタ時系列上に因果論的に「再構成する」ことにある。そしてそれは映画史上至極当然のことである。しかしながら、このホロコースト映画において致命的なのは、この三つの視点を連係するそのモンタージュのなかで、わたしたちはじっさいにはありえない視点、つまり超越的な視点を獲得するという事実である。厳密に言って、わたしたちが映画の観客になるのは、まさにこのありえないメタ視点を獲得するときである。すべてを一望のもとに見晴らすポジションを観客にあたえるがゆえに、『ショアー』は表象不可能な対象たるべきホロコーストを表象するという自己矛盾と表象の瓦解の困難さとを身をもって体験することになるのである。

観客の生産

じっさい、三つの視点概観の結合（編集）によって、わたしたち映画観客は、ランズマンのキャメラのまえでSS伍長の薄笑いを再現する証言者Aが移送列車の貨車の扉がひらくのを列車の外側で眺めたという時間②と、ついで貨車の扉がひらくのをその貨車の内側から経験した証言者Bの恐怖の時間③とを無意識の内に共有する。この薄笑いと恐怖の共有は扉の内側と外側とを結ぶ歴史的カットバック（虚構の同時性）とでも呼ぶべきものであり、しかもそれはあくまでも観客の観客による観客のための共有である。それは扉がひらかれるまさにその瞬間に、証言者Aが証言者Bに対して、そして証言者Bが証言者Aに対しておよそ共有などもちかけることのできないしろものである。移送列車の長く苦しい旅路の果てに、やがて自分の死が目前にせまっていることを知ることになるユダヤ人Bの恐怖と混乱と、「終着駅」で彼らをSS伍長らとともにむかえる立場にあったユダヤ人Aとが、そのありえたかもしれない出遭いの瞬間にいったいどのようにして真の相互理解に到達しうるというのだろうか。彼らが出遭うのは、ただ映画というこのありえないモンタージュ空間においてであり、そしてそれゆえ観客は、そのありえなかった出遭いの場に立ち会うことのできる唯一の主体として、映画のこの編集によって産みだされた効果にすぎない。

監督ランズマンはみずからのフィルムについて正当にも次のように断言する。「『ショアー』の中では、だれもがだれにも出会わない」**。たしかにこの映画はそのとおりであるべきであった。ホロコーストとは、かかる遭遇と共有の絶対的不可能性を体現することにほかならなかっただろうし、この映画の作者の雄弁によれば、ホロコーストはかかる再現と表象を断固拒絶する、絶対的な

* たとえば Miriam Bratu Hansen, "Schindler's List Is Not Shoah: The Second Commandment, Popular Modernism and Public Memory," in *Critical Inquiry*, vol. 22, no. 2 (Winter 1996), pp. 292-312.

** ランズマン、前掲書、一二一頁。

事件ではなかったのか。にもかかわらず、証言者Aと証言者Bを前述のように「列車の到着」を糊代に接合（編集）することで、ランズマンは彼らを「歴史」という合理的な説明の枠組みのなかに、線路のような直線的時間軸上に（観客の想像世界のなかで）出遭わせてしまったのである。それは観客に、なるほどそうしたユダヤ人Aとユダヤ人Bとの出遭いはナチス・ドイツの戦争システムのなかでたしかにあったであろうと思わせることに成功する。それは物語られる歴史としてのパターンである。しかしこの編集パターンは、ホロコーストとはいかなる供犠性も欠落させた未曾有《みぞう》の事件であるとするこの映画の監督本人の意図を裏切るものでしかないし、同時にまた既存の映画史の成果にあぐらをかくものでしかない。

ここでみじかい寄り道をして映画史というものを思いださねばならない。いったい映画がこうしたモンタージュ空間を観客のために発明したのがいつのことだったのかを。そしてそれがどのように熱狂的に大衆に歓迎されたのかを。

それは、かつてニューヨーク大学の映画学者ロバート・スクラーがまったく別の文脈で指摘したように、もう一世紀以上もまえのことになる。[*] 一九一四年に『アッシリアの遠征』*Judith of Bethulia*（D・W・グリフィス）が上映されたとき、今日言う意味での「映画の観客」がはじめて産みだされたのである。『アッシリアの遠征』の「観客」は、ショット間のめまぐるしい視点転換とたくまざるクロスカッティングによって、映画史上はじめて複数の異なる立場の人間たちの状況を「同時に」感得することができた。このフィルム以前は、『大列車強盗』*The Great Train Robbery*（エドウィン・S・ポーター、1903）であれ『ローヴァーに救われて』*Rescued by Rover*（セシル・ヘップワース、1905）であれ、どれほど空間と時間の連続性が探究されようとも、いまだ完全なる遍在的ポジションの獲得にはいたらなかった。しかるに『アッシリアの遠征』においては城の攻防をめぐって、包囲された者、ひたぜめする者、守備につく者、蛮勇をふるう者、怯える者など、さまざまな立場の人間がさまざまな視点から「同時に」えがかれる。＊＊映画はこのときはじめて観客を生成したのである。このときはじめて人間は、異なる時空間を横断しながら、異なるポジションを統覚する遍在者として映画の観客になったのである。それと同時に、映画はまた観客を感情移入の化け物へと教育しはじめるのだが、それは第I章でも論じたとおりである。

グリフィス以前と以後

要するに、映画史にはグリフィス以前とグリフィス以後とがあり、『ショアー』（とりわけその「列車の到着」のシーン）は一九二〇年以降に製作された映画として、正統かつ順当にもグリフィス以後の映画に属する。

映画観客とは、異なる立場の複数の視点をひとつに集約する主体の名称である。現実にはAであり、かつ非Aでもあるという超人的な（場合によっては驚異的に優柔不断な）人間にはなかなか遭遇すること

＊　ロバート・スクラー、鈴木主税訳『アメリカ映画の文化史　上巻』（講談社学術文庫、一九九五年）、一二七―一二九頁。
＊＊　『アッシリアの遠征』にいたるグリフィスの初期映画話法の展開プロセスについては本書第V章を参照されたい。

はできないが、この異なる視点、異なる立場、異なるポジションの専有こそ、映画の政治的効果としての主体ポジショニングであり、この超越的なポジションゆえに、わたしたちは映画の観客となることを長年嬉々として受け容れてきたのである。いながらにして、世界のすべての視野がひらける映画のこの特権的な幻想が、どうしてわたしたちを歓ばせずにいることができようか。スピルバーグの映画が、ホロコースト映画であれダイノソア映画であれ、いつもあれほどの動員数を誇ってきたのもまたそうした幻想効果ゆえであるし、それゆえスピルバーグの商業映画が「資本主義社会特有の〈スペクタクルの論理〉に完全に依拠したものである」という一目瞭然の事実を指摘したところで、「『シンドラーのリスト』の不快さ」について何事かを物語ったことにはならない（なにしろ商業映画とは、定義上、目に見えないエモーションを目に映るモーションへと翻訳し、しかもそれを見るに価する「壮観な見世物」にする可視化メディアムなのだから）。もし、どうしてもホロコースト映画における「不快さ」について語りたいのであれば、わたしたちはむしろ「列車の到着」の場面におけるあの超越的視点の捏造をめぐる、監督や評論家たちの無自覚ぶりをこそ指摘せねばならないだろう。

『ショアー』の監督は『シンドラーのリスト』を批判する。スピルバーグによるホロコーストの表象＝再現は、未曾有の事件たる「ホロコーストの唯一性」を「陳腐化」し、「損なっている」と。たしかにそのとおりである。ところが、この典型的ハリウッド映画を批判するランズマン自身が残念ながら映像編集の「陳腐化」の罠から完全に自由ではないのである。つまるところ『ショアー』の「列車の到着」のシーンは、『シンドラーのリスト』の一場面のパイロット版であると言っても不思議はないほどに典型的である。スピルバーグなら『ショアー』のセットアップ①と同程度のスペクタキュラーな演出によって、のこりのセットアップ②③の証言内容もそれぞれみごとに映像化してしまうにちがいないし、事実『シンドラーのリスト』では「列車の到着」の場面が商業映画の論理にてらして的確に演出されているし（ユダヤ人たちを家畜あつかいする通風車輛による鮨詰め移送）、それ以外にも同様の編集形式が随所に見られる（たとえば①ガス室送りにされる子供たちがトラックの荷台から母親たちを見降ろす主観ショットと②子供たちに追いすがろうとする母親たちの主観ショットとのカットバックなど）。なにしろそうした視点編集こそ、第I章末尾でも触れたように、グリフィス以後につくられたあらゆる映画に多かれ少なかれ共通する支配的映画文法なのだから。*

陳腐と刷新

『ショアー』の監督は『シンドラーのリスト』ほど嘆かわしいホロコースト映画もほかにはないと、その「陳腐さ」を断罪する。なるほど『シンドラーのリスト』(1993)は目にあまるステレオタイプの洪水である（たとえば金策に奔走する黒髭のユダヤ人長老や強制収容所内に堆く積まれた金冠歯の山など）。ユダヤ人と強制収容所をめぐるそれらの紋切り型では、ホロコーストを正しく表象することなどとうていできない相談である（そもそもランズマンはそれを表象の対象にすることじたいに疑問を呈してい

* 視点編集の詳細については、第V章、一九三―二〇一頁を参照されたい。

る）。それはたしかに糾弾されてしかるべきである。しかしながら、いっぽうで『シンドラーのリスト』における銃殺場面は明らかに「陳腐さ」を凌駕する。それどころか撲殺された兎のように膝から崩れ落ちる収容所営繕班ユダヤ人女性の銃殺場面は、『シェーン』*Shane*（ジョージ・スティーヴンズ、1953）から、同時期のアンソニー・マンのすぐれた西部劇やサム・ペキンパーの一九七〇年前後の傑出した西部劇をへて『マトリックス』*Matrix*（ウォシャウスキー姉弟、1999）にいたる過去五〇年ほどのハリウッド映画の銃殺表象史をもののみごとに刷新する。にもかかわらず、『シンドラーのリスト』における死の表象の革新性は、『ショアー』の監督の目にも、そしてまたその尻馬にのる評論家たちの目にもはいらない。たしかに『シンドラーのリスト』は大枠では伝統的なハリウッド表象様式の財産目録にすぎず、そのかぎりでこの映画は「ホロコーストの唯一性を損なって」いよう。しかし、そもそも表象とは唯一性の代理であり、そのかぎりで表象行為はつねに唯一性を損ねることでしか成立しない。にもかかわらずスピルバーグの映画表象の陳腐さを非難する者たちが、自分たちの映画と言説に内在する陳腐さにたいしても無自覚であり、そしてそれゆえにまたその批判対象たるスピルバーグ映画がもつ部分的革新性にも気づかないという事実は、ここではっきりと指摘しておかねばならないだろう。*

視界不良

じっさい、ハリウッド映画に言及する者たちのあいだにペストか何かのように蔓延するこうした映画史への無関心と無知ぶりはたいへん残念である。彼らはホロコースト映画を見ただけで、まるで自分たちがホロコーストについて何ものかを体験しえたかのような錯覚におちいる。彼らはみずからが体験したわけでもないホロコーストについて、映画を見ただけで一〇〇枚ほどのホロコースト論を発表しさえするだろう。わたしたちがスクリーン上に見るのは投影された映像であり、わたしたちが聴くのはスピーカーから流れでる音声である。にもかかわらず、彼らはそれらの機器の向こうに、映画という表象媒体とは別個に存在する「現実」なるものを触知しえたと錯覚する。映画特有の視線リレーによって迂路へと導かれるとも知らず、自分たちの視線が生の現実に到達しえたと勘違いする。もし本気で現実のホロコーストについて語りたいのであれば、映画館などに足を運ばずに、じっさいにホロコーストを体験したひとびとにランズマンのようにインタヴューをしに出かけていったほうがよい。しかし、もしそのまえにホロコースト映画を見てしまったのであれば、ホロコーストそのものについて語るまえに、まず映画館からもちかえったもの（一九八五年のホロコースト映画がいかに七〇年ほどまでのアメリカ映画の無意識的記憶によって成立しているのか）について議論することからはじめねばならない。

しかるに現実には、彼らはこぞってスピルバーグを批判しながら、そのいっぽうで自分たちの見た『ショアー』が、スピルバーグに代表される古典的ハリウッド映画なるものから永遠に無垢であると勘違いする。そしてその勘違いの素因は、すでに明らかなように、徹底した視界不良、見ることの驚くべき

＊　そもそも、いくら似たようなホロコースト映画を発表したからといっても、スピルバーグのような二流映画作家を参照項にとりあげるというその身振りじたいが彼らの議論の陳腐さを物語っている。いかなる議論の経済性のためであっても、スピルバーグを議論の俎上にのせることじたい、度しがたい映画史的錯誤であると言わねばならない。

脆弱さにある。じっさいショシャーナ・フェルマンのようなすぐれた読み手さえもが、映画『ショアー』には何ものも見てとることができず、ただひたすらこの証言映画の声に耳をかたむけてしまう。『ショアー』は「証言という行為にかんする映画……である」というフェルマンの明察は正しいが、[*] それではそれがラジオではなく映画であるということがいかなる前提条件をわたしたちに課すのかということについて、彼女はなんの考察もしえない。それは、これがかつて息をのむディコンストラクション読解をヘンリー・ジェイムズの小説（『ねじの回転』）にほどこした同じ批評家の手になるものとはにわかに信じがたいほど無知なる映画解釈である。[**] かつてユダヤ民族への組織的暴虐をすぐ傍らで「見た」はずの証言者たちが『ショアー』のなかで次のように語るとき、それはこの映画の多くの観客たちについても語っているのである。彼らは証言する、「そこでは何も見ることができなかったのだ」と。

映画史を学ぼうとしない者たち

こうした盲目性は、彼らよりはるかに「シンドラーのリスト」に近い立場にいた者にとっても例外ではない。「シンドラーのリスト」に載っていたユダヤ人を父にもつレス・ホワイトは、次のように語りだすことで反ハリウッド映画論を展開する。

わたしの父はシンドラーのリストに載っていた。幼いころ、悪夢にうなされる父親にわたしは何度も起こされたことがある。父はその悪夢が何なのかけっして話さなかったし、母は幼いわたししたちに……父の過去に触れてはならないと告げた。どうしてわたしたちには祖父母がいないのか、どうして叔父さんや叔母さんがいないのか父に訊いてはならないと。事実はよその家でも同じだった。ホロコーストはけっして話されなかったのだ。

一〇年前、二八歳のとき、わたしは思いきって父に話してくれるよう頼んだ。それは想像よりはるかに悲惨な話だった。父はまるで昨日のことのように事件も日付もおぼえていた。父が一六歳のとき、ナチがやってきた。一二月の三日と四日、父の住んでいたゲットーはこの世から抹殺され、五月七日、父はロシア軍によって解放された。父の母親と妹は銃殺され……弟は絞首刑にあい、もうひとりの弟は(九歳だったが)ガス室送りにされた。父の父親は裸の行列のなかから引っぱられていってそれっきりだった。***

こうした証言(と聴読)をまえに、わたしは語るべきことばを失う。わたしはユダヤ民族殲滅計画について語るべき多くのことばをもちえない(人間が人間を殺戮工場で大量に屠っていたという事実は、人間たちの歴史をめぐるすべての言説を虚しいものにする)し、それゆえまた映画『シンドラーのリスト』

* ショシャーナ・フェルマン、崎山正毅他訳「声の回帰」(『批評空間』第二期第四号、一九九五年)、一〇五頁。
** フェルマンの論文「声の回帰」を批判的に読解するドミニク・ラキャプラ、高橋明史訳「ランズマンの『ショアー』」(『現代思想』一九九七年九月号)、二三四―二三八頁も参照されたい。
*** Les White, "My Father Is a Schindler Jew," in *Jump Cut* 39 (1994), p. 3.

の九〇パーセントの「陳腐さ」を批判しさえすれば、それで議論の口火が切れると信じているひとびとのように楽観的なスタンスもわたしは採れない。しかし、それでもホロコーストの人類史表象について、もし映画研究者として語りうることがあるとすれば、それは右の論文の主が『ショアー』の監督らと同じ勘違いをおかしているということである。すなわちレス・ホワイトもまたハリウッド映画について（そしてまた映画史一般について）自分がいかに限定的な知識しかもっていないかということについて無自覚であり、たとえ彼が現実の「シンドラーのリスト」について何ごとかを知ったとしても、表象パターンの「シンドラーのリスト」については何も知らないということである。

というのもレス・ホワイトは右の引用（父の証言）につづいて『シンドラーのリスト』の映画的修辞法について次のように記し、映画監督スピルバーグが現実をなぞるためにドキュメンタリー映画を模倣したと主張するからである。

「現実感」を出す「手もちキャメラ」の採用によって、『シンドラーのリスト』のモノクローム撮影の効果はいや増す。わたしたちはまるでドキュメンタリー映画を見ているような気分にさせられるのだ。つまり、キャメラはじっさいに起こっていることを撮っており、画面が白黒なのは予算不足でカラーネガがつかえなかったからであり、画面が安定していないのも三脚をつかう時間的余裕がなかったからなのかもしれないと考えるようになるのである。*

残念ながら、この判断はまちがっている。万一、白黒画面と不安定な手もちキャメラの画面があなたにドキュメンタリー映画を想起させるのだとすれば、それはたんにあなたが映画史を知らないからにすぎない。それは歌舞伎に不案内な者が、隅どりをした歌舞伎役者に道化芝居のピエロを見るのと同じような誤りである。じっさい、もしレス・ホワイトが言うように、今日モノクローム映画を上映することが、ただそれだけで観客に「現実感」をあたえるのだとすれば、モノクローム西部劇『デッドマン』*Dead Man*（ジム・ジャームッシュ、1995）はかつての傑出したカラー西部劇『裸の拍車』*The Naked Spur*（アンソニー・マン、1952）よりも大きな「現実感」をもつことになるのだろうが、事実は逆である。もし不安定な手もちキャメラがただそれだけでドキュメンタリー映画やニュース映画を連想させるのだとしたら、全篇峻厳たる固定キャメラで撮られた『Uボート35号哨戒日誌』（ロタール・フォン・アルノー、1919）などは、さだめしドキュメンタリー映画（潜水艦戦果報告映画）としての「現実感」を欠落させることになるのだろうが、事実はやはり逆である。『デッドマン』の「現実感」は『裸の拍車』にはかなわないし、Qシップ（対潜水艦用の偽装商船）の脅威にもかかわらず水上戦を好んだフォン・アルノー艦長（『Uボート35号哨戒日誌』の監督）の固定キャメラはいかなるドキュメンタリー映画の「現実感」をも凌駕するだろう。[**] 百歩譲って、ドキュメンタリー映画にはしばしばモノクロームと手もちキャメラ撮影が特徴的に認められるとしよう。しかし、それはなにもドキュメンタリー映画やニュース映画にか

* White, p. 4.

ぎったことではない。一九五九年以降、フィクション映画にもまた頻繁に手もちキャメラとモノクロームが認められるようになったからである。

フィクション映画とドキュメンタリー映画

ヌーヴェル・ヴァーグの名で総称される新しいリアリズム運動は、パリに端を発し、またたくまに世界の映画界を席捲し、狭義のドキュメンタリー映画がもつ「現実」の生の息吹を物語映画にとりこむことに成功する。手もちキャメラとモノクローム撮影を信条とするヌーヴェル・ヴァーグの成功はじつさい次のような格率によっている。すなわち「ジョン・フォードの西部劇は、西部についてのドキュメンタリーである」。先住民を敵役に勧善懲悪の物語を量産していたかに見えたジョン・フォードのハリウッド映画に、ヌーヴェル・ヴァーグの作家批評家たちは映画の新しい可能性を見いだす。ジョン・フォードの西部劇では物語と現実が融解し、物語のなかの幌馬車隊の旅程とそれをとらえる現実の撮影隊の旅とが一致する。ジョン・フォードの固定キャメラは、幌馬車がモニュメント・ヴァレーに小さな轍《わだち》を刻みこむさまを誠実に記録する。広大な岩石砂漠に踏みこんでゆく物語上の幌馬車隊と現実の撮影隊の相同性。それは見る者を強くゆさぶる西部のドキュメンタリーなのである。

こうした観点にたてば、もはや商業映画と非商業映画、フィクション映画とドキュメンタリー映画といった素朴な二分法は意味をなさない。映画における「現実感」は、多様な修辞的選択肢のなかから、たまたまモノクロームと手もちキャメラの二点を選んだくらいで規定できるものではない。映画は、フィクションであれドキュメンタリーであれ、誠実たらんと欲すれば、おのずからつねに現実の真実の瞬間に接近してゆくものである。そして念のために付言しておけば、誠実な映画とは、うつろい変化する人間の視線の対象を注視する勇気をもつ映画のことである。

かくして『シンドラーのリスト』がモノクロームと手もちキャメラを採用しているからといって、それが狭義のドキュメンタリー映画を想起させ（それゆえ現実を欺《あざむ》くものだ）というレス・ホワイトの論点は残念ながらおよそ意味をなさないことになる。そうした主張は、たんにホワイトが映画史について無知であるということを露呈しているにすぎない。彼は「シンドラーのリスト」に載った父親をもちながら、ただ浅薄な知識と主観的印象にもとづいてドキュメンタリー映画とフィクション映画という既成の便宜的区分法を援用しているだけである。

しかし、それではわたしたちは『ショアー』はやはり『シンドラーのリスト』同様、全体として自堕落な映画にすぎないと主張しているのだろうか。

＊＊（一一五頁）　ロタール・フォン・アルノー艦長は第一次大戦後、次のように述懐している。「正当と認められるときでも、わたしはめったに雷撃しなかった……わたしは敵船舶に警告をあたえ、砲撃で撃沈したり、また爆薬を仕かけて沈める方法が好きだった」。というのも「船名を記録したり、立証することを怠ったがため、多くの士官は多くのトン数を撃沈したにもかかわらず、記録として認定されなかった」からである（エドウィン・グレイ、秋山信雄訳『潜水艦の死闘』光人社、一九九七年）。まさにそうした戦果の記録と立証のためにフォン・アルノー艦長はUボートを浮上させ、甲板上の固定キャメラを敵船に向けたのである。海中での雷撃戦であれば、そうした明確な記録映画の撮影は不可能であっただろう。

瞳を凝らす

そうではない。スピルバーグの商業映画にもすぐれて映画史を刷新する独創的な動画音がわずかながらあったように、『ショアー』にもまた『ゆきゆきて、神軍』（原一男、1987）に劣らぬすぐれた場面がある。それが理髪師（前述の「ユダヤ人B」）の証言シーンである。それはハンガリー舞曲にあわせて「剃髭のスペクタクル」を見せてくれる『独裁者』*The Great Dictator*（チャールズ・チャップリン、1940）のチャーリーの場面同様、この映画のなかでもっとも力強い場面のひとつとなっている。誤解のないように急いでつけくわえておかねばならないが、ここで『ショアー』と『独裁者』のふたつの場面を併置するのは、それらが同じ「ユダヤ人男性理髪師」を共有しているからでも、ましてドキュメンタリー映画とフィクション映画を同じ天秤のうえに載せてみようという意図からでもなく、ただそれらがともに驚くべき長さのロング・テイクで撮影されているという理由からである。すなわち一九八五年と一九四〇年に完成した二本のフィルム（のある場面）が、グリフィス以前の映画史最初期のリュミエール映画（『ラ・シオタ駅への列車の到着』*L'arrivée d'un train en gare de la Ciotat*、1895）のごとき無編集ショットに立ちもどっているのである。

無編集の映画は視線のリレーを峻拒する。そこではキャメラの視線がすなわち観客の視線となる。それはいたずらに登場人物の視線へとリレーされることはない。証言者に質問するインタヴュア（監督ランズマン）の視線と証言者（理髪師）をとらえるキャメラの視線は、それが対象に瞳を凝らすかぎりにおいて観客の視線とまったき一致をみる。それゆえ『ショアー』の理髪師シーンは、前述の「移送列車の到着」

シーンや『質屋』のように、観客に特権的視点をあたえることはいっさいない。観客はインタヴュアやキャメラマンや髪を刈られている「客」とともに、その場（理髪店）にいるということ以外、いかなるポジションもあたえられない。それは観客が強制収容所のなかで「列車の到着」を待ちつつ、同時に、貨物列車に乗せられて強制収容所に到着し、恐怖と混乱のなかで列車から叩き出されるという一連の遍在的ポジションを採ることはない。そこにはグリフィス以後のほとんどの映画におなじみの遍在性がないのである。

ここで映画史一〇〇年を記念して撮られた『リスボン物語』*Lisbon Story*（ヴィム・ヴェンダース、1995）の寓話を思いだしてみてもいいかもしれない。このフィルムに登場する映画作家は、自室の壁に「あらゆる場所にいたい」と書きのこしたまま姿をくらますが、やがて彼はいかなる視点も欠いた「どこにもない映画」を撮る作家として再発見される。遍在性を追求する映画作家がたどりついた極北の地が人間不在の非人称映画であったという逆説を『リスボン物語』は象徴的に物語っていた。しかるに『ショアー』の理髪師のシーンは、いままさにここにひとりの人間がいて、そして彼をめぐる一握りの人間たちがいるという事実の表象において、遍在性とも不在性ともかけはなれた誠実なシーンとして突出する。九分のあいだ途切れることのない理髪師のシーンの長廻し撮影において、わたしたち観客は、証言をひきだそうとするインタヴュアと同じ実存的時間を生き、やがて理髪師が質問に応じながらも、ついに記憶の暗礁につきあたり、押し隠してきたつもりのもっとも忌まわしい、もっとも恐ろしい記憶の水底にいたった瞬間、彼が静かに嗚咽をはじめる現在を見つめる。わたしたちは、そのときはじめてガス室まえで理髪作業を遂行することで現実地獄を生きのびてきたこの理髪師の悲嘆を感得することができるのである。

クロースアップ

映画というメディアムが、それまで小説にも演劇にも写真にも不可能だった動的クロースアップという新技法で、人間の感情の風景たる顔の表情を細大もらさず表象できるようになったということを、わたしたちはここで改めて感謝せねばならない。動的クロースアップこそ、魂の表出の場であり、それゆえわたしたちが他者に共感する最大の手立てである。ここで何を皮肉なことをと思われる読者諸賢が万一いるとしたら、そういう方には一九八〇年代の最高傑作のひとつ『肉体の悪魔』*Diavolo in corpo*（マルコ・ベロッキオ、1986）をぜひとも見ていただかなくてはならない。この不可思議な映画は、ひとひとりの命を救うのは宗教でも科学でも対話でもなく、ただ狂乱の嗚咽にさいなまれている人間といっしょに泣くことだけであるという事実を端的に物語っている。泣くこと、それだけでひとつの魂が救われることがある。わたしたちは涙であれ血であれ何であれ、人前で体液を流すのを恥とする文化のなかで生きている。自己同一性のよりしろとしてのこの確固たる身体から、なんであれ不定形な液体が沁みでることを忌み嫌う文化のなかに生きている。しかしキリストの血でも贖いきれないものが、ときに涙で贖えることもあるのではなかろうか。もしわたしたちが他者の涙とともに真摯に泣くことができれば、少なくともその魂は救われるのではなかろうか。『肉体の悪魔』の冒頭シークェンスはそうした極北の感情移入の寓話となっている（終章を参照されたい）。

しかるに『ショアー』が苦悩にゆがむ理髪師の顔を長廻しクロースアップ撮影で提示するとき、わたしたちは理髪師とともに目に涙をたたえるだろう（ただし監督ランズマンはその可能性を否定し、じつさいインタヴュウの最中に涙声になるわけでもない）[*]。わたしたちは、この理髪師が証言の不可能性につきあたり、その結果、映画に長い沈黙の時間が流れるとき、彼が唇を舌で湿らす瞬間を見逃さない。それまで比較的なめらかにしゃべりつづけてきたこの初老のユダヤ人男性が、語りえぬ記憶の暗礁にのりあげ、その暗礁すらも語るようにせまられるとき、彼は涙滴とともに唾液を必要としたことを、わたしたちは忘れない。語ることの不可能性を表象するためにこそ、九分を越えるこの長い長いロング・テイクが必要だったのである。もしこの理髪師の場面がほかの場面のように、切れ切れの編集処理をほどこされていたとしたら、すべてはまったく水泡に帰したことだろう。語りうることと語りえぬこととのあいだに穿《うが》たれた人間の精神の深淵を表象することができるのは、証言者の長い沈黙をとらえる切れ目のないキャメラの持続的視線だけであろう。そしてそれが持続するかぎりにおいて、それはいかなる「再構成」をも拒絶する、映画の真実の探求となる。そこには観客を特権的な（そしてそれゆえ皮肉にも相対的な）ポジションに位置づけるいかなる超越論的操作も介在しない。そこにはただ絶対的な現在の時間しかない（前述の『質屋』のように観客のまえに、いともかんたんに過去が現前するわけではない）。

それゆえまた理髪師チャーリーがハンガリー舞曲にのせてあざやかな剃髭を見せてくれる特殊なホロコースト映画『独裁者』は、それが切れ目のない無編集で実現されるからこそ、チャップリンの真実の超絶技巧の開示となる。それはドキュメンタリー映画とフィクション映画という見かけの二分法を越えて、

* ランズマン、前掲書、一二四頁。

真実の開示以外の何ものも指し示してはいない。

さて絶滅収容所の傍観者たちは、「そこでは何も見ることができなかった」と口をそろえて証言した（『ショアー』）。そうした証言に耳をかたむけるだけの観客評論家たちの目には、ことによったら理髪師が唇を湿らす瞬間は映らなかったかもしれない。ナチス・ドイツの戦争システムが人間を産業廃棄物かなにかのように処理した現場を間近に見たはずの者たちが、自分たちには「何も見ることができなかった」と証言するように、視点編集され再構成された証言の内容に耳をかたむけるだけの者は九時間半ものあいだスクリーンに向きあいながら、結局、映画を見るということがいったいどのような所作であるのかまるでわからなかったにちがいない。そしてもしそれがわからなければ、殺戮工場がふたたび地球上のどこかに組織化されても、やはりそのことに気づくことができないのではなかろうか。

第2部 映画史を書く

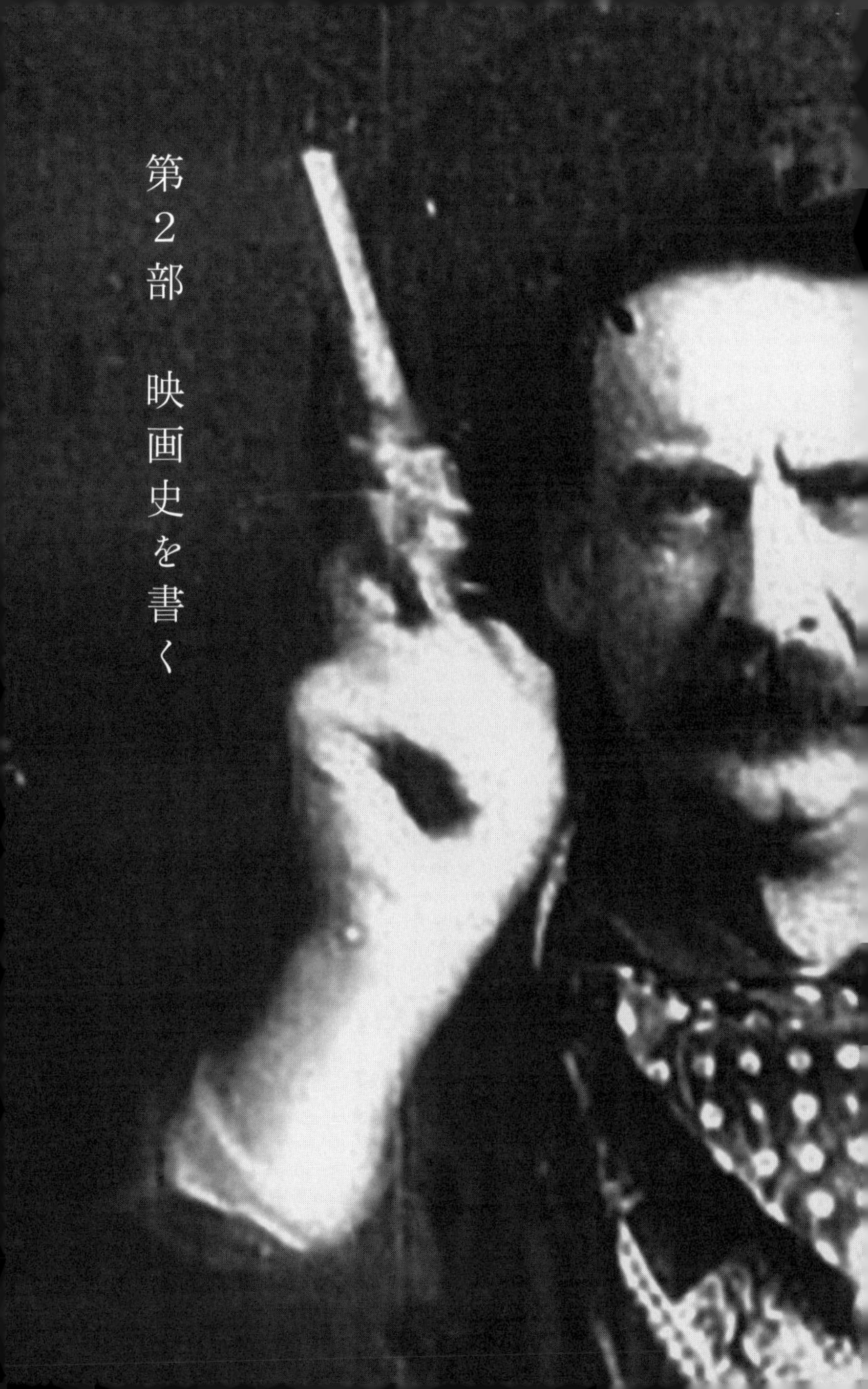

（扉写真）『大列車強盗』（1903 年）のワン・ショット

第Ⅳ章　列車の映画あるいは映画の列車　活動写真文化史

Qui trop embrasse, manque le train.（キス多き者は列車を逃す）
——『5時から7時までのクレオ』（アニエス・ヴァルダ、1961）*

列車が通りかかると、観客は身体をこわばらせる。
——フランツ・カフカ**

始発駅

映画と列車。この物質的カップルは過去一〇〇年以上の表象史において甘い蜜月をすごしてきた。列車は古今東西の映画にほとんど際限なく登場し、スクリーンを熱い息吹でみたしては彼方へと疾走していった。映画が物質中心主義の二〇世紀にかくも繁栄をみた理由は、その機動性と運搬性の高さにある

* Qui trop embrasse, mal étreint.（「抱き締めすぎる者は、絞め殺せない（二兎を追う者は一兎をも得ず）」）のもじり（マリナ・ヤゲーロ、青柳悦子訳『言葉の国のアリス』〔夏目書房、一九九七年〕、一六五頁より）。

** ハンス・ツィシュラー、瀬川裕司訳『カフカ、映画に行く』（みすず書房、一九九八年）、八頁。

（リール缶に詰められたフィルムは自転車の荷台や船艙に積まれて世界中どこへでも運ばれた）が、列車もまた大陸のうえなら世界中どこへでも出かけていった。それゆえ若き日（一九二〇年ころ）のエイゼンシュテインは共産主義プロパガンダ列車に煽動絵画をえがくことになるし、メドヴェトキンもまた一九三二年、地域労働者の連帯結集のために映画の撮影と現像と上映用諸機材を積みこみ、凍てつくロシアの大地に「映画列車」を走らせたといわれる。* 満映（満州映画協会）の経営（一九三七―四五年）と巡回上映（宣撫工作）も満鉄（南満州鉄道）ぬきには考えられない。列車も映画も帝国の版図拡大の有能な先兵だった。

映画撮影機やプロジェクター上で回転するフィルム・リールは列車の動輪を思わせる。リールからフィルムをとりだしてみると、矩形《くけい》（長方形）のセルが一列にびっしりと並んでいて、さながら枕木を並べて地平線へ伸びる鉄道のようである。映画と列車は一世紀以上を閲《けみ》し多様な関係を結び、それを論ずるには一冊の書物ではたりないくらいの沃野を形成してきた。映画を見たことのある者なら誰しも一度は銀幕を走りぬける列車の勇姿に感動した覚えがあるだろう。しかしその感動の所在を確かめるまもなく、いつのまにか列車映画は記憶の片隅に追いやられてしまっている。本章は列車の主題系を映画史と文化史のうちに再浮上させる試みである。

運動と映画

列車と映画が相性がいい理由はふたつある。ひとつは歴史的必然性と呼びうるもの、いまひとつは列車と映画の構造的相同性である。

まず歴史的文脈に話の端緒を見いだしてみよう。ここで重要なことは、一九世紀末に新媒体（ニュー・メディアム）として登場した映画（モーション・ピクチュア）にとって、** 同時代を代表する最速最大の運動媒体は列車だったということである。列車は、映画が登場した一九世紀末のアメリカ合衆国において運動（モーション）の代名詞であった。*** 動く被写体をリアリスティックに再現することで人気を博しはじめた映画にしてみれば、そうした自己の特性に見あうすぐれた運動性能を発揮する列車をとらえてこそ自己の存在理由を大きく喧伝することができた。**** 映画が被写体の再現において先行メディア（写真

＊　共産主義神話創成に貢献したメドヴェトキンの「映画列車」については次の雑誌特集号を参照されたい。*Cahiers du cinéma* (numéro supécial: 100 journées, Janvier 1995), p. 45. なおこれは日本語訳（「季刊カイエ・デュ・シネマ・ジャポン特別号」）が出版されているが、残念ながら喜劇的に見当はずれな訳が散見されるのでお薦めできない。これはのちに言及することになるが、クロースアップを「発明」したとされる最初期イギリス映画 *The Big Swallow*（ジェイムズ・ウィリアムスン、1901）が、この翻訳雑誌では『大きな一呑《ひとの》み』『大きなツバメ』という邦題で紹介されている（「一九〇〇年九月クローズアップの発明」の項）。しかしながらこれは『大きなツバメ』の誤りである（これはたまたま被写体になった男がキャメラマンをキャメラごと、その大きな口で一呑みにしてしまうという、知らぬ者のない有名な自己言及的トリック映画である）。なるほど swallow には「燕（ツバメ）」という意味もあろうが、口のクロースアップ（大写し）によってはじめて「大きな一呑み（嚥下《えんか》）」が可能になったという基本的事情が、どうやらこの訳者（梅本洋一氏）には呑みこめなかったものらしい。

＊＊　*OED*（『オックスフォード英語辞典』）によれば、遅くとも一八九一年には motion-picture という語の用例がある。

＊＊＊『アイアン・ホース』*The Iron Horse*（ジョン・フォード、1924）などにおいて、それじたい何度も映画化され（それゆえ神話化され）てきたアメリカの国家的大事業たる最初の大陸横断鉄道（ユニオン・パシフィック鉄道）の完成が一八六九年、リュミエールの投射式映画の一般公開（一八九五年）の四半世紀前のことである。そしてアメリカの鉄道産業がピークをむかえるのが、古典的ハリウッド映画の創始者D・W・グリフィスが長篇『國民の創生』*The Birth of a Nation* をもって活躍する（一三一頁に続く↓）

や絵画）と差別化をはからねばならないとき、第一に主張しうることは、映画が「運動」を再現できる最初の本格的表象メディアだということである。* それじたい「運動」（モーション）の偉大なる代名詞である蒸気機関車（ロコモーティヴ）は、映画のそうした特性をもっとも効果的に立証する被写体であった。じっさい映画興行史の起源と目される、パリでの投射式映画（シネマトグラフ）の有料（入場料一フラン）一般公開（一八九五年末）の翌年、『ラ・シオタ駅への列車の到着』*L'arrivée d'un train en gare de La Ciotat*（ルイ・リュミエール、1895）という列車映画が上映されたことは象徴的な事件といえよう。蒸気機関車に牽かれた客車が駅に到着し、乗降客が出入りするだけのこの五〇秒ほどのシングル・ショット映画は、その後、世界各都市で同巧異曲の映画（ヴァリアンツ）として何度もリメイクされ、それを撮影した者がそれをもち帰ってゆくリヨンのみならず、撮影がおこなわれた現地でも上映され人気を博することになるからである。たとえばニューヨークでは『バッテリー・プレイス駅への列車の到着』*Arrivée d'un train à Battery Place*（1896）が、名古屋駅でも地元版『列車の到着』*Arrivée d'un train*（1897）が、** そしてエルサレムでは元祖『ラ・シオタ駅への列車の到着』（1895）の「逆ヴァージョン」*** ともいうべき『列車でエルサレムを去る』*Départ de Jérusalem en chemin de fer*（1896）が撮影される。リュミエール兄弟によって派遣され、世界をめぐるこの撮影者たちは、いわば鉄道旅行をしながら世界各地の「走行列車」を画面におさめていったことになる（ちょうどラ・シオタ駅への「列車の到着」後、降車する旅客といれかわりに車上のひととなった旅人たちが認められたように、鉄道のあるところなら、このフランス人移動撮影者たちはどこへでも出かけていった）。

（→一二九頁より）時期（一九一五年ころ）と重なるから、アメリカ映画が列車を被写体に普及してゆくプロセスとアメリカにおける鉄道ブームとは時期的に完全に一致する。

なお鉄道と映画を結びつけるひとつの興味ぶかい逸話がある。一八七八年、エドワード・マイブリッジは元カリフォルニア州知事で、のちに有名私立大学にその名をのこすことになるリーランド・スタンフォードに依頼されていた駆け駒の分解写真の撮影に成功する。馬の走行状態を分析するためにこの撮影を依頼していたスタンフォードは、セントラル・パシフィック鉄道会社の共同所有者でもあった（パロアルトの実験場もまた鉄道の収益によって買われたものである）。翌七九年、マイブリッジは、あたかものちの標準的映画キャメラが一秒間に二四回シャッターを切ることを予知していたかのように、二四個の写真機を水平に並べて馬の走行を撮影する。運動状態下にある動物をとらえたマイブリッジの一連の連続写真（『アニマル・ロコモーション』として出版された）がいかにエディスン（と彼に雇われたウィリアム・K・L・ディクスン）を映画発明へと駆りたてたかは周知のとおりである。走行中、その動輪がけっして地上から離れてはならない列車と、疾駆中にその四肢が完全に宙に浮いてしまう馬とが、このような運動分析の情熱のもとに遭遇したという事実は映像史にとどめておくべきことであろう。Cf., Geoffrey Bell, *The Golden Gate and the Silver Screen* (Rutherford: Fairleigh Dickinson U.P., 1984), pp. 17-27; Q. David Bowers, *Nickelodeon Theaters and Their Music* (New York: Vestal Press, 1986), pp. 1-2.

＊＊＊（一二九頁）この時期は新興見世物としての映画の驚くべき集客力と話題性に注目した鉄道会社が、映画撮影に積極的に協力し、自社の宣伝に代えた時期でもあった。Cf., Charles Musser, "The Travel Genre in 1903-1904: Moving Towards Fictional Narrative," in Thomas Elsaesser ed., *Early Cinema: Space-Frame-Narrative* (London: BFI Publishing, 1992), p. 128.

いうまでもないことだろうが、アメリカの鉄道会社が映画をイメージアップのために利用したのは、なにも映画史初期にかぎったことではない。ロスによれば、労働組合員が全米で三五〇万人をこえる一九一〇年代、大手鉄道会社は資本主義論理の正当化のために自社讃美の「記録映画」を量産し、娯楽映画の添え物として全米の劇場で公開しはじめた。Steven J. Ross, "Beyond the Screen: History, Class and the Movies," in David E. James and Rick Berg eds., *The Hidden Foundation: Cinema and the Question of Class* (Minneapolis: University of Minnesota Press), pp. 30-34.

＊　運動媒体であるはずの映画がフランスのすぐれた小説家兼映画作家たち（アラン・ロブ＝グリエやマルグリット・デュラスら）によって外見上の運動性を革新的に喪失するのは、まだまだ先の（一九六〇年代以降の）ことである（『去年マリエンバートで』*L'année dernière à Marienbad* 1961、『不滅の女』*L'Immortelle* 1962、『インディア・ソング』*India Song* 1974）。

ところで『列車でエルサレムを去る』（「列車の出発」）が『列車の到着』の「逆ヴァージョン」であるというのは、両者のキャメラの位置が対蹠的だからである。その後、連綿とつづく「列車映画」の、いわば「始発駅」とも言うべきラ・シオタ駅（やその「中継駅」とも言うべきバッテリー・プレイス駅や名古屋駅）のプラットフォームにキャメラがすえられ、それが列車の接近と到着を記録したのに対して、『列車でエルサレムを去る』では逆にキャメラが列車の乗降デッキとおぼしき場所に載せられ、キャメラに向かって（つまり見えない車上の旅人（撮影者）に、そして／あるいは映画の観客に向かって）手をふる見送りのひとびとの姿が「主観ショット」とも言うべき視点でとらえられているからである。* 映画業界では移動撮影のことを「トラヴェリング」（travelling）とも言うが、この「旅行」（travel/travelling）は、手もち移動でも画像がぶれる心配のない簡易撮影機器（ステディキャム）の開発と導入（一九八〇年）のまえまでは、基本、仮設レールを敷き、そのうえをキャメラをのせた台車を滑らせるという、字義通り骨の折れる作業（travail）を強いられた。動く被写体を動くキャメラでとらえようとする映画（モーション・ピクチュア）のこのごく自然な欲望は、必然的に列車の走行運動（モーション）を模倣することになったのである。映画史最初期のもっとも美しい「トラヴェリング」撮影のひとつが、それじたい何度もリメイクされる『列車でエルサレムを去る』のような鉄道旅行（トラヴェル）映画において、言葉の文字通りの（それゆえまた映像通りの）意味において実現されていたことは興味ぶかいことである。**

＊＊（一三〇頁）　そこで被写体となっている日本の駅が「名古屋駅」であろうと推定しているのは『光の生誕　リュミエール！』（同展カタログ、朝日新聞社文化企画局、一九九五年）編集部である。またエディスン社が提供した資料に基づいて書かれた当時の業界誌によれば、『東京列車の到着』*Arrival of Tokyo Train*（1898）が横浜駅での「列車の到着」の模様を収めている（Charles Musser, *Edison Motion Pictures, 1890-1900: An Annotated Filmography*〔Smithsonian Institution Press, 1997〕, p. 406）。なおこの映画もペイパー・プリントのかたちで現存する。

＊＊＊（一三〇頁）　長谷正人氏（早稲田大学教授）の評言。この『列車でエルサレムを去る』をはじめ、後述の「ヘイルズ・ツアーズ」で上映されたであろう列車映画のヴィデオの存在を教えていただいたのも同氏である。記して感謝したい。

＊　『列車でエルサレムを去る』では、そこで見送られている車上の人物が提示されないがゆえに、つまりその「主観ショット」の視線の主を特定するであろう「客観ショット」へとそれが切り返されないがゆえに、それは厳密には今日いうところの「主観ショット」とは異質なものである。逆にいえば、主観ショットとはつねにその視線の主体を言及するなんらかの装置（切り返しや鏡像や画面外《オフ》の声）を前提とした概念である。

＊＊　移動キャメラで被写体をとらえる最初期映画『列車でエルサレムを去る』（およびそのヴァリアントたる『ペラーシュ駅に到着する列車から撮影されたパノラマ』*Panorama de l'arrivée en gare de Perrache pris du train*〔1896〕など）が強調されねばならないのには、もうひとつ別の理由がある。木下直之氏は、そのすぐれた著書『写真画論　写真と絵画の結婚』（岩波書店、一九九六年）で次のように指摘する。「〔映画の〕カメラマンは……いったん定めた画面を動かすという発想がまったくなかった……これでは、被写体が動くという違いはあっても、ほとんど写真と変わらない――その最初期に、異国の風景・風俗が〔映画の〕被写体に選ばれたということも、〔映画と〕当時の写真との連続性を示している」（九七頁、傍点引用者）。木下氏は、最初期の映画はその被写体の選択においてもキャメラの駆動性においても写真となんら変わるところがなかったと主張するのだが、残念ながらこの見解はまちがっている。キャメラの技術的限界が「画面を動かす」ことを困難にしていたのは事実だが、当時のキャメラマンに「画面を動かすという発想がまったくなかった」のではない。その証拠に、最初期の映画のキャメラマンは、その先行メディアムたる写真との差異化をはかるために（当時もいたであろう木下氏のようなひとびとの誤解をとくために）、キャメラを走行する列車（や船舶）に載せて「異国（聖地エルサレムや風光明媚な山岳地帯や大運河）の風景」をまさに「画面を動か」しながら撮り、そのことによってやがて「ファントム・ライド」と呼ばれる熱狂的サブジャンルを産みだしてゆくのである。後述するように、「ファントム・ライド」のような、それを見る者にいま見ている空間に呑み込まれるかのような印象をあたえる動画は、まさに映画（モーション・ピクチュア）が創造するべくして創造した映像であり、およそ写真（スティル・ピクチュア）に真似のできない領分であった。つまり、映画史最初期の列車映画においてすでに映画と写真は非「連続」なのである。

モーション＝エモーション

ところで『ラ・シオタ駅への列車の到着』の一八九六年公開については、次のような逸話が今日まで伝えられている。この映画を見た観客は、自分たちに向かって突進してくる蒸気機関車に驚いて悲鳴をあげて逃げまどったというのである。* 多少誇張された「神話」かもしれないが、それは一九九五年頃から二〇〇五年頃まで、巨大スクリーンから飛びだしてくる映像に思わず身体をのけぞらせてしまうアイマックス３Ｄシアターの観客に似ていなくもない。** 少なくとも一九世紀末のシネマトグラフの観客は、スクリーンを突き破ってくるかに見えた蒸気機関車に対して腰を浮かして身構える程度の反応は採ったようである（すぐれた小説家カフカの日記にもあるように「列車が通りかかると、観客は身体をこわばらせる」）。今日のわたしたちの目からすれば、シネマトグラフ『列車の到着』でえがかれているのは列車の「到着」というよりも、むしろ列車の「運動」そのもののように見える。つまり運動という抽象的な事態を体現する被写体がたまたま蒸気機関車であったということであり、この映画史最初期のフィルムがなんらかのかたちで先行メディアとはちがう自己の特性を主張せねばならなかったとき、たまたま選ばれた被写体が当時の代表的運動媒体たる列車だったということである（そもそもシネマトグラフとは「運動記述」という意味である）。

それゆえここで映画が、その草創期にあくまでも運動（モーション）にこだわったという事実に注目したい。というのもこの最初期のフィルムの登場からわずか四年たらずで、映画はモーション（運動）とエモーション（情動）の双方をえがくようになるからである。映画は、蒸気機関車のようにモーション（ものの動き）のみならず、エモーション（こころの動き）、つまり人間精神をもえがくようになり、ほどなく両者の有機的関係をえがくようになるのである。人間をえがくということは、その感情と意思の変化、人生の機微を描写することであり、機微をとらえるためにショット数もいきおい複数になる。リュミエールが『列車の到着』（1895）をシングル・ショットで撮ったとき、そこには「列車の運動」はあっても「人間の情動」はなく、まして両者の関係などえがきようもなかった。しかるに『列車の到着』の四年後に英国で撮影された『トンネルでのキス』*Kiss in the Tunnel*（ジェイムズ・バンフォース、1899）は、「列車の到着」の最終ショットのまえにわずか二ショットつけたしただけで完璧な物語映画となった。

＊『列車の到着』がスクリーンに投影されたとき、当時の観客が自分たちに向かってくる列車に肝を冷やしたという「神話」はたとえば次のようなすぐれたジャーナリストの評言にも窺える。「突然何か物音がして、何も見えなくなったかと思うと、スクリーンいっぱいの巨大な列車がわたしたちめがけて突進してくるではないか――危ない！　列車はわたしたちのいる暗闇に飛びだしてきて、わたしたちを引き裂かれた肉と骨の山にしかねない……」（マクシム・ゴーリキー、一八九六年）。ゴーリキーが小説『どん底』（一九〇二年）で作家としての名声を獲得する六年まえの新聞記事である。

＊＊　アイマックス劇場のスクリーンがいかに巨大であるかを示すために、標準的な映画館のスクリーン・サイズと比較してみよう。三五ミリ映画のスクリーンの縦横はおよそ四・五メートル×八・五メートル。七〇ミリ映画でもおよそ九メートル×二〇メートル（表面積は三五ミリの五倍弱）しかない。それに対してアイマックスの場合、およそ二一メートル×二八メートル、表面積は三五ミリの一五倍強である。アイマックス３Ｄシアターが世界の主要都市（シカゴ、大阪、ロンドン、東京、ホノルル等）に設立されるにつれて、映画はふたたび一九世紀の「巨大パノラマ館」のようなひとを圧倒するだけの見世物へと回帰していくように思われる。じっさいアイマックス劇場で立体版『列車の到着』を上映してみるがいい。まちがいなく初期の観客と同じような「恐慌状態」におちいる観客がでてくるはずである。なおパノラマ館と映画館との類縁性の詳細については、拙著『映画館と観客の文化史』（中公新書、二〇〇六年）の冒頭部を参照されたい。

バンフォース版『トンネルでのキス』(S①)

すなわち、

S① 列車がトンネルにはいる(列車の外景ショット)
S② 列車がトンネルにはいって車内が暗くなったことをいいことにキスをする乗客たち(列車の内景ショット)
S③ 列車が駅に到着する(列車の外景ショット)

このスリー・ショット映画に四つめのショットをくわえて、列車がトンネルを出て車内が明るくなったので(あるいは列車が駅に近づいたので)キスをやめるカップルをえがいてもよかったかもしれないが、重要なことは列車が車輌を連結するように映画はショットを連結(編集)することで、「トンネルにはいる」という列車の運動(モーショ

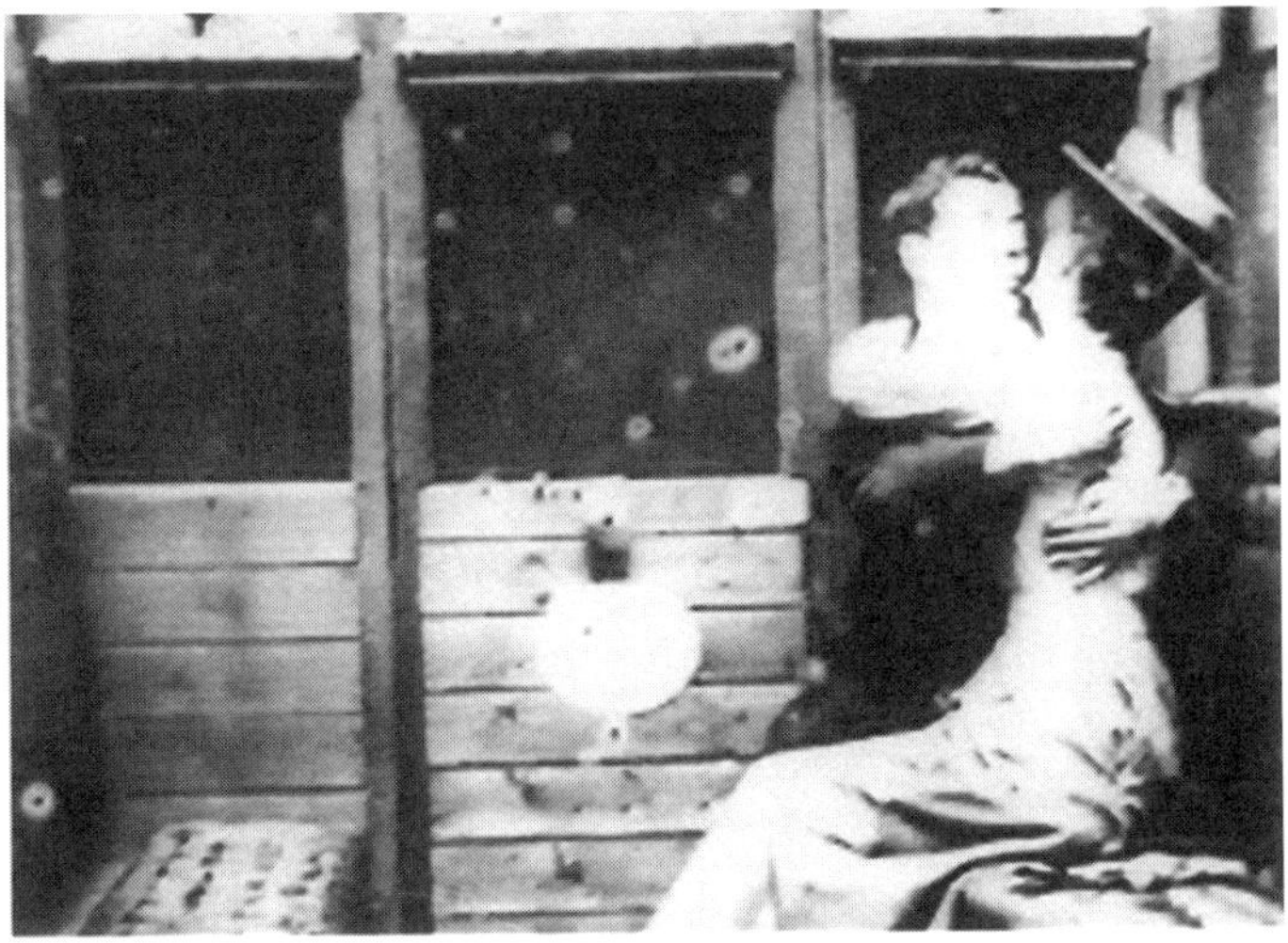

バンフォース版『トンネルでのキス』(S②)

ン)と、それによって惹起される男性乗客の心の変化、つまり暗闇に乗じて「女性にキスしたい」という情動(エモーション)の双方をえがけるようになったということである。機関車の運動と人間の情動の有機的連関をえがいたとき、はじめて映画は物語(人間のドラマ)を表象できるようになったのである。ところでこの『トンネルでのキス』には少なくともふたつのヴァージョンがあり(ひとつは上述のジェイムズ・バンフォース版で、いまひとつはその原型ともいうべき英国ブライトン派の雄G・A・スミスの手になるもので)、後者が興味ぶかいのは、それが『列車でエルサレムを去る』と同様の車載キャメラで列車がトンネルにはいるさまを正面からとらえているという点である(つまり前述のS①がここでは列車の外景ショットではなく最初期の「主観ショット」となっている)。*『トンネルでのキス』は、そのショット構成においてかたやバンフォース版（1899）がみずからを『列車の到着』（1895）と連結し、かたやスミス版（1899）が『列車でエルサレムを去る』（1896）と連結したのである。こうして最初期映画は列車（トレイン）をえがきながら、みずからをしかるべき姿（物語映画）へと訓練（トレイン）していったのである。

ところでアルフレッド・ヒッチコック（その代表作については第I章で詳述した）はかならずといっていいほど自作に列車をとりこむ映画作家であるが、『トンネルでのキス』を見れば、その理由の一端がわかる。英国時代のヒッチコックの『三十九夜』*The 39 Steps*（1935）には警官の目を欺くために、同席した見ず知らずの女性にいきなりキスをする不躾《ぶしつけ》な男性が登場するが、その遥かな原型は同じ英国映画『トンネルでのキス』（1899）にあるだろうし、同じくヒッチコックの『北北西に進路を取れ』*North by Northwest*（1959）のエンディングでは、恋する男女の熱い抱擁は列車がトンネルに突入するといやますように見えるが、その原型もまたこの最初期映画にあるのだろう。

こうして映画史は列車の運動とエロスの情動をえがきはじめ、それと同時期にまた列車の運動とタナトスの情動、つまり人殺しのスペクタクル（列車内殺人事件）をえがくようになるのだが、これについては後述することにしよう。さらに「列車の到着」と「列車の出発」がこののち物語映画においていかに組織化されるかは人も知るとおりである。*

映画館と観客

さて「列車の映画」は『ラ・シオタ駅への列車の到着』(1895) 以後も世界中で続々と撮影され、上映された。たとえば一八九七年九月には列車がトンネルを通過するさまを車載キャメラからとらえただけの映画が全米のヴォードビル劇場（映画館設立期以前の娯楽ライヴ舞台劇場）で上映されるや絶賛をあびる。『列車でエルサレムを去る』を彷彿させるこの単純な「主観ショット」列車映画『ハヴァストロー・

＊（一三七頁）映画史における列車車載キャメラによる「主観ショット」の例は枚挙にいとまがないが、そのひとつが前章で論じたホロコースト映画『ショアー』(1985) における「列車の到着」の場面である。

＊ 周知のように、物語映画はしばしば列車の到着ではじまり、列車の出発で終わる。鉄道映画でもないのに、列車が「導入のトポス」や「結尾のトポス」として利用される例は枚挙にいとまがない。『東京暗黒街・竹の家』*House of Bamboo*（サミュエル・フラー、1955)、『ウエスタン』*Once Upon a Time in the West*（セルジオ・レオーネ、1968)、『偽りの晩餐』*Lunga vita alla Signora!*（エルマンノ・オルミ、1987）などは列車の到着とともに物語がはじまる「導入のトポス」の例であるし、『旅情』*Summer Time*（デイヴィッド・リーン、1955)、『ピクニック』*Picnic*（ジョシュア・ロウガン、1955)、『昼下りの情事』*Love in the Afternoon*（ビリー・ワイルダー、1957）などは列車の旅発ちで物語が終わる「結尾のトポス」の例である。なお五〇秒ほどの短篇映画『ラ・シオタ駅への列車の到着』（ルイ・リュミエール、1895）では列車が到着し、乗り降りするひとびとが映しだされたかと思うまもなく突然終わってしまうが、これは「導入のトポス」の例外というわけではなく、そもそもこの最初期の映画は物語映画ではないので、物語の導入も結尾もはなから関係がないだけである。さらに時代の趨勢が列車旅行から飛行機旅行へと移るにつれて、物語映画のトポスとしての列車も飛行機にとってかわられる。『旅愁』*September Affair*（ウイリアム・ディターレ、1950）や『必ず明日は来る』*There's Always Tomorrow*（ダグラス・サーク、1956）から『ストレンジャー・ザン・パラダイス』*Stranger than Paradise*（ジム・ジャームッシュ、1984）や『ジュラシック・パーク』*Jurassic Park*（スティーヴン・スピルバーグ、1993）にいたるまで、飛行機（ヘリコプターを含む）が大空を遠ざかる映像がそのまま物語の終わりを示す「結尾のトポス」として利用されてきた。また『地獄の黙示録』*Apocalypse Now*（フランシス・F・コッポラ、1979）に代表されるヴェトナム戦争映画では逆に飛行機（ヘリコプター）の飛来が「導入のトポス」となった。詳細は拙著『映画ジャンル論』（平凡社、一九九六年）、一五八―一六八頁を参照されたい。

『田舎者とシネマトグラフ』（写真①）

トンネルを通過するウエスト・ショア急行』*A West Shore Express through the Haverstraw Tunnel* は、今日のわれわれには想像もつかないような強い衝撃を当時の観客にあたえたようである。当時の新聞は、この映画のインパクトを次のように表現している。「見えない力〔車載キャメラによる「主観ショット」〕が空間を呑みこみ、あれよあれよというまに突き進むさまは、ほとんど寓話のように神秘的であり印象的である。その衝撃はポーの『アッシャー家の崩壊』にも似て……われわれはただ呆然と息を呑み、ファントム・カー（幻影列車）の突進に身をまかせるしかない。われわれは万力のごとき運命の力にねじふせられ、〔画面に〕釘づけになる」（『ニューヨーク・メイル・アンド・エクスプレス紙』*）。また翌一八九八年六月のある週の「シネマトグラフ・リュミエール」の上映プログラムを瞥見すれば、それが「鉄道パノラマ」特集と銘うたれ、『トンネルの通過』*Passage dans le tunnel*『トンネルから出る』*Sortie du tunnel*『リヨンからフランシュヴィルへの機関車の輸送』*Transport d'une locomotive de Lyon à Francheville* といった即物的な列車映画があいかわらず人気を博していたことが窺える。

こうして列車と映画はついに換喩的関係を結ぶことになる。つまり「映画が上映される場所」といえば（カフェやヴォードビル劇場などで映画が上映されていた映画史最初期には、今日いうところの「映画館」は概念においても実体においてもまだ存在しない）、そこは「列車の映画」が上映される空間だという連想が成立する。そうした連想を例証するもののひとつに、『田舎者とシネマトグラフ』*The Countryman and the Cinematograph*（ロバート・ポール、1901）という、最初期映画とその観客の滑稽な関係をえがいたフィルムがある（**写真①**）。ひとりのナイーヴな観客（「田舎者」）がスクリーンからの光（映像）と「現実」をとりちがえ、そこで上映される映画内映画が『ラ・シオタ駅への列車の到着』(1895) 同様、蒸気機関車が観客に向かって突進してくるものである。しかしスクリーンを突き破るがごとき列

＊Robert C. Allen, "Contra the Chaser Theory," in John L. Fell ed., *Film Before Griffith* (Berkeley: University of California Press, 1983), pp. 109-110. なお「ファントム・カー」（あるいは「ファントム・ライド」）とは、この映画以降、支配的なサブジャンルとなる「走行する列車から風景をとらえた広義の主観ショットの映画」を指すことばとなる。じっさいこの「ファントム・ライド」系の列車映画がいかに圧倒的な人気を博したかは当時のエディスン社の映画カタログを調べるとわかる。そこには「ファントム・ライド」系映画（『サスクエハナ河のパノラマ景観』*Panoramic View of the Susquehanna River*, 1897）が「走行する列車の後部にとりつけたキャメラ」によって「たいへん新奇な効果」をもたらしたと記されている（*Edison Motion Pictures, 1890-1900: An Annotated Filmography*, p. 291）。なおエディスン社だけでも一八九六年から九九年までの三年間に少なくとも一六本の「ファントム・ライド」映画が撮影公開されている。

車が登場するこの『田舎者とシネマトグラフ』をいかにも映画揺籃期にありそうな映画として片づけることは厳に慎まなければならない。なぜならこのフィルムは、それ以降につづく『キートンの探偵学入門』*Sherlock Junior*（バスター・キートン、1924）、『カラビニエ』*Les Carabiniers*（ジャン＝リュック・ゴダール、1963）、『カイロの紫のバラ』*The Purple Rose of Cairo*（ウッディ・アレン、1985）、『ラスト・アクション・ヒーロー』*The Last Action Hero*（ジョン・マクティアナン、1993）といった映画館の観客を自己言及的に素描するフィルムの起源と目しうるフィルムだからであり、*そしてこの系列でなによりも問題となっているのは、スクリーンと現実の境界を認知しようとしない田舎者（虚構の観客）を笑いとばし、そのことによって都会の（現実の）観客（この『田舎者とシネマトグラフ』を見ている観客）が優越感にひたることにあるのではなく、そもそも幻想と現実のあいだの障壁を積極的に破壊することにこそ映画館最大の関心があるということを、わたしたちに再認識させることにあるからである。スクリーンの向こう側に現実の空間がひかえ、もしかしたらそこを列車が走っているのではないかという疑念からぬけだせないからというよりも、むしろスクリーン上に巨大な蒸気機関車が疾走していれば、ただそれだけでその躍動感に圧倒されてしまうナイーヴな観客は、席を立ち、舞台にあがりこんでスクリーンを突き破るかのごとき列車によって、こちら側から向こう側へ旅発とうとする。観客席からスクリーンの向こうへの、素朴だが御しがたいこの移動の衝動こそ、映画館が観客にもたらす唯一最大の効果にほかならない。『田舎者とシネマトグラフ』（1901）のなかのスクリーンに蒸気機関車が疾走していたという事実は、この意味において象徴的であろう。機関車（ロコモーティヴ）の原義は「場所」の「移動」

であり、映画を見るということは、つねにこの「場所の移動」、いまいる観客席とは違うどこか別の場所への移動の衝動、旅への誘いを含意するからである。この興味ぶかい主題を提示するイギリス映画『田舎者とシネマトグラフ』は同年、アメリカ映画『活動写真会のジョシュおじさん』*Uncle Josh at the Moving Picture Show*（エドウィン・S・ポーター、1901）としてリメイクされもした。** 映画史はいわば「列車の到着」とともにはじまり、「列車の出発」とともに新たな展開を示し、そして映画館が移動の誘惑、すなわち列車旅行そのものであるという共通理解によって進展したのである。

ヘイルズ・ツアーズあるいは一九〇五年の擬似列車旅行

映画史最初期において映画（館）が「場所の移動」という欲望と強く連動したということを別の観点から検証してみたい。

＊　これらの自己言及型フィルムでは、映画史最初期の一般劇場での上映形態（『田舎者とシネマトグラフ』）から一九二〇年代のサイレント常設映画館での伴奏音楽（『キートンの探偵学入門』）や欧州のトーキー映画館の施設（『カラビニエ』）にいたる、さまざまな映画上映空間の実態を窺うことができる。念のために付言すれば、『活動写真会のジョシュおじさん』は「田舎者」がスクリーンを突き破って、スクリーンの奥でクランクを廻していた上映技師と取っ組み合いの喧嘩をする映画であり、『キートンの探偵学入門』は上映技師キートンが夢のなかでスクリーンのなかへはいってゆき、さまざまな冒険をくりひろげる映画である。『カイロの紫のバラ』は逆にスクリーンから二枚目俳優がぬけだしてきて女性観客と交流するし、『ラスト・アクション・ヒーロー』でもスクリーンの世界の浸透圧は観客のいる現実世界に比して高くなったり低くなったりする。

＊＊　活動写真会のジョシュおじさん』の詳細については、Miriam Hansen, *Babel & Babylon: Spectatorship in American Silent Film* (Cambridge: Harvard U. P., 1991), pp. 25-30. ならびに小松弘『起源の映画』（青土社、一九九一年）、三四五—三四九頁を参照されたい。

東京でもロサンジェルスでも、ディズニーランドの人気演し物のひとつに「スター・ツアーズ」というものがあった。試写室ほどの広さの部屋にはいって席につくと、正面のスクリーンに『スター・ウォーズ』*Star Wars*（ジョージ・ルーカス、1977）から流用された映像が投影され、破壊ビームで敵機を撃ちおとしながら画面を縦横無尽に飛びまわる宇宙船の動きに、観客をのせた座席が正確に連動する。動画像を見ながら観客はシートベルトを締めた座席のうえで上下左右にふりまわされ、あたかも超高速で移動する宇宙船にのっているかのような錯覚を味わうことになる。幻想と現実の感覚的境界を曖昧にするヴァーチュアル・リアリティを予告するかに見えるこのいかにも現代的な体感装置（コンピュータ制御油圧フライト・シュミレーター）は、しかし、けっして二〇世紀末のテクノロジーによってはじめて産みおとされた独創的ライドというわけではない（ハリウッドから自動車で南に約一時間でつくアナハイムにある本家ディズニーランドで「スター・ツアーズ」第一陣が出発したのは一九八七年のことである）。実は同様のライドは映画がまだ産声をあげてまもないころからすでに実用に供されていた。それがいまから一〇〇年以上もまえに人気を博した「ヘイルズ・ツアーズ」と呼ばれる擬似旅行体感装置である。

セントルイスの発明家ウィリアム・J・キーフがのちに「ヘイルズ・ツアーズ」の名で呼ばれることになる突拍子もないアイディアを練りあげていたのは一九〇二年から三年にかけてのことである。それは円環軌道上を走る小型列車にのって、トンネル内の半透過式スクリーンに映しだされる風景の映像を楽しむ仕掛けだった。翌一九〇四年、出資者ジョージ・C・ヘイルらの協力のもと、地元セントルイスの世界万博でこの擬似列車旅行装置が発表され話題になる。この装置は一九〇五年に改良をくわえられ

排障器にキャメラを固定して「ファントム・ライド」を撮影するビリー・ビッツァー（のちのD・W・グリフィスのキャメラマン、写真②）

たのち、ヘイルの地元キャンザス・シティやニューヨーク、ボストンなどアメリカ東部州主要都市に設置され、国民的関心を呼ぶことになる。改良が的を射ていたのである。観客をのせた小型列車がじっさいに軌道上を走るかわりに、観客に列車の走行感のみをあたえたのである。装置の内部は、六〇名ほどの観客を収容する本物の客車さながらの縦長の部屋（アメリカの一般車輛はヨーロッパ列車とは異なる非コンパートメント方式）の正面に半透過式スクリーンをすえ、じっさいに走行する機関車前面の牛除け（排障器）のうえなどから撮影された（**写真②**）「動く景色」の映像をスクリーン後方から映写した（**写真③**）。上映される「動く景色」は列車の乗客（あるいは運転手）が見るであろう風景そのままに画角調整され、いまでいうところのほぼ正確な主観ショットを構成し、観客は視線の

ヘイルズ・ツアーズの内部（写真③）

同一化によって列車の乗客と容易に一体化することができた。そのうえ観客（旅客）をのせたこの室内装置は、スクリーンの列車の動きにあわせて本物の客車さながらに軋みをあげて振動し、車内（室内）には蒸気の吹きだす音や警笛が鳴り響き、人工の風が吹きこみさえした。*

観客につかのまの異世界旅行を味わわせる擬似旅行体感装置「スター・ツアーズ」（一九八七年）と「ヘイルズ・ツアーズ」（一九〇五年）の類似点は、視聴覚的印象と振動との連動にとどまらない。「スター・ツアーズ」には添乗員として「ロボット解説者」がつきそい、安全かつ確実な宇宙討伐ツアーのための注意事項を観客＝旅客に指示してくれる。いっぽう「ヘイルズ・ツアーズ」の客車にも国内外の景勝地（の映像）の醍醐味を解説する「解説員」が添乗していた。添乗員のおしゃべりこそ「ツアー」の名にふさわしい雰囲気をあたえるものだろう。

ところでディズニーランドの「スター・ツアーズ」以来、おそらくもっとも人気の高い擬似体感劇場はフロリダの遊園地ユニヴァーサル・スタジオ（それじたいハリウッド映画会社に由来するテーマ・パーク）のものであろう。一九九一年に訪れたこの3D劇場は『スター・ウォーズ』以来の人気スワッシュバックラー映画[＊＊]『ターミネーター2』*Terminator 2*（ジェイムズ・キャメロン、1991）の立体版続編を上映するのだが、観客の視野を覆う巨大三面スクリーンに宇宙艇が飛来すれば、劇場天井から冷風が吹きだし、スクリーンのなかの液体金属ロボットが爆発すれば、天井のスプリンクラーから霧状の水が観客席に撒布される(なにしろそこは亜熱帯州フロリダだからである)。視聴覚以外の身体感覚にうったえるこうした工夫は、観客の見ている映画が手を伸ばせば届きそうな（爆発したロボットの破片が眼に突き刺さるかのように飛んでくる)錯覚をあたえる立体映像であることを勘案すれば、絶大な効果をもっていることが御想像いただけるであろう。

＊　「ヘイルズ・ツアーズ」の詳細は以下のふたつの論文による。Raymond Fielding, "Hale's Tours: Ultrarealism in the Pre-1910 Motion Picture," in *Film Before Griffith*, pp. 119-124; Bowers, pp. 6-8.

＊＊　西洋剣戟映画。『スター・ウォーズ』*Star Wars*（ジョージ・ルーカス、1977）、『ロビンフッドの冒険』*The Adventures of Robin Hood*（マイケル・カーティス＋ウィリアム・キーリー、1938）、『バグダッドの盗賊』*The Thief of Bagdad*（ラオール・ウォルシュ、1924）などに代表される冒険活劇映画。主人公たちは海賊や盗賊と呼ばれながら、その実、失われた国体を復興し、危機に瀕した王国を再興させる英雄（テロリスト）たちである。主人公のダイナミックな身体運動にもかかわらず、物語は、その話法、内容、イデオロギー、時制いずれをとってもきわめて保守的である。SF映画ともリンクするスワッシュバックラー映画の詳細については拙著『映画ジャンル論』、一〇七―一四七頁を参照されたい。

さて「ヘイルズ・ツアーズ」が設置（催行）されたのはもっぱら夏のアミューズメント・パークだったが、一九〇〇年初頭のウィーンを舞台にした傑出したメロドラマ映画『忘れじの面影』*Letter from an Unknown Woman*（マックス・オフュルス、1948）には、「ヘイルズ・ツアーズ」が範をあおいだ擬似列車旅行装置の先発モデルが雪に埋もれた冬の遊園地に登場する。『忘れじの面影』のある場面で、ヒロインと彼女が恋する男とが「列車」コンパートメントに対面式に腰かけ（これじたい『トンネルでのキス』の遥かな記憶を受けついでいるが）、かたわらの車窓には流れる風景が見える。しかしよく見ると、それは巻きとり式スクリーンにえがかれた世界的観光地（ヴェネツィア、マッターホルン）だということがわかる（車窓の風景が流れるから、観客は一瞬、恋人たちが本物の列車にのっているものと錯覚する）。この車窓の向こうのスクリーン（正確には巨大キャンヴァス）はベルトで固定式自転車に連結されており、車掌に扮した老係員がそれを漕いで巻きとっている（これじたい一八三四年ロンドン公開の「パドラマ」[*]の縮小版というべきものであろう）。

一般に車窓からの風景は窓辺の恋人たちの愛の昂まりに注釈をあたえるから、この場面は以下のように解釈することができるだろう。ヒロイン（ジョーン・フォンテイン）は、生涯を賭けた恋という想像界に身をおいており、恋しい男（ルイ・ジュールダン）と再会してはじめて会話をかわすこの場面においてすら、車窓に映る想像の世界旅行という文脈のなかでしか話の接ぎ穂を見いだすことができず、結局、永遠に現実界に接触することができないまま生涯を終えてしまう。彼女は、冬の遊園地に設置されたこの擬似列車旅行装置（廉価版「ヘイルズ・ツアーズ」）のなかで映画館の観客のように永遠に夢を見ている（つまり片想いという擬似恋愛体験をしている）。彼女は動きだすことのないこの列車のなかで、自分のありうるべき人生を結局、本当にはじめることができなかったのである。列車こそがメロドラマの核主題であることを『忘れじの面影』ほど的確に示したフィルムもほかにないだろう。**

じっさい長らく遊園地と鉄道と映画は幸福なトライアングルを築いてきた。遊園地内では園内周遊列車やローラー・コースターなどの軌道車がアトラクションと積極的に融合し、*** 園外では入場者を大量輸送する鉄道が遊園地のかたわらに最寄り駅を設けた。卑近な例を挙げれば、一世を風靡《ふうび》した時代劇（剣戟）映画のトップ・スター市川《いちかわ》右《う》太《た》衛《え》門《もん》（一九三〇年以降の「旗本退屈男」）が一九二七年、京都のマキノ映画製作所から独立しようとするとき、近鉄（当時、大阪電気軌道）は一計を案じ、娯楽の殿堂を配した阪急宝塚駅をモデルに、前年開園したばかりの自社沿線菖蒲《あやめ》池《いけ》駅まえの「あやめ池遊園地」に併設

＊　「パドラマ」は、鉄道沿線風景がえがかれた九〇〇平方メートルほどの巨大な可動式キャンヴァスを、列車の客車を模した観客席から眺める装置である（なお『忘れじの面影』の物語が設定された一九〇〇年には、パリ万博で「シベリア横断鉄道パノラマ」が公開されている）。国際寝台列車会社が出資したこの巨大な列車パノラマ装置は、四面の可動式キャンヴァスを組み合わせて、観客によりリアルな列車旅行擬似体験を提供したと言われる。これについてはベルナール・コマン、野村正人訳『パノラマの世紀』（筑摩書房、一九九六年）、六一頁および八二頁を参照されたい。

＊＊　マックス・オフュルスの二〇世紀の傑作メロドラマ映画『忘れじの面影』の構造と主題については、拙著『愛と偶然の修辞学』（勁草書房、一九九〇年）、九〇―一〇六頁を参照されたい。

＊＊＊　たとえば奈良＝大阪＝京都の三都市を鉄道路によって中継する立地をもつ近鉄あやめ池遊園地は、軌道車を利用した園内の人気アトラクションとして「ワンダートレイン」、「おとぎ列車」、「水上ログコースター」、「トルネイダー」などを擁していた。

するかたちで「あやめ池撮影所」を創設し、大スター右太衛門を招致する。映画撮影所と遊園地と鉄道をセットに郊外宅地開発の波にのろうとしたのである（撮影所は閉鎖され、比較的広大な敷地に拡がるあやめ池遊園地も二〇〇四年に閉園される）。また日本の旧大手映画会社のひとつ東宝は、阪急電鉄の東京進出（東京宝塚による有楽町駅周辺の歓楽街化）にともない弱小トーキー映画会社ＰＣＬとＪＯスタジオとの業務提携によって誕生している。

ニューヨークのコニー・アイランドもまた列車でメトロポリスと接続されたとき（一八六五年）にはじめて遊園地としての立地を獲得したが、そもそもルナ・パーク等における新奇なライドやアトラクションが最初期映画の重要な被写体でもあったことを考えると、[*] あるいは今日のテーマ・パークがハリウッド映画（撮影所）からの巨大セットの流用によってフィルムとライドの積極的融合をはかり、映画館で見てきた世界を観客に遊園地で「実体験」させる現状を考えあわせると、遊園地と映画の結びつきは歴史的にきわめて強固である。[**]

光を浴びる旅

要するに映画は最初期から、いながらにして世界観光を可能にするものとして喧伝された（列車でニューヨーク（マンハッタン）までゆかなくとも、ひとびとはコニー・アイランドのライドを楽しむことができた）。観光旅行は光を観に行く旅と書くが、映画もまた銀幕に反映した光（リュミエール）を浴びるように観る旅である（わたしたちはこの反射光を浴びながら、遠く銀河の果てまでも幻視するだろう——『月世界旅行』*Le Voyage dans la lune*〔ジョルジュ・メリエス、1902〕から『パワーズ・オブ・テン』*The Powers of Ten*〔チャールズ・イームズ、1968〕をへて『スター・ウォーズ』*Star Wars*〔ジョージ・ルーカス、1977〕にいたるまで)。映画館が一般にそうした観光と旅行、移動と幻視の場だとすれば、いまだ揺籃期にあった「映画館」が「ヘイルズ・ツアーズ」(一九〇五年—)のかたちで、より積極的に旅行(移動)装置としての可能性を試そうとしたのもまた当然のことであったろう。なにしろ当時、旅行といえば、それはなによりも列車旅行のことだった。映画史が確立する二〇世紀初頭、騎馬と馬車の時代が事実上幕をおろし、列車はすでに日常的な移動と旅行の手段となっていた。大衆にとって自動車時代の幕開けはもう少し先(T型フォードの大量生産ライン確立が一九一三年)のことであり、飛行機はといえばいまだ揺籃期以前の段階であった(ライト兄弟が世界初の動力飛行を成功させるのは、リュミエール兄弟による映画上映の成功から八年もたった一九〇三年のことである)。***

列車旅行は、それ以前の騎馬旅行や馬車旅行とはおよそ異質の旅を乗客に経験させた。旅客は車窓の景色を「シーンの連続」****として経験しはじめていたのである。列車の驚異的な速度(一八九三年の時点

* 一例をあげれば、エディスン社の映画『コニー・アイランドのシュートを撮る』*Shooting the Chutes at Coney Island*(1896)は夏の呼び物ウォーター・シュート(ボートに乗って水の流れる斜面を一気に滑り降りるライド系施設)の楽しさを正確に伝えている。

** そもそもディズニーランド(一九五五年創設)じたい、映画(一九二八年の『蒸気船ウィリー』*Steamboat Willie* 以来連綿とつくりつづけられたミッキー・マウス映画)とテレビ(一九五四年に放送開始された人気番組『ディズニーランド』)の延長線上に、それら視聴覚的メディアを立体化するものとして構想されている。

で時速一六〇キロ）が、風景とその知覚者（旅客）とのあいだに見えない壁をつくりだし、見る者と見られるものとを組織的に隔てるようになった。列車の乗客は車窓をとおして風景を眺めることはできるが、かつての騎馬や馬車の旅行者のように、それを五感全体で味わうことはできなくなった。そのかわりに得たものは、よく言えば視覚の特権化であり、車窓に次々とあらわれては消えてゆく「奥行きを欠いた」風景の連続、つまり「シーンの連続」の経験であり、それは映画が編集段階をへて獲得する視覚効果とよく似ていた。列車旅行者は旅を視覚的にしか体験できなくなってしまったが、その視覚的経験は列車の速度と振動において、めくるめく体験となった。車窓からの眺めは、さながら齣撮りによるあわただしい花弁の開閉のように、それまで見慣れていたはずのものにまったく新しい表現をあたえた。列車の速度は人生の奥行きを犠牲にして、平板だが快適な旅を可能にしたのである。それは新しい幻惑媒体としての映画が観客にあたえるものとよく似ていた。「現実」の再現装置としてのスクリーンの経験は人生の「奥行き」の喪失であり、世界の萎縮と加齢の経験であり、「シーンの連続」、すなわち多様な視点の結合編集は、係留点としての自我の喪失すなわちエクスタシーの経験となる。*そして映画を見ることもまた列車にのることと同様、めくるめく速度の体験となる（もっぱら一秒間に一四回から二四回ほど明滅する光の速度）。かくして旅の経験を視覚的幻惑に還元する列車をその極限まで押し進めることによって、映画は擬似列車旅行体験装置「ヘイルズ・ツアーズ」に到達した。ここにおいて列車旅行と映画体験は文字通り合体した。列車が視覚的メディアであるのと同程度に、映画は移動メディアなのである。

巡回する映画

一八九六年以降の『列車の到着』の爆発的成功によって映画産業は将来軌道にのることが約束された。その記念すべきリュミエールの上映会から一〇年後、「ヘイルズ・ツアーズ」の登場とその爆発的流行によって映画の上映空間は文字通り「客車」となり、観客は「旅客」と化した（「ツアー」の原義は「巡回」であり、映画興行もまた上映プログラムの巡回性に多くを負うていた）。映画はいながらにして世界を経巡る空想の旅行（移動）装置として、同時代の代表的旅行（移動）媒体たる列車をそのハード面から摂取した。そしてハード面での列車摂取に成功した映画界が、さらにソフト面においてもこれまで以上に貪欲に列車を摂取してゆくことは、映画興行史が『列車の到着』にはじまった以上、当然のなりゆきであっただろう。

じっさいハリウッド映画史は「ヘイルズ・ツアーズ」の人気によって可能になったといっても過言ではない。のちにハリウッド映画界のツァー（皇帝）と謳われる重鎮のうち、三人までが「ヘイルズ・ツ

＊＊＊（一五一頁）むろんライト兄弟の動力飛行成功以前にも、飛行旅行をモチーフとする映画は製作されていた。しかし自転車で空を飛ぶ『E・T』*E.T.*（スティーヴン・スピルバーグ、1982）に原型的イメージを提供した、パリ上空を浮遊する自転車型飛行機の『大空の征服』*À la conquête de l'air*（フェルディナン・ゼッカ、1901）やそのニューヨーク版ともいうべき『二〇世紀の風来坊』*The Twentieth Century Tramp*（エドウィン・S・ポーター、1902）などの空想飛行映画は「列車映画」の活況ぶりと比較すればおよそ例外的な存在にとどまった。

＊＊＊＊（一五一頁）ヴォルフガング・シヴェルブシュ、加藤二郎訳『鉄道旅行の歴史　一九世紀における空間と時間の工業化』（法政大学出版局、一九八二年）、八〇頁。

＊　視点編集については前章、九一—一〇九頁を参照されたい。

アーズ」に手を染めることで映画界への足がかりを得たからである。彼らの名はアドルフ・ズーカー、サム・ワーナー、そしてカール・レムリ。それぞれ、のちの有名なハリウッド大手映画会社パラマウント、ワーナー・ブラザーズ、ユニヴァーサルの創設者となる男たちである。* とりわけアドルフ・ズーカーの名は本章において重要となる。ズーカーは「ヘイルズ・ツアーズ」ニューヨーク興行の仕掛人であり、ニューヨークでの成功の余勢をかって、彼の「ヘイルズ・ツアーズ」はコニー・アイランド、ニューアーク、そして遠くピッツバーグまでへも「ツアー」を組むことになる。「ヘイルズ・ツアーズ」劇場は最盛期（一九〇六年から七年）には全米で五〇〇館を越えた。しかしながら物珍しさによる当初の熱狂が冷めると、「ヘイルズ・ツアーズ」の凋落は著しく（アメリカでの最後の「旅発ち」は一九一二年ころだったと思われる）、機を見るに敏なズーカーはこの経費のかかる擬似旅行体感装置を早々と手放し、より安価で合理的な興行形態、すなわち「ニッケルオディオン」と呼ばれる新しい常設映画館の経営へと鞍替えし、みごと成功をおさめる。** ニッケルオディオン（入場料が通常ニッケル〔五セント硬貨〕一枚のオディオン〔楽堂〕）経営の成功によって財をなしたズーカーは一九一二年、のちに複雑な吸収合併をくりかえしながらパラマウント・ピクチュアーズと呼ばれることになる映画会社を創設する。妖怪のごとき長命ぶり（一〇三歳）を発揮したズーカーが社長、会長、名誉会長として一九七〇年代まで君臨することになるこの大手映画会社は、『上海特急』（ジョセフ・フォン・スタンバーグ、1932）や『大草原』（セシル・B・デミル、1939）といった不朽の列車映画を数多く製作公開することになるだろう。

いっぽう、アメリカで「ヘイルズ・ツアーズ」が廃《すた》れるころ、日本での「ツアー」がはじまった。たとえば京都では一九一一年に「汽車活動館」なる名称のもと、***風光明媚な保津渓をわたる地元沿線（二条駅―亀岡駅間）の風景が上映され人気を呼んでいる。いつでも好きなときに本物の列車にのって現実の車窓風景を楽しめたであろう地元の観客に、わざわざ地元沿線風景を手のこんだ擬似体感装置として見せることにどれほどの興行価値があったのか疑問に思うむきもあるかもしれないが、初期映画が地元の観客に地元の風景を見せることはむしろ当然の手続きであった。観客はすでに見知っているものを映画という新しい再現装置のうえに確認することが期待された。それは自分の顔を鏡に映すようなもので、

＊　ハリウッド・タイクーンと呼ばれる立志伝中の大物ユダヤ系アメリカ人のなかでもとりわけ有名なのがこの三人である。彼らはみな幼少時代に東欧の辺陬《へんすう》の地から一文なしで米国に移住し、両親か片親を失い、あるいは父親の度重なる失敗を見ながら成長した世代であり、その意味でアメリカン・ドリームの体現者であった。彼らの所有する会社は映画の製作＝配給＝興行三部門を垂直的かつ独占的に支配した結果、莫大な収益をあげた。

＊＊　興行師アドルフ・ズーカーと「ヘイルズ・ツアーズ」との関係についてはもっぱらFielding, pp. 128-129, に負うているが、劇場数については以下の書物による。Lynne Kirby, *Parallel Tracks: The Railroad and Silent Cinema*（Exeter: University of Exeter Press, 1997）, p. 46. なおニッケルオディオン（nickelodeon）は原音に忠実に表記すれば、「ニコロウディオン」とでもすべきところだろうが、本書では慣用にしたがった。ところで「ヘイルズ・ツアーズ」の問題系は映画のフィルム的側面と同時に、そのシネマ的側面、すなわちフィルムのプレゼンテーションにかかわる多様な文脈、とりわけ映画興行と都市の問題を含んでいる。映画館と都市の興隆史についてはいまだ不分明な点が多いが、すでにいくつかの先行研究がある。たとえばDouglas Gomery, *Shared Pleasures: A History of Movie Presentation in the United States*（Wisconsin: The University of Wisconsin Press, 1992）; Gregory A. Waller, *Main Street Amusements: Movies and Commercial Entertainment in a Southern City, 1896-1930*（Washington: Smithsonian Institution Press, 1995）; Kato Mikiro, "A History of Movie Theaters and Audiences in Postwar Kyoto, the Capital of Japanese Cinema," in *CineMagaziNet!*, no. 1 (Autumn 1996) (http://www.cmn.hs.h.kyoto-u.ac.jp/).

＊＊＊　柴田勝『京都　新京極映画常設館の変遷』（私家版、一九七一年、七頁）中の『京都日出新聞』（一九一一年五月一六日）引用記事による。

初期映画の観客はそこにほかの誰よりもよく知っているものを「新しく」再発見することに喜びを見いだした。『バッテリー・プレイス駅への列車の到着』(1896)が撮影され上映されもしたニューヨークや、同じく『列車の到着』(1897)が撮影され、かつ上映された名古屋など、世界各都市でさまざまな沿線風景が撮影され、現地上映会が人気を博したのである。

ところでこの京都版「ヘイルズ・ツアーズ」が地元沿線風景を上映してから八五年後、その同じ沿線風景が人気テレヴィゲーム『電車でGO!』としてよみがえる。一九九七年にゲームセンター(都市内小型遊園地)と家庭の双方で爆発的な人気を呼んだこのシュミレーション・ゲームは、走行する列車の運転席から見た沿線風景を「ファントム・ライド」さながらのめくるめく主観ショットで見せつつ、プレイヤーに運転手としての技能をふるわせ点数を競わせる(とりわけ「列車の到着」のさい、定められた停止線上にきちんと停車させられるかどうかが腕の見せどころとなる)。新しいスペクタクル・メディアが開発され人気をさらうたびに(一九〇五年に映画〔ヘイルズ・ツアーズ〕が、そして一九九七年にはインタラクティヴ・テレヴィゲームが)列車の走行感を視覚的擬似体感装置として市場に提供したのである。第Ⅱ章でも触れたように、かつてマクルーハンは、受容者の参加の度合いの低いメディアを「熱いメディア」、逆に参加の度合いの高いメディアを「冷たいメディア」と呼び、映画を「熱いメディア」の典型に選んだことがあるが、たしかに映画からテレヴィゲームへとメディアの温度は低下しつづけている(かつて乗客にすぎなかった観客はいまや酔狂にも運転手となるのだから)。[*]

映画史におけるヘイルズ・ツアーズの重要性は、たんにその後につづく列車の映画に支配的主題系をあたえたというにとどまらない。より重要なことは、この新奇な容れもの（客車に似せた上映空間）が、映画を上映する場所に対する深い省察と教訓をのこしたということである。ヘイルズ・ツアーズの車上の垂訓がなければ、その後の常設映画館の繁栄もありえなかったにちがいない。

車窓と銀幕

さて、わたしたちは映画と列車が相性がいい理由を同定しようとしているのだが、そのふたつめの理由は、列車の窓が映画のスクリーンとして機能するからである。じっさい車窓と銀幕はよく似ている。銀幕はプロジェクターの光を反射することで、みずからは観客の視界から姿を消す。観客は銀幕を注視しているにもかかわらず、銀幕それじたいを視野に認めることができず（映画上映終了中の合間はスクリーン舞台には緞帳が降ろされる）、それゆえ銀幕に無数の小孔があいていることすら気づかない（スクリーンの背後におかれたスピーカーの透音性向上のため）。車窓もまたその向こうに風景を見せることで（夜行列車なら車内の情景を鏡のように写しだすことで）みずからはその姿を消す。銀幕も車窓も自己の視覚的登録を抹消することで光景を切りとる視覚フレームとして機能する。

＊　たとえば前述の『ハヴァストロー・トンネルを通過するウエスト・ショア急行』や『ホワイト・パス鉄道のパノラミックな景色』*Panoramic View of the White Pass Railroad*（1901）などを参照されたい。後者についてはエディスン社のカタログはこう伝えている。「この映画を見ている観客が受ける印象は、機関車運転席に乗っているときのそれである」（*Edison Motion Pictures, 1890-1900: An Annotated Filmography*, p. 517）。

セントルイスの発明家がヘイルズ・ツアーズの基本的アイディアを練りあげていたころ、列車が映画の物語とアクションの中心になって後世まで語りつがれるフィルムが撮られる。それが車窓とスクリーンの構造的相同性を強調する『大列車強盗』*The Great Train Robbery*（エドウィン・S・ポーター、1903）である。この映画は、ちょうど『スター・ウォーズ』シリーズの一部がその公開後「スター・ツアーズ」へと流用されたように、一九〇三年の初公開後も、一九〇五年以降の「ヘイルズ・ツアーズ」においていわばリヴァイヴァル上映され観客の人気をさらった。複数の短篇映画を順次上映する「ヘイルズ・ツアーズ」の一般的興行形態にならえば、この旧作西部劇『大列車強盗』も風景のパノラマを見せるだけの一連の短篇鉄道映画（ファントム・ライド）のあとにそのまままつづけて上映されたはずである。そして観客はいきなり自分に向けて放たれる銃弾と「銃声」に驚きながら（『大列車強盗』はサイレント映画だが、少なくともこの有名なショットではなんらかの効果音がくわえられたにちがいない）、自分が列車強盗に襲われている旅客のひとりだという錯覚（自己同一化）を十分楽しむことができたはずである。

じっさい『大列車強盗』が興味ぶかいのは、それがさまざまな上映形態を採ったという点にある。この短篇映画は少なくとも一九〇三年から六年までのあいだ、すでに時代遅れとなっていたキネトスコープ（覗き見式の映画上映装置）から一般の劇場（ヴォードヴィル劇場など）をへて当時最新のヴァーチュアル・リアリティ装置（ヘイルズ・ツアーズ）や新興の常設映画館（ニッケルオディオン）にいたる多様な上映媒体地を次々と乗り継ぎ、ロングランをつづけた。「列車の映画」という、それじたいジャンル横断的なソフトがさまざまなハード（映画上映施設）を横断しつづけたということは、将来「列車の映画」

はその出自たる映画メディアムすら飛び越えてテレヴィゲームへと移行するメディア横断的な存在になることを予告していたことになる。

さて本節において『大列車強盗』(1903)が重要になるのは、それが遡及的に見れば『スター・ウォーズ』なみの人気を博した、映画ジャンル史上最初の本格的西部劇だったからという理由からではない。このフィルムが『田舎者とシネマトグラフ』同様、マット撮影法*を効果的に利用した最初の「列車の映画」のひとつだからである。『大列車強盗』の冒頭部**(駅舎の場面〔写真④〕)は、この初期映画がすでに窓をスクリーンとして利用していることを教えてくれる。映画のなかに被写体としてとらえられた窓は、映画の所与のフレーム(スクリーン)の内部に象嵌《ぞうがん》された第二フレームとして機能する。そのとき窓とスクリーンは等号で結ばれ、窓をおさめたスクリーンはさながらマルチ・スクリーンのように見える***。そしてそれがマルチ・スクリーンのように機能しなければならなかった理由もまた明快である。同時進行する複数の出来事を複雑なカット割り(編集)で構成する技法(とりわけクロスカッティング)が成立するには、早くとも三年後の一九〇六年まで待たなければならないからである****。それがまだ成立していないこの時期、映画『大列車強盗』において①駅舎内での強盗の脅迫と②駅舎外での「列車の到着」という異なる場所でのふたつのアクションを因果論的に「同時に」提示できるものは、外へと開かれた内

* マット撮影法とは、おおざっぱにいえば、レンズのまえに画面内の部分Aを覆い隠すマットAをあてて撮影し、そののちフィルムを巻き戻し、今度は感光済みの部分Bを覆い隠すためのマットBをあてたうえで、さきほど感光していない部分Aを感光させる撮影技法のことである。こうした二重露光によって異なる二場面を同一画面に嵌《は》めこむことができる。

（上）『大列車強盗』冒頭部、駅舎の場面（写真④）
（下）キネトスコープ・パーラー（写真⑤）

なる窓（写真④画面右上）の視野以外考えられない。同時進行するふたつの運動が開口部の存在によってプロット線上で幸福な遭遇をはたすことになる。すなわち①電信室内で強盗が駅員を脅し、接近中の列車に臨時停車するよう偽の電文を送らせる。②その結果、強盗団がこれから襲撃することになる列車が駅に停止する。こうして開かれた窓の視界によって、駅舎内のアクションと駅舎外のアクションとがめでたく因果関係で結ばれるのである。窓は、カット割りによる緻密なシーン構成や音声による付加的説明のなかったこの時期、アクションに明快な意味と方向をあたえる物語論的装置だったのである（なお本映画『大列車強盗』(1903) における別の重要なアスペクト解釈については、川本徹『荒野のオデュッ

＊＊（一五九頁）　全部で一四のショットからなるこの短篇映画において、その冒頭のショットが何であるかについては一言断っておかなければならないだろう。一般に『大列車強盗』の冒頭におかれるショットは観客に向かって銃を放つ西部の男のバスト・ショット（一二四―一二五頁、第2部扉写真）かもしれないが、このショットは映画の冒頭にショット1として置かれても、またエンディングにショット14として置かれてもどちらでもよかった。このフィルムを興行主に貸与する発明王エディスンの製作会社は、物語と空間の連続性について、いまだ緩やかな認識しかなく、もっぱらフル・ショット（人物の全身がスクリーンにすっぽりおさまるくらいのスケールのショット）かロング・ショット（遠景ショット）に終始するこの映画のなかで唯一バスト・ショット（人物の胸からうえをおさめたショット）でえがかれる凶悪な強盗犯の所作と表情が、映画の物語全体に対してどのような組織的関係をもちうるかについて深い省察がなされた形跡はない。そもそもエディスン社のこのフィルムが自社のキネトスコープでも上映されたとすれば、一分ほどのフィルムしか見せられなかったこの装置では、キネトスコープを一〇台ほど横に並べて（写真⑤）、観客に順次それらを覗き歩かせてはじめて一本の『大列車強盗』（上映時間約一一分）となるという形態を採るしかなかったはずである。もしそうであったとすれば、ショットの編集順序に注意し、ショット間での人物の位置と連続性に配慮することはあまり意味をなさなかったことになるだろう。この問題については以下の電子論文が示唆的である。William D. Routt, "Textual Criticism in the Study of Film," in *Screening the Past* (http://www.latrobe.edu.au/www/screeningthepast/).

『大列車強盗』銃撃戦（写真⑥）

セイア　西部劇映画論』〔みすず書房、二〇一四年〕第一章を参照されたい）。

別の言いかたをすれば、クロスカッティングの不在（より正確にいえば、その萌芽の兆し）と空間的不連続性とにおいて、*『大列車強盗』は一九〇三年当時のアメリカ映画の支配的文法をいささかも凌駕するものではない。強盗団が列車に乗りこんだあとの襲撃と応戦の模様も（**写真⑥**）、今日の物語映画を見なれた目からすればわかりやすいものとは言えない。列車強盗団と金庫を死守せんとする列車乗務員との銃撃戦がクロースアップとフル・ショットの編集でリズミカルに細密描写されるわけではないからである。観客席から舞台を眺めたような固定視点キャメラによって、事の次第が四〇秒ほどじっと比較的遠方からとらえられるだけである。それゆえ舞台のうえ（列車内）で演じられているはずの細かいアクションがよく見えない。強盗の侵入に驚きつつも、乗務員が金庫に向かって何事かをし、（画面右側の）開け放たれた列車の窓（正確には扉）の外に何物かを投げ捨てる光景は、今日の支配的映画文法にしたがえば、金庫

＊＊＊（一五九頁）　窓とスクリーンが等号で結ばれるというのは、なにも『大列車強盗』の画面右上の窓の向こうの光景がマット撮影法によって貼りつけられるようにしてそこにあるという理由ばかりからではない。むしろ、より積極的な意味合いにおいてそうである。『田舎者とシネマトグラフ』もまたマット合成によってスクリーン上を走る列車と、それに驚いて逃げだす観客とを同時にとらえるが、『大列車強盗』のマット合成はこれとやや機能が異なるように見える。同じマット合成によってつくられながら、『大列車強盗』の窓と『田舎者とシネマトグラフ』のスクリーン内スクリーンとは、そこに見えているものに質的な差異があるように思われるだろう。なぜならこれら二本の映画の観客にとって、前者は現実の光景であり、後者はたんなる映像だからである。つまり『大列車強盗』の駅舎（電信室）の窓をとおして見えるものは現実の「列車の到着」のはずであるし、『田舎者とシネマトグラフ』のスクリーンに写っているものは表象の「列車の走行」のはずである。しかし『忘れじの面影』が象徴的に示すように、窓（車窓）の向こうに見えるものがかならずしもつねに現実の光景であるとはかぎらない（それは窓辺にたたずむ主体が現実とどのような関係を結んでいるかについての象徴的な解釈をあたえる）し、またスクリーンに映るものが、そのかたわらの主体にとってかならずしもたんなる幻影や表象の光景ではないこともまた『田舎者とシネマトグラフ』以下の自己言及的フィルムに登場する映画内観客のふるまいによって明らかであろう。それゆえ窓とスクリーンとは、その外見上の類似性と同程度には、質的な相同性を共有していると言うべきである。なお映画のフレームの機能と構造については、拙著『鏡の迷路　映画分類学序説』（みすず書房、一九九三年）、第Ⅲ章を参照されたい。

＊＊＊＊（一五九頁）　クロスカッティングについては、本書第Ⅵ章、二四六―二五三頁を参照されたい。

＊　ほぼ同時代の英国ブライトン派の映画『ローヴァーに救われて』*Rescued by Rover*（セシル・ヘップワース、1905）の空間的連続性の完成度にくらべると、『大列車強盗』は前述したようにいまだ不十分な空間構成力しかもたない。たとえば駅舎から列車へと移動する強盗団の運動の軌跡と位置関係はきわめて不分明である。他方、名犬ローヴァーが走りぬける爽快な空間は、的確なキャメラワークと厳密な編集原理（フレーム・イン＝フレーム・アウト）によって過不足のない連続性を獲得する。つまり『ローヴァーに救われて』という題名が示すとおり、誘拐された赤ちゃんを救出するこの映画の唯一最大のプロットが、名犬ローヴァーによって踏査される空間の連続性によって客観的に保証される。犬の運動軌跡とプロット・ラインが正確に一致することで、このブライトン映画はより「今日的な映画」たりえている。

に鍵をかけ、その鍵を車外に抛る手のクロースアップとして実現されることだろう。つまりこのアメリカ映画では、クロースアップの概念が英国で確立して少なくとも二年はたとうというのに(前述の『大きな一呑み』ジェイムズ・ウィリアムスン、1901)、それがシーン構築の技法としていまだ活かされていないのである。ありうべき手と鍵のクロースアップはいまだプロットとアクションの展開の内に投資されておらず、それゆえ四〇秒にわたる長尺シーンがカット割りなしで(フル・ショットのまま)漫然と構成される。* それゆえカット割り(バスト・ショットやクロースアップの挿入編集)の不在を補うかのように列車内に開口部がとられ、さながらマルチスクリーンのように画面が(右と左に)割られていることがわたしたちの注意を惹《ひ》く。じっさい『大列車強盗』の郵便車輛襲撃の場面では、もしそこに開け放たれた車窓(車扉)がなかったなら、観客は列車がいま走行中だということさえわからなかったにちがいない。

こうして列車の窓が初期映画において物語とアクションの強固な支持体となっていることがわかる。車窓(車扉)は物語世界内のアクション進行上必要不可欠な装置である(ギャングの強奪を阻止せんとする乗務員が決死の覚悟で鍵を捨てるための開口部である)と同時に、物語世界の全体像を観客に効率良く伝達する装置(列車が走行中であることを観客に納得させるためのもうひとつのスクリーン——のちの支配的映画文法にしたがえばカット割りされたであろう画面の代補)でもある。車窓という矩形の開口部は、この鉄道映画においてアクションとプロット双方のために機能する物語装置として利用されているのである。

欲望の光学装置

車窓と銀幕の相同性について論証しているのだが、前節では列車内（あるいは駅舎内）の窓から見た外景について述べたが、本節では逆に列車の外から見た車窓の内景について考察してみよう。

周知のように映画は、先行する中産階級向け気晴らし（歌劇や演劇）よりも廉価なチケットで大衆に夢を（金で買える夢を）提供してきた。銀幕が観客に一場の夢をかなえるのとまったく同じ意味で、列車の車窓もまた主人公に非日常的な夢をかなえてくれる。

その典型的な例が、いまではすっかり映画史から忘れさられた感のあるクラレンス・ブラウン監督の『蜃気楼《しんきろう》の女』*Possessed*（1931）である。このフィルムについてはすでに別のところで触れたことがある**が、本章においてもこれは興味ぶかい視点を提供してくれる。ブラウンの的確な演出設計のもと、滑るように踏切を横切る列車に、仕事に疲れ果てて家路につく女性工場労働者（ジョーン・クロフォード）は目を奪われる（図①）。夕闇のなか速度を落として踏切を通過する列車の車窓に、映画のなかでしか見たことがないような上流階級の贅沢な暮しぶりが映しだされているからである。給仕つきの豪華なディ

＊　すぐれた映画研究者バリー・ソルトによれば、被写体の動きを滑らかに繋《つな》ぎあわせながら被写体をより大きなサイズで見せるという原則（マッチ・イン・アクション）のもとに複数のショットで一場面を編集構成した「最初の」映画は、『大列車強盗』と同年に英国で製作された『メアリ・ジェインの災難』*The Mishap of Mary Jane*（G・A・スミス、1903）である。Barry Salt, *Film Style & Technology: History & Analysis, 2nd Expanded Edition* (London: Starword, 1992), pp. 51-52. なお初期映画の空間的構成については本書次章に詳しい。

＊＊　拙著『鏡の迷路　映画分類学序説』（みすず書房、一九九三年）、八一―八三頁。

図①

図②

図③

ナー、黒人メイドが手いれするきらびやかなドレス、盛装した男女の優雅なダンス、とても列車のなかの光景とは思えないそれら絢爛たるタブロー（ひとつひとつの車窓に次々とあらわれては消えてゆく画面）が田舎の工場団地に都市の欲望を垣間見せ、うぶな女工は蜃気楼のように降ってわいた車窓の光景に酔いしれる。巡回移動映画館のようにやってきたこの列車内世界は、それを観察する者の眼前にありながら透明なガラス窓に仕切られ、手を伸ばせば届きそうな位置にありながら絶対に触れることができず（なにしろそこは踏切である）、車窓を覗き見る者に永遠のフラストレーションをもたらす。いま車窓の光景に魅入られているこの女性労働者をみまっている欲望のせりあがりとその宙吊りは、ハリウッド映画の観客を（現にこの『蜃気楼の女』を見ている観客をふくめて）不断にみまう欲望の様態とまったく同質である。ひとは見る者であるかぎり、その視線の対象から切り離され、対象は見られることにおいて永遠に物質の彼岸にとどまる。こうした物質主義において、見る者と見られる対象との遭遇はまさにその切断と疎外のエッジのうえにしか成立しない。両者の関係の糸は、その結ばれの瞬間にあらかじめ切られているのである。

しかし大衆の夢をかなえることで利潤をあげるハリウッド映画が、このまま切断と疎外のうえに労働者ジョーン・クロフォード（と彼女に同一化してやまない観客と）を放っておくわけがない（ハリウッド映画は単調でつらい仕事に萎靡《いび》した労働者に健全な娯楽を提供すると言われる）。それゆえそれは奇蹟のようなプロセスで彼女（たち）を低所得労働者層から上流階級へと引きあげてくれるだろう。その契機となるのが、踏切前で停車した列車がいわば窓を開き（現実と夢を隔てるスクリーンを開放し）、車窓のなかの夢のような、ハリウッド映画そのもののような目も綾なる世界に彼女をいざなう瞬間である（図②）。列車は停止すると、酔いざましに乗降デッキにたたずんでいた金もちの白人男性と踏切待ちのヒロイン（女性工場労働者）とのしかるべき出遭いをかなえる（図③）。男は女を乗降デッキのうえへ、車窓のなかの上流社会へと文字通り引き揚げてくれるだろう。[*] 前述したように、映画と機関車はここではないどこかよそへとわたしたちを運んでくれる移動媒体であり、また次節で詳説するように、列車と映画はつねに男と女の運命的な遭遇の場でもある。それゆえヒロインはまるで『キートンの探偵学入門』の上映技師（プロジェクター操作技師）のように、スクリーンのなかの夢の世界へと無事参入をはたすことができるのである。

トンネルと映画館

先に『トンネルでのキス』を論じたさいに列車映画のエロス的側面について言及した。本節では第I章につづきアルフレッド・ヒッチコックを水先案内人として、人生におけるふたつの臨界面（エロスとタナトス）についてさらに検討をくわえたい。ヒッチコックは、列車がいかに映画を宙吊り（サスペンスと無意識）のメディアムたらしめるかを精査しつくした監督である。彼の映画では、列車はたまさかの出逢いを準備する近代的な装置であり、同乗者は言葉を交わし、たがいに顔見知りにはなっても、身元の確証を得られない不安定な関係しか築けない。彼らは目的地へ向けてたまたま同じひとつの空間（車輛）を共有しただけで、そこへ向かう目的も意味も異なる人間たちである。それゆえ誰がどこから乗車して、どこで降車しようとたがいに関知しない。それゆえ列車では「御婦人が消える」(『バルカン超特急』*The Lady Vanishes* の原題)という不測の事態をむかえることになる(主人公をのぞくすべての乗客が「御婦人」は同乗していなかったと証言する)し、「見知らぬ乗客」が奸計《かんけい》をめぐらすことにもなる(車上での偶然の遭遇ゆえに「見知らぬ乗客」は主人公に交換殺人をもちかけることができる)。疾走する列車は移動しつづけるがゆえに、係留しがたい契約が交わされる「場ならざる場」となる。

ヒッチコックは『十七番地』*Number Seventeen*(1932)、『三十九夜』(1935)、『間諜最後の日』*The Secret Agent*(1936)、『バルカン超特急』(1938)、『断崖』*Suspicion*(1941)、『疑惑の影』*Shadow of a Doubt*(1943)、『見知らぬ乗客』*Strangers on a Train*(1951)、『北北西に進路を取れ』(1959)といったすぐれた列車映画を数多く演出しているが、なかでもその同定しがたい魅力において突出しているのが『断崖』である。『断崖』の冒頭は、新妻の妄想をめぐるこのミステリ映画がヘイルズ・ツアーズの無意識的伝統のうえに成立していることをはっきりと示している。その冒頭部は、のちに夫婦となるふたりの男女(ケーリー・グラントとジョーン・フォンテイン)の馴れ初めとなる重要な場面であるにもかかわらず、巻頭

* 安易な社会反映論は映画解釈において厳に慎むべきもののひとつであるが、しかるべき映画史上の発見の見通しもないまま、戦略性を欠いた非歴史的・非社会的な御都合主義的「作家主義」が蔓延《まんえん》するわが国の映画批評の現状をかんがみれば、知的代価をできるだけ低く抑えるような社会文化史的アプローチを、この分野において再構築する必要があるだろう。この問題については、この領域における古典的論考「ごく普通の女店員が映画に行く」(ジークフリート・クラカウアー、船戸満之他訳『大衆の装飾』法政大学出版局、一九九六年)と「文化の詩学をめざして」(スティーヴン・グリーンブラット、磯山甚一訳『悪口を習う』法政大学出版局、一九九三年)を参照されたい。

のクレジット・タイトル（そこで彼らの名前が挙がっていた）が終わったかと思うと画面は突如真っ暗になり、映画はまだはじまっていなかったのかと訝《いぶか》しく思うほどの暗闇があたりを（映画館内を）包みこむ。やがてこの不意の暗転が実はふたりの男女をのせた列車がトンネルにはいったことによるものだとわかるのだが、それにしても『断崖』がこの不自然な暗闇のなかの男女の出遭いののち、性急ともいえる結婚をへて、夫が自分を殺そうとしているのだと思いこむ新妻の「妄想」のメロドラマへと展開してゆくことを考えあわせると（もっとも、それがあながち一方的な被害妄想とばかりも言いきれないところに、この映画の同定しがたい魅力の一端があるのだが）、鼻をつままれてもわからないような映画冒頭の暗闇のなかでふたりが接触遭遇するという事実は十分に象徴的であろう。そもそもこのミステリ映画がその冒頭に暗闇をもっているということじたい、きわめて象徴的なことである。冒頭部におけるこの暗闇の闖入《ちんにゅう》によって、物語そのものは観客の知覚的統御を擦《す》りぬけたところで、いつのまにかはじまっていたことになる。本来ならば、映画の観客は代価（チケット）と引き替えに、物語をあますところなく享受するという貴族的特権、現実には得がたい全体の消尽という名状《めいじょう》しがたい快楽を得ているはずである。ところが『断崖』冒頭部で観客はもののみごとに肩すかしを食らう。本来、映画館はほかの感覚に比して視覚になみなみならぬ特権をあたえ、ひとを視覚的主体に還元することによって現実を統御可能な想像世界へと変質させる装置である。にもかかわらず、ヒッチコックのこのトーキー映画において視覚は一度全否定される（さながらラジオ・ドラマででもあるかのように聴覚化する）。しばしば『断崖』はミステリとしてはいささか不自然なエンディングをもつと指摘される（プロデューサーとディレクターとの格差映画化期ゆえに）。しかし物語が暗闇のうちにいつのまにかはじまっていた以上、自分は夫に殺されるのだと思いこむ新妻のこの「妄想」の物語が、結局、ミステリ映画の期待の地平のうえに「順当な」エンディングにたどりつくはずもなかったのである。物語は首と尾がそろってはじめて物語たりうるのであり、はなから首のもげたこの映画に首尾一貫性を期待する方が無理だというものであろう。*

トンネル内の闇はコンパートメント（四〜六人のみが座れる個室）にいあわせた男女に、あるエロティックな関係を発現せしめる。この奇妙な主題は初期の短篇列車映画（そのうちの多くがヘイルズ・ツアーズで上映された）において展開したものである。ヒッチコック映画（『断崖』）の男は、列車がトンネルにはいってコンパートメントが闇に包まれたのをいいことに女にぶつかり、その装われた失態を糸口にまんまとこの素封家の一人娘との結婚にいたる（赤の他人と鼻を突きあわせねばならないコンパートメントは、いかがわしくも親密なミニドラマを上演する小空間である）が、ヘイルズ・ツアーズ

＊『断崖』冒頭部の暗闇はさらに別のことも語ってくれる。すなわち、もしこの映画的「物語」が冒頭部の暗闇によって、あらかじめリュミエール的起源を喪失しており、にもかかわらず、それが物語映画としてまがりなりにもスタートを切ることができたのだとすれば、そもそも映画的物語に映像的起源など必要ないということの有力な傍証になりはしないだろうかということである。つまり、視覚的物語はいつでもどこでもいかようにでも開始することができるのであって、「導入のトポス」などの存在は映画的物語のこの融通無碍《ゆうずうむげ》にかぶせられたひとつのアリバイにすぎないのではないかという議論が成立する。映画的「物語」の絶対的与件として映画館の暗闇が必要なことは周知のとおりだが、その与件がさながらマウリッツ・エッシャーの版画のように物語内に侵入したとき、はたして映画（モーション・ピクチュア）はどこまで映画たりうるのだろうか。

『メイ・アーウィンとジョン・C・ライスのキス』（写真⑦）

のプログラムに盛りこまれた（であろう）列車映画の登場人物たちもまたしばしばトンネル内の暗闇をエロティックな目的のために利用してきた。前述の『トンネルでのキス』（G・A・スミス／ジェイムズ・バンフォース、1899）や『列車での愛』*Love in a Railroad Train*（シグムンド・ルービン、1902）や『トンネルでの出来事』*What Happened in the Tunnel*（エドウィン・S・ポーター、1903）といった最初期短篇映画に登場する色男たちは、こともあろうにトンネルの暗闇に乗じて女性同乗者にキスしようとするし、ある鉄道会社のキャンペーン・フィルムとして撮られた『鉄路のロマンス』*The Railroad Romance*（エドウィン・S・ポーター、1903）にいたっては、短い列車旅行のさなかに恋に落ち、そのまま黒人ポーター*に牧師を呼ばせて電撃車内結婚にいたる情熱的なカップルさえ登場する。映画がはじめてスクリーンにキスを写しだしたのは一八九六年のことだと言われるが（『メイ・アーウィンとジョン・C・ライスのキス』写真⑦）、鉄道会社は映画のこのエロス的側面を、旅行媒体たる列車内での出遭いとロマンスの成立という文脈において自社のイメージアップのために利用したのである。**

むろん、男と女はなにも列車のうえだけで遭遇するとはかぎらない。彼らはむしろ正確に鉄道のうえ

＊　黒人ポーターについては本書第Ⅵ章、二三三頁を参照されたい。

＊＊　『鉄路のロマンス』がデラウェア・ラカワナ・ウェスタン鉄道会社（一八五三年創立）によって依頼された一種のCFであることは、劇中、走行する列車のかたわらに同社の看板が認められることからも明らかである。しかし、より興味ぶかいエピソードは、この短篇映画のエンディングにある。ロマンティックな異性愛讃美によって鉄道旅行の夢をかきたて、そのことによって鉄道会社のイメージアップと収益をはかることが要請されたはずのこのブルジョア映画に、「監督」のポーターは依頼者の期待を裏切るような奇妙なコーダをつけくわえる。列車が駅に到着すると、幸福なカップル（旅の途上で生涯の伴侶を見いだした男女）は手に手をとって列車を降りる。この映画はそこで『ラ・シオタ駅への列車の到着』（ルイ・リュミエール、1895）のように何事もなく終わってもよかったはずである。ところが『鉄路のロマンス』は、こともあろうに列車の下から貴族のようないでたちのふたりの男が突如あらわれたかと思うと、これも楽しそうに手に手をとってフレーム・アウトしたところで、ようやくエンディングをむかえる。ここで大半の観客は唖然とする。なぜ、この「恋愛劇CF」の最後に、異性愛と資本主義の幸福な結合を茶化すような同性愛的ホーボーを登場させる必要があったのだろうか。彼らの不意の登場は、正規運賃を支払った男女だけが列車旅行中、幸せな出逢いをするものであるというこの「CF」本来のメッセージ（資本主義的美徳）を根底から覆す（なにしろ彼らは車輛の下から出現する）。風来坊チャーリーがホーボーとして登場する傑作映画『偽牧師』*The Pilgrim*（チャールズ・チャップリン、1923）より二〇年も早く、放浪紳士チャーリーのごときいでたちで（トップハットと燕《えん》尾《び》服に身をつつんで）登場するこのふたりの無銭乗客は、労働と消費と異性愛の美徳とは無縁の地平で文字通り貴族のような優雅さで無為と放浪を楽しんでいる。ホーボーの無銭乗車阻止に命をはる秀作『北国の帝王』*Emperor of the North Pole*（ロバート・オルドリッチ、1973）の鬼車掌の情熱が嘘のように、『鉄路のロマンス』の車掌とホーボーの関係は友好的ですらある。あまつさえ、この「貴族的ホーボー」は幸せそうなブルジョア・カップルをからかう余裕さえ見せる。これは正統的恋愛劇につけられたコーダとしてはあまりにも不条理なパロディではなかろうか。あたかも列車という移動媒体は、愛し合う異性愛カップルの住処としては本質的に不向きであると言わんばかりに。

で遭遇する。「鉄道活劇の流行」を見た一九一〇年代には、[*]「あわやというところでの救出劇」を得意としたD・W・グリフィスが『娘とその信頼』*The Girl and Her Trust*（1912）でいつもながらのクロスカッティングを駆使し、①「娘」を拉致《らち》した強盗団の手漕ぎ軌道車と②彼女の救出に向かう青年の蒸気機関車とのあいだでダイナミックな追跡劇を披露する。救出のあかつきには、それまでつれなかった女性が青年になびくことは言うまでもないだろう。[**]

たしかに列車コンパートメントは、外界からの隔絶性と密室性（そしておそらくは速度の陶酔性）ゆえに、しばしば至上の愛をたしかめあうカップルのための特権的空間となってきた。世紀の変わり目にはまだキスにとどめられていた車上の愛は、都市住人の資本主義的同化をほとんど表現主義的なタッチで演出する『群衆』（キング・ヴィダー、1928）の蜜月列車をへて、[***]性的検閲が緩やかになる一九六〇年代後半以降、明示的なセックス描写へと展開するだろう。花火が次々と打ちあがる万華鏡のような車窓風景を背景に「新婚初夜」をむかえるカップルのコンパートメント（『暗殺の森』*Il Conformista* ベルナルド・ベルトルッチ、1969）は、とりわけみずみずしい詩的官能性を獲得しているし、夜空が花火に照らしだされた以上、車窓から射しこむ明るい光にまみれながらコンパートメントで愛を確認するカップルがいても何の不思議もないだろう（『建築家の腹』*The Belly of an Architect* ピーター・グリナウェイ、1987）。コンパートメントの密室性とトンネルの暗闇は映画史最初期から長年多くのカップルに親密な愛の交歓を提示してきたのである。[****]

『断崖』に先だつヒッチコックの『三十九夜』（1935）もまた前述したようにコンパートメントにおける

キスという最初期映画のモチーフをサスペンスに連結した列車映画である。*****追手の眼を欺《あざむ》くために、コンパートメントでたまたま同席した女性にむりやりキスをする主人公（この擬似カップルのあいだにやがて本物の愛が芽生えることは言うまでもない）。あるいは『トンネルでのキス』(1899) の正統な後継ともいうべき後期ヒッチコック作品『北北西に進路を取れ』(1959) の有名なエンディングでは、トンネルに突入する高速寝台列車はよりあからさまな性的隠喩を構成する。このフィルムが製作されたのは、基本いまだハリウッド映画が映画製作倫理規定（ヘイズ・コード）に拘束されていた時期であり、それゆえ個室寝台車での愛の交歓が『建築家の腹』(1987) のように明示的に表象されることはありえなかった。そのかわり愛し合う男女が寝台に倒れこむとき、画面は切り替わり（バンフォース版『トンネルでのキス』のS①そのままに）列車がトンネルの暗い入口へと突入するところで、この映画（『北北西に進路を

* 『キネマ、レコード』第三二号（一九一六年、二月号）、六二頁。

** グリフィスの追跡劇の詳細は次章、一九三—二〇六頁を参照されたい。

*** すぐれた映画『群衆』については、都市社会学的観点からすぐれたテクスト分析を試みる中村秀之「群衆のなかの道化」（『10+1』第一四号、一九九八年）、二二一—二九頁を参照されたい。

**** トンネルの闇を「健全な」エロティシズムと結びつける娯楽装置は「愛のトンネル」と呼ばれて、当時の遊園地でも人気を博していた。カップルをのせた小舟が暗闇のなか「愛の湖」をめざして移動し、トンネル内部の安全な暗闇が男女の愛の昂《たか》まりを保証した。この水上ライド「愛のトンネル」も、ヒッチコックやヴィダーの列車映画（『見知らぬ乗客』、『群衆』）の陰の主役である。

***** 『三十九夜』公開の前年（一九三四年）にはアガサ・クリスティのベストセラー小説『オリエント急行殺人事件』が刊行され、アメリカでは最高時速一六〇キロのディーゼル機関車が、また満州国では弾丸列車「あじあ号」が導入され、時代はいまだ列車とともにあった。

取れ』）は終わる（ふたりの愛の交歓のつづきもまた観客の眼には宙吊りにされる）。映画を見ることの「五〇パーセントが視力の問題で、残り五〇パーセントは想像力の問題である」*としても、かかる暗示的表現（性交の暗示）すらもが一九五〇年代前半までは自己検閲の対象となっていたことを考えあわせると、ヒッチコックが映画と社会のダイナミズムを正確に勘案していたことは明らかであろう。

そして言うまでもないことだろうが、映画館内の闇もまた長年、若い観客の情熱発露のために格好の場所を提供してきた（沖天の月夜、天蓋を開け放した映画館で『ナイアガラ』*Niagara*〔ヘンリー・ハサウェイ、1952〕を見ながら——つまり月と銀幕から二重の反射光を浴びながら——愛し合う『ルナ』*La Luna*〔ベルナルド・ベルトルッチ、1978〕の少年少女のことを思い出そう）。

列車の死

走行する映画列車はかくもエロスへと傾斜しているわけだが、重要なことは列車映画のこのエロス的側面は回転扉のようにつねにタナトスへも開かれているということである。そもそも映画の列車がトンネルの闇に自己を消却したのであれば、『断崖』の冒頭が象徴的に示すように、映画のリュミエール的側面はたちまち立ちゆかなくなるはずである。それは映画の死以外の何ものでもない。要するに死の闇がキスという人目をはばかる行為によって蓋をされた状態が映画のエロス的側面だというにすぎない。逆に言えば、語りうるタナトスにはあらかじめエロスが充填《じゅうてん》されているのである。なぜならそもそもトンネルの暗闇は、そこにキスをする主体や接触する男女が存在しなければ、物語映画の審級にはあがりえなかったものだからである。つまるところ列車映画のエロスとタナトスは遭遇と別離をめぐる物語の表裏である。じっさい先に挙げた二本の美しいエロティックな傑出映画（『暗殺の森』と『建築家の腹』）のカップルは誰にも邪魔されずにコンパートメントで愛の官能に打ちふるえたのちは、死の匂いを帯びた自壊作用によって終局をむかえることになるだろう。列車旅行は愛の巡礼であると同時に、奈落への地獄行でもある。**

『大列車強盗』（エドウィン・S・ポーター、1903）、『鉄道悲劇』*A Railway Tragedy*（ゴーモン、1904）、『十三人の女』*Thirteen Women*（ジョージ・アーチェインボード、1932）、『獣人』*La Bête humaine*（ジャン・ルノワール、1938）、『ベルリン特急』*Berlin Express*（ジャック・ターナー、1948）、『嘆きのテレーズ』*Thérèse Raquin*（マルセル・カルネ、1952）、『人間の欲望』*Human Desire*（フリッツ・ラング、1954）、『007／ロシアより愛をこめて』*From Russia with Love*（テレンス・ヤング、1963）、『アメリカの友人』*Der amerikanische Freund*（ヴィム・ヴェンダース、1977）、『カナディアン・エクスプレス』*Narrow Margin*

* チェット・レイモ、山下知夫訳『夜の魂』（工作舎、一九八八年）、一八頁。なお一九三〇年代から六〇年代にかけてのハリウッドにおける映画製作倫理規定の運用の実態については、拙著『映画　視線のポリティクス　古典的ハリウッド映画の戦い』（筑摩書房、一九九六年）と同『映画ジャンル論　ハリウッド的快楽のスタイル』を参照されたい。

** あとふたつだけ具体例を挙げさせてもらおう。『忘れじの面影』（1948）の列車コンパートメントは行き場を失った冬の夜の恋人たちを包みこむエロスの空間であると同時に、彼らにかかわるすべての人間を緩やかな死へと導くタナトスの空間でもあった。また『群衆』（1928）においても列車はプロポーズと「床入り」がなされる晴れの場であると同時に、妻と仲違いした夫を投身自殺へと誘惑する殺人装置でもあった。

（ピーター・ハイアムズ、1990）、『暴走特急』*Under Siege 2 : Dark Territory*（ジョフ・マーフィ、1995）、『ブロークン・アロー』*Broken Arrow*（ジョン・ウー、1995）。これらは可能な全体のリストからすれば、ほんのひと握りにすぎないが、すべて走る列車内で殺人がおこなわれる映画である。コンパートメントの密室性は殺意を抱いた確信犯に犯罪の絶好の機会をあたえるだろうし、*目的地まで一路猛進する機関車の「男性的イメージ」（燃えさかる火室、吹きあげる水蒸気、駆動するシリンダー、唸《うな》りをあげる動輪）は、激情にかられるままに人をあやめる哀れな男の心情を代弁するだろう（機械の崇高美が身体とジェンダーの語彙に翻訳される）。列車が愛と死の劇場となると書けば、ソープ・オペラなみの陳腐な表現になるが、映画という大衆のための想像媒体がそうした常套句の展開に積極的に加担してきたのであってみれば、いたしかたあるまい。

ところで先のリスト中、『暴走特急』は車内で次々と悪人を倒しては観客にカタルシスをあたえる爽快な列車映画だが、劇中、二台の列車の壮絶な正面衝突シーンがあったことを覚えているむきもあるだろう。『暴走機関車』（アンドレイ・コンチャロフスキー、1985）にも同様のシーンが見られたが、列車の衝突という今日では凡庸な（ただし飛行機の墜落よりは珍しいものとなりえた）スペクタクルにも映画史上正統な出自があることは存外知られていない。映画学者リン・カービィによれば、壮絶な列車正面衝突事故はそれじたい現実のスペクタクルとして大いなる興行の対象であった。** 記念すべきパリでの『ラ・シオタ駅への列車の到着』公開の年（一八九六年）には、アメリカのテキサス州クラッシュ・シティで最初の列車正面衝突事故が演出され、爾来《じらい》この列車激突ショーは、いわば二重に裏返しにされた奇蹟として、一九二〇年代まで全米興行史をにぎわせるスペクタクルでありつづけた。じっさい、たった一度の「演出された事故」を見るために三万人から一五万人もの見物客が集まり、興行主に莫大な利益をもたらしたという。その人気のほどは、機関車の激突によって飛散した部品が見物客を直撃して死にいたらしめるという「事故中事故」にもかかわらず、興行が続行されたということからも窺える。そして言うまでもなく、この激突ショーは当時の映画製作者に大いなる霊感をあたえ、多くの列車事故シーンが銀幕上でも再現された。ただし『大列車作戦』*The Train*（ジョン・フランケンハイマー、1964）を貴重な例外として、多くの映画（たとえば『暴走特急』）が厚紙細工のような模型列車でそれを代用するのに対して、エディスンらの初期映画は本物の二台の蒸気機関車が正面衝突する瞬間をとらえている***（『鉄道粉砕』*The Railroad Smashup* エドウィン・S・ポーター、1904）。もっとも望遠レンズや無人キャメラのなかった時代に、列車の激突を真近におさめることは前述の理由から困難だったゆえに、この「鉄道粉砕」の瞬間は遠方から小さなスケールでとらえられるにすぎない（拡大ズーム・レンズがなかった

* 現実に多発する「コンパートメント殺人事件」（これは推理小説やその映画的表象に格好の素材を提供した）に対処するために一八六〇年代の欧州では客車改良案が検討されたことが、シヴェルブシュ、前掲書、一〇三―一一三頁に記されている。

** Kirby, pp. 59-60.

*** 列車の正面衝突の事故現場をえがいた物語映画としては、フリッツ・ラングの『スピオーネ』*Spione*（1928）が白眉であろう。そこにはあたかも鉄道と映画の遭遇の歴史をなぞるかのように、事故現場を撮影する映画キャメラマンすら登場する。なお列車の運行管理が齟齬《そご》をきたした結果、恐ろしい悪夢（列車正面衝突）にいたる物語（『鉄道粉砕』の現実的基盤）もまた映画史初期に流行した主題である。

時代）。しかし、いずれにせよ映画の列車は、その勇姿をひとびとの目に焼きつける至高の瞬間に死にいたる。エロスとタナトス、生の充溢《じゅういつ》と死の沈黙が回転扉を通じて同じひとつのカオスモスに融解する瞬間、それが列車の正面衝突である。最高速度にのった瞬間に速度ゼロへと転落する。それは性の絶頂のように、生の燃焼下のスペクタキュラーな死である。

ところで、もし映画館と駅舎の共通点をひとつだけ挙げねばならないとしたら、あなたは何を選ぶだろうか。わたしはタイムテーブルを選ぶだろう。映画館にも駅舎にも入口に時刻表が掲げられている。*映画は（絵画や小説とはちがって）いったんはじめられた以上は（観客が望むと望まざるとにかかわらず）かならず終わりがやってくる強いられた時間芸術であるし、列車もまたいったん駅を出たからには、いずれしかるべき駅を停車駅とせざるをえない時間媒体である（もし停車と降車を拒み、永遠に走りつづけようとすれば、列車はその走行運動それじたいのなかに自己消滅するしかない）。**時間の流れのなかにみずからを置くものは、すべて終局をむかえないわけにはゆかない。映画の列車が正面衝突をしたあげくにその勇壮な運動を停止するのは、いかなる長尺映画（モーション・ピクチュア）もやがてその間歇《かんけつ》的回転運動（モーション）を停止せねばならない運命にあることを象徴的に物語っているのかもしれない。

いずれにせよ鉄道と映画は興行的にも主題的にも、また相互の利害関係からいっても、二〇世紀を代表する花形カップルであった（本章では一九世紀末から二一世紀初頭まで膨大に利用された運動媒体たる列車表象の革新的芸術アスペクトについては、いっさい論述していないので、芸術映画と列車の現代的関係史については、拙著『列車映画史特別講義　芸術の条件』［岩波書店、二〇一二年］を参照されたい）。

＊　ただし初期の映画興行では特別の演目でもないかぎり、複数のフィルムが切れ目なく連続上映され、それゆえ特に入口に上映時間が掲示されることはなかった。ところで日本の駅舎と百貨店は合体して巨大な駅ビルを構成し（たとえば東京の西武デパートと西武池袋駅）、そのターミナル＝デパートのなかに小さいながらも映画館が開設されたことがあった。駅と映画館とデパートが合体することで、消費者はあらかじめ定められた時間の枠内で映画館の観客となり、ひとしきり金で買える夢の王国の住人となったあとは、スクリーンで垣間見た世界を現実化するであろう商品をデパートで購入し（あるいは「映画見物」同様、きらびやかな商品をひやかしてみたり、じっさいに商品を手にとって映画の二次元的印象を三次元空間に確認したりして）、そのあとはまた予定された列車の乗客となることができた。このことは初期映画期についても言える。パリのグラン・カフェでの映画公開（一八九五年）以来、欧州主要都市のカフェは、一日の仕事を終えた労働者が郊外行き列車に乗って帰宅するまえの一時間ほど（午後五時から六時まで）を映画上映にあてた（István Nemeskürty, "In the Beginning 1896-1911," in *Film Before Griffith*, pp. 75-76）。都市生活に萎靡した消費者は、映画館やデパートの夢の旅行で心身ともにリフレッシュしては、ターミナルから郊外列車にのって家路につく。この日常と非日常の巡回性にこそ、夢のツアーの原型がある。むろん時計も列車も映画（キャメラ＝プロジェクター）もすべて回転運動するひとつの共通部品、すなわち歯車からなっていた。

＊＊　列車の自己消滅運動（石炭を切らした蒸気機関車が、牽引する車輛を解体しながら、それを燃料としつつ走行する状況）については、映画『キートンの大列車強盗（キートン将軍）』*The General*（バスター・キートン、1926）や『マルクスの二挺拳銃』*Go West*（エドワード・バゼル、1940）を参照されたい。

第Ⅴ章　アメリカ映画のトポグラフィ
D・W・グリフィスのアメリカン・インディアン初期映画

四〇〇本以上の映画を撮った男

D・W・グリフィスの名はすでに本書でしばしば言及されてきた。それは次章でも大きな（しかし思いがけない）参照光となるだろう。そもそもグリフィスについては過去に多くのことが語られてきた。それはあたかもグリフィスについてはこれ以上何も語るべきことはないと言わんばかりである。しかしながらグリフィスの全貌《ぜんぼう》は実はいまだ解明の途上にあり、それゆえ北イタリアのポルデノーネ国際映画祭で進行されていた「グリフィス・プロジェクト」*に世界中の初期映画研究者の熱い視線がそそがれていた。本章では、この有名すぎる映画作家の知られざる最初期の映画に照明をあて、その知られざる特質に議論を集中したい。そしてその議論をとおして、物語映画のトポグラフィ（空間構成）と呼びうるも

＊　イタリアのポルデノーネ無声映画祭で一九九七年からはじめられたグリフィス作品の上映企画。グリフィスの現存作品を、毎年、演出作品のみならず出演作品や製作監修のものも含めて撮影日時順に上映し（たとえば一九九八年には一九〇九年上半期の作品七四本を、九九年には同年下半期の作品六五本を上映し）、グリフィス監督デビュー百周年にあたる二〇〇八年までに、異版をふくめて現存する全作品を上映しようというプロジェクト。

のがいかに構成されていったのかを解明できれば、本章のもくろみはあらかた有効になることだろう。

D・W・グリフィスは「アメリカ映画の父」と呼ばれる。それは物語映画にふさわしい劇的話法を開発した彼の功績を踏まえてのことである。しばしば彼は並行編集とクロースアップの発明者と誤解されるが、映画のこの二大技法の発明の栄はグリフィスに属さぬものの、それらを劇的効果のために物語映画のなかで体系的に利用した功績は明らかに彼のものである。じっさいグリフィス映画はみずみずしい感性とダイナミズムに彩《いろど》られ、今日なお多くの観客を魅了する。グリフィスの偉大さはたんに映画史初期に映画の基本的な空間構文を完成させたというにとどまらない。彼はそれを誰よりもうまく、しかも感動的に運用したのである。本章はグリフィスの映画構文の発明と運用のプロセスについての考察である。

一般にグリフィスといえば、『國民の創生』*The Birth of a Nation*（1915）、『イントレランス』*Intorelance*（1916）、『東への道』*Way Down East*（1920）、『嵐の孤児』*Orphans of the Storm*（1921）といったスリリングなメロドラマ大作が思いだされる。しかし巨額の製作費を投じ、数時間の上映時間を要するこれらの大作より以前に、グリフィスは四〇〇本以上もの短篇映画を撮っている。しかもこれら膨大な量の映画は、グリフィスが監督デビューした一九〇八年から一三年までのわずか五年ほどの短期間に撮られたものである。しかし驚くべきは、この新人監督の旺盛な創作意欲でもなければ、その旺盛な働きぶりが粗製濫造にいたらなかったという事実でもなかろう。驚くべきは、この四〇〇本ほどのフィルムの大半を（製作後一世紀以上たった）いまでも、その気になれば、そっくり見ることができるという事実の方である。このことは映画保存の実態について予備知識をもたない読者諸賢にはあるいは別段驚くにあたらないと思われるかもしれない。しかし、一九二〇年代までの日本映画の残存率の暗澹《あんたん》たる低さを思いおこせば、二〇世紀の最初の一〇年ほどに撮られた（この「アメリカ映画の父」の）作品のほとんどが散逸をまぬがれているという事実には驚愕《きょうがく》をおぼえずにはいられない。とりわけ日本映画の残存率の低さが口惜しいのは、それが空襲などによって組織的に壊滅した結果というよりも、ただたんになすすべもなく自然散逸にまかされた結果だからである。

議会図書館ペイパー・プリント・コレクション

それではグリフィス映画はいかにして散逸をまぬがれたのだろうか。答えは明快である。グリフィス映画の製作のそもそもの発端が資本主義的原理にあったように（それはかならずしもロマン主義的神話が物語るような「若き日の芸術家」の内的必然性から生まれたものではない）、それが今日までのこった理由もまた資本主義的原理に由来する。

D・W・グリフィスがアメリカン・ミュートスコープ・アンド・バイオグラフ社（以下バイオグラフと表記）で監督デビューをはたした一九〇八年は、実はもうひとつ映画史上きわめて重要な事件が生起した年でもあった。それがなければ今日のハリウッド映画の発展もあるいはありえなかったかもしれないという事件である。それは映画特許会社（モーション・ピクチュア・パテンツ・カンパニー）の設立である。ニュージャージーの「発明王」（より正確には「特許王」と呼ぶべき）トマス・エディスンを中心に設立されたこのトラストは、エディスン社の既得権を守るために他の主要映画会社（バイオグラフ、ヴァイタグラフ、エッサネイ、シーリグ、ルービン、カーレム、パテ等）を鳩合し、「独立系」と呼ばれるそれ以外のマイナーな競合会社（もっぱら東欧やロシアからのユダヤ新移民らの組織）を排除することで、金になるこの新興産業に独占体制をしこうとしたものである。この独占体制をきらい、裁判闘争のすえに確固たる産業基盤をもとめてロサンジェルスに製作拠点を移すことになる「独立系」の社主たちが、のちに世界に冠たるハリウッド・メイジャー各社社長となるわけであるが、それはまた別の話である。ここで重要なことは、エディスンがシネキャメラのみならず映写機（プロジェクター）の使用にさいしても特許料を徴収し、生フィルムをほぼ独占的に供給していたイーストマン・コダック社の参画をえて、ここに映画産業界初の製作＝配給＝興行の統合形態が成立したという事実である。*

グリフィスが映画を撮りはじめた年は、そうした業界編成の時期とほぼ正確に重なる。そしてそれゆえ彼がバイオグラフ社で撮ったほとんどの作品が今日までのこるという奇跡がなった。ここで鍵となるのは資本主義的競争原理を動機づける特許権と著作権の実態である。当時、映画の著作権を法的に主張するには、製作したすべてのフィルムをワシントンＤＣの議会図書館に提出せねばならなかった。しかも当時の映画のフィルムではなく、紙焼きのかたちでである。なぜなら当時、著作権法下で保護されていたのは紙焼き写真だったからであり、映画にかんする保護規定は一九〇七年まで（実質的には一九一二年まで）存在しなかったからである。特許権侵害を理由に訴訟に明け暮れていた業界の盟主トマス・エディスンが、この著作権法を自分たちの映画の保護に利用することに思いいたらぬわけがない。その結果、映画史初期（一八九四年から一九一二年にかけて）の大量の映画（少なくとも五〇〇〇タイトルの短篇映画）が幅五センチほどのブロマイド印画ロール紙に焼きつけられ、アメリカ議会図書館に保管されることになった。そしてそれはそのまま映画史から忘れさられ、それが再発見されたのは一九四〇年、議会図書館の開かずの間でのことであった。そのほとんどが失われてしまったと思われていた初期映画の貴重なフィルム群がペイパー・プリント版としてふたたび映画史に登場したのである。**

映画話法の生成と受容

しかし、ここまでは既成の映画史も教えてくれることである。わたしたちのリサーチはここからはじまる。本章の最大の関心事は議会図書館ペイパー・プリント・コレクションの内実にある。

* もっとも、エディスンたちの企みはほどなく独占禁止法に抵触することとなり（一九一五年）、彼らの業界統一の野望も潰え、業界の覇権は彼らが排除し封じこめたはずのユダヤ系新移民の手へわたることになる。それゆえハリウッド映画の根底には大きな逆説がある。ハリウッド映画はアメリカの大衆文化を代表する国民的神話装置たらんとしながら、その担い手たちは実はアメリカの何たるかを知らない、映画黎明期の一九世紀末に東欧やロシアなどから渡米してきたばかりの新参ユダヤ人である。この逆説はハリウッド映画を考えるうえで、またユダヤ人の社会的位置づけを考えるうえで有効な手がかりとなる。貧しい新移民が世界に冠たる娯楽産業を統治するプロセスは、そのままユダヤ人が旧移民WASP（ホワイト・アングロ＝サクソン・プロテスタント）の「伝統的アメリカ」の価値観に拮抗しつつ、そこにみずからを同化させるプロセスでもある。新移民は一方でユダヤ人としての出自と伝統を保持しながら、他方でアメリカ人としての新しい自己同一性を獲得した。この二重原理は、一方でユダヤ系移民第一世代向けのイディッシュ語映画としてニューヨークに結実し、他方で観客層をユダヤ人から合衆国国民へ、さらに全世界の人間へと拡大するハリウッド映画産業の成立へとつながる。彼らはつねに（とりわけ第二次大戦前夜と赤狩り期に）反アメリカ的であると攻撃されながら、アメリカを世界に喧伝する一大メディアアムを構築したのである。

映画史初期のあるひとりの映画監督の（最初期の）ほぼ全作品を見ることがもし本当に可能であるとするならば、当然その監督の文体上の変化（それをとりあえず作家の成長過程と呼んでおこう）を時代を追って実証的に跡づけることが可能になるはずであり（じっさいそれは週単位で追うことができる。ひとりの映画作家の文体の精密な航跡こそが、本当の「作家主義」というものがいかなるものであるかを教えてくれることだろうし）、またこの仮説の最大の利点は、文体の創造と変化の軌跡はたんにひとりの映画作家の成長プロセスを記述するにとどまらないだろうということである。それは同時に、映画史における支配的映画話法の生成と受容のプロセスの記述をともなうはずである。なぜならこの映画監督が映画を撮りはじめたとき、彼のアメリカ先行世代に彼のように映画を撮った者はひとりもいなかったからである。グリフィスの映画話法はグリフィスが発明したものであり、彼はそのスリリングな映画話法を自分のフィルモグラフィ以外の何ものにも負うていない（彼が「アメリカ映画の父」と呼ばれるゆえんである）。だとすれば、グリフィスの作品のすべてをひとつの手法、ひとつの構文、ひとつの主題、ひとつのジャンル、ひとつのトポグラフィ、そしてひとつの時代の相のもとに見わたすことができれば、いまだ不分明な点が数多くのこされているこの映画史初期の巨星の足どりを正確に記述することができるはずであり、ひいては世界中の映画作家にその後何十年にもわたり継承されることになるグリフィスの独創的な映画話法がいかに成立展開したかを検証することができるはずである。*

映画史がそれ以前の物語媒体（演劇や小説）に見られなかった強力な技法のいくつかを発明し終わった時期に、ひとりの天才的映画作家が出現し、それらの技法を人間のモーションとエモーションの関係

（要するに映画的物語）をえがくために利用した。その効果的利用の過程をたどり直すことは、とりもなおさず作家の文体の変貌とジャンルの生成変化の相互作用のプロセスの解明につながるはずである。それがわたしたちのリサーチの仮説であり、目的である。本章はいまだ不分明な映画史初期の映画話法の生成プロセスを跡づけるものとなるだろう。

当時は四五七本ともいわれ現在は五三二本といわれているデイヴィッド・ウォーク・グリフィスのフィルムのうち、ここで議論の経済性とジャンルの重要性にかんがみて選ばれるのは、一九〇八年から一三年にかけて撮られた二〇本の広義の西部劇である（グリフィスはこの時期をバイオグラフ社の契約

＊＊（一八七頁）　議会図書館に眠るペイパー・プリントのうち、まず比較的保存状態の良い三三四タイトルが映画芸術科学アカデミーの資金援助をえて、セルロイド版ネガへと置き換えられた。この復元作業で中心的役割をはたしたのがケンプ・ニーヴァである（彼はその功績によって一九五四年度のアカデミー賞技術達成賞を得ている）。ニーヴァによれば、ブロマイド印画ロール紙（ときには包装紙同然の粗悪なロール紙に感光剤を塗布したもの）に焼きつけられた約五〇〇〇タイトルの映画のうち、約二〇〇〇タイトル分のペイパー・プリントはもはや手の施しようのないほど乾燥しきっていた。それでも化学溶液と洗浄液のなかにロールを浸しながら根気強い復元作業がつづけられた。“Old Time Movie Restored,” in *American Cinematographer* (July 1955), p. 392; Bob Fisher, “Restoring Historic Films as a Life Work” in *American Cinematographer* (July 1980), p. 678; Kemp R. Niver, “Paper Prints of Early Motion Pictures,” in John L. Fell ed., *Film Before Griffith* (Berkeley: University of California Press, 1983), pp. 258-63. なおわたしが調査したかぎりでは、ペイパー・プリント版は一貫した物語の体をなさないほど、しばしばショットの編集順序が本来意図されたはずのものと異なることがある。ペイパー・プリントはあくまでも著作権保護を目的に作成されており、上映を意図したものではなかったからである。

＊　グリフィスが構築した文体がいかに他の映画作家たちに継承されたかという問題に限定してみても、優に数冊の学位論文が書けるだろうが、ここでは次章に登場するグリフィスの同時代人にして稀有《けう》な黒人映画作家オスカー・ミショーに注意を喚起するにとどめたい。

監督としてすごした)。すでに別のところで、この西部劇《ウエスタン》ジャンルにおけるアメリカン・インディアンの表象の歴史を手みじかに検討したことがあるが、[*] 本章はそれへのささやかな補遺となるはずである。

グリフィスとインディアン

D・W・グリフィスといえば、もっぱらメロドラマ映画作家として記憶されている。メロドラマを広義にとらえれば、それはたしかにそのとおりなのだが、狭義ではグリフィスはファミリー・メロドラマのほかにもギャング映画、戦争映画、史劇、喜劇など多種多様のジャンルを手がけており、『エルダーブッシュ峡谷の戦い』*The Battle at Elderbush Gulch*(1913)に代表される西部劇もまたグリフィスの得意とするジャンルのひとつであった。じっさいグリフィスがインディアンを主人公に西部劇を撮りはじめるのは、ジェロニモ(アパッチ)の投降(戦いをやめて降参)やシッティング・ブルの惨殺がまだひとびとの記憶に近いころのことである。白い入植者に対するインディアン最後の闘争がいまだ耳目に新しいころのことだった。

五〇〇本ほどのグリフィス映画のうち、広義の西部劇(地理的にかならずしもアメリカ極西部を舞台にしているとはかぎらない)が少なくとも七五本、そのうち「アメリカン・インディアンもの」が三〇本ほどになる。グリフィスの「西部劇」の実に四〇パーセントがアメリカン・インディアンを主役にすえているという事実は、二〇世紀末の『ジェロニモ』*Geronimo: An American Legend*(ウォルター・ヒル、1993)のような擬似PC(政治的に正しい)西部劇さえ、アメリカン・インディアンを純然たる主役にすえることが難しいことを考えると（『ジェロニモ』の主役はたしかにアメリカン・インディアンであるが、その歴史を物語るのは白人少年である——つまりジェロニモは物語の主体であっても、言説の主体ではない）、驚くべき数字に見えるかもしれない。しかし映画が旅芸人のごときスタッフとキャストの軽快なフットワークと低廉な製作費で大量生産されていたかつての短篇時代には、今日の映画製作体制よりはるかに多様な主題の選択の幅と陰影が可能であった。また開拓期の終焉とともに「インディアン」が馴致《じゅんち》され、表象の舞台にくりあげられるとき、彼らはしばしばたんなる開拓史の仇敵であるよりもむしろ「ポカホンタス」神話を構成する狭義のメロドラマの主役となりえた。それゆえアメリカ映画史初期には、「インディアン映画」と西部劇はそれぞれ別個のジャンルを形成していたと考えるべきであろう。西部劇は定義上、白人入植者による国家創世神話であるから、西部劇がアメリカン・インディアンを主役にする（言説と物語双方の主体とする）ことは基本、ありえない。

　じっさいグリフィスは監督第五作を広義の西部劇（インディアン映画）として撮っており、[**] それもデビュー作（『ドリーの冒険』*The Adventures of Dollie*）と同様、みずみずしい野外ロケーション撮影を敢行している。『赤い膚《はだ》の男と子供』*The Redman and the Child*（1908）と題されたこの監督第五作（といわれている）撮影は、二日間にわたっておこなわれ、それも処女作の撮影からわずか二週間後のことである。[***] 一五分前後の短い上映時間のなかに主人公の人生と意見を凝縮しなければならない当時の興行形態の

＊　拙著『映画ジャンル論』（平凡社、一九九六年）、三〇七—三四四頁。

なかで、グリフィスはバイオグラフ社のために観客の心の琴線にふれる短篇映画をその後何百本もつくりつづけることになるが、バイオグラフ時代のこの最初の「西部劇」に兆候的に見てとれることは、まず、その後のハリウッド西部劇におけるインディアン観との驚くべき相違である。

「良いインディアンとは死んだインディアンのことである」と言い放つグロテスクな白人入植者のイデオロギーは、すぐれた映画作家ジョン・フォードの『駅馬車』*Stagecoach*（1939）や『荒野の決闘』*My Darling Clementine*（1946）など数々のハリウッド西部劇において反復増幅され、新大陸の血塗られた入植史を情緒の水準で正当化してきた。しかしグリフィスの初期「西部劇」のイデオロギーはこうしたのちの西部劇の人種的偏見とはむしろ対極に位置する（じっさいグリフィスの大半の西部劇においては卑劣な悪役はむしろ白人にふりあてられる――『モホークの道』*A Mohawk's Way* 1910）。それはまた一九八〇年代後半のＰＣ（政治的修正）ブームにのってアカデミー賞監督作品両賞を受賞したケヴィン・コスナー監督、主演の『ダンス・ウィズ・ウルブズ』*Dances With Wolves*（1990）の宣伝と主張がおよそ片手落ちであったことを示唆する。つまりＰＣ期の西部劇監督たちは自分たちのフィルムが長い西部劇映画史上はじめて先住民の立場に立って、その真正の生活様式に踏みこんだ最初の商業映画だと主張したが、それはこと「アメリカ映画の父」グリフィスのフィルムを見るかぎり、額面通りに受けとるわけにはいかないことがわかる。真正さの度合いにおいてたしかに譲るものの、最初にアメリカン・インディアンを主人公にすえ、ケヴィン・コスナー同様の前世紀的ロマンティシズムの観点からではあれ、その気高さを讃美し、彼らを同情的にえがいたのはグリフィスが最初である。その端的な作例として『赤い膚の人の見解』*The Redman's View*（1909）に触れておこう。白人の身勝手な保留地政策によって故郷を追われた先住民の過酷な旅をえがいたこのグリフィス映画は、ジョン・フォードが改悛の情を示したといわれる『シャイアン』*Cheyenne Autumn*（1964）などより、よほど六〇年代的なラディカリズムに彩られている。要するに『ダンス・ウィズ・ウルブズ』や『許されざる者』*The Unforgiven*（クリント・イーストウッド、1992）にはじまった二〇世紀末のときならぬＰＣ西部劇ブームは、二〇世紀初頭まで遡《さかのぼ》ることができるのである。*

視点編集と感情移入

前述のグリフィスの本格的西部劇第一作といいうる『赤い膚の男と子供』に兆候的に言えることの第二点は、監督デビュー後わずか二週間にして、すでに彼が「アメリカ映画の父」たる片鱗《へんりん》を示しているということである。驚くべきことに、そこにはすでに物語映画の基本的スタイルが見てとれるのである。「サスペンス映画の巨匠」ヒッチコックから今日の凡庸なハリウッド映画の監督まで、劇映画を演出する

＊＊（一九一頁）グリフィスの妻（『ドリーの冒険』や『赤い膚の男と子供』などのグリフィス映画に花をそえていた女優リンダ・アーヴィドスン）やグリフィスの優秀なキャメラマン（Ｇ・Ｗ・「ビリー・」ビッツァー）の思い違いのために、長いあいだ『赤い膚の男と子供』はグリフィスの監督第二作と考えられていたが、これは今日では訂正されている。ただしジョルジュ・サドゥール、出口丈人他訳『世界映画全史　第四巻』（国書刊行会、一九九五年）など、いまだ訂正されていない文献も少なくない。

＊＊＊（一九一頁）この時期の短篇の野外ロケーションの平均撮影日数は二日から三日、スタジオ撮影のみなら一日で終わる。

者なら誰もが利用する映画の基本的話法を、グリフィスは一九〇八年夏の時点ですでに完成していたのである。その話法とは、視点編集による物語の生成と観客の主人公への感情移入の方法である。じっさいヒッチコックの有名なサスペンス映画『裏窓』*Rear Window*（1954）の起源は、この『赤い膚の男と子供』（1908）にあると言ってもさしつかえないほどである。ともに主人公が望遠レンズの向こうに「犯罪」を発見することから観客をまきこんだ物語がはじまるからである。

この点について、グリフィスのこの監督第五作にもう少し深くたちいる必要があるだろう。題名の「赤い膚の男」とは、言うまでもなく北米インディアン男性をさすが、もう一方の「子供」は白い膚の少年である。それゆえこの映画は基本的に異人種間の交流の物語となるはずなのだが、友情と交流の物語が復讐と救出の物語へとなだれこむ臨界点が望遠鏡、正確にいえば測量計の視野の内にえがかれる。すなわち「赤い膚の男」（チャールズ・インスリー）が白人測量技師にすすめられるままに測量計を覗くと（S①）、はたしてそこには自分が隠しておいた黄金*を盗む白人たちの姿と、彼らが「子供」を拉致し、あまつさえその子の祖父を殺害する場面が見えるのである（S②）。この衝撃的な視点編集の場面にヒッチコックが半世紀後にまだつけくわえるものがあるとすれば、それはじっさいに殺害現場を目撃したわけでもないキャメラマンに、望遠レンズの向こうの「裏窓」に殺人を見たと思いこませる、その主人公の無意識の領域であろう。** 『赤い膚の男と子供』が製作公開された年（ようやく第一回国際精神分析学大会がザルツブルクで開催され、平均的な映画の上映時間が一〇分からせいぜい二〇分たらずしかない時代）に、主人公の無意識をえがくことは容易なことではなかったろうし、そもそも「アメリカ映画の父」グ

リフィスが「息子たち」のためにやらねばならなかったことは、まず無意識の表象よりもまえに意識表

＊（一九三頁） むろん例外的な作例もある（そしてその例外のほうがよく知られている）。南部人グリフィスの人種偏見ぶりはのちに『國民の創生』（1915）において激しい非難にさらされるが（事の次第は次章に詳しい）、それ以前のグリフィスはたしかに北米インディアンを主人公に、「高貴なる野蛮人」に同情的な佳作を数多くものしている。しかしそれでも先住民に対するハリウッド製西部劇の曲解の端緒がグリフィス映画においてすでに認められることもやはり指摘しておくべきであろう。その例外的なフィルムとは『最後の一滴』*The Last Drop of Water*（1911）である。ここでグリフィスはインディアンを徹底的にネガティヴな存在として表象している。インディアンはそこでは騎兵隊の突撃喇叭《ラッパ》を聞いただけで敗走する臆病者であり（要するに「あわやというところでの救出劇」という古典的物語の結構を支えるためにだけ登場し）、血のかよった人間というよりも、白人に撃たれては大きな弧をえがいて馬上から落下するたんなるスペクタクルの構成要素にすぎず（インディアンが白人から殺されるシーンはあっても、白人がインディアンに殺されるシーンはない）、そしてなによりも彼らが白人入植者を襲う動機が説得力をもってえがかれない（インディアンは血に飢えた狼として表象されるだけである）。『最後の一滴』は画面でなにが起きているのかよく見えないほど、もうもうたる砂埃と硝煙をあげる銃撃戦においてジョン・フォードの傑出した西部劇『アパッチ砦』*Fort Apache*（1948）に匹敵するフィルムとなりえているが、右よりのイデオロギーにおいてもグリフィスの『最後の一滴』はフォードの西部劇に大いなる霊感をあたえることになったようである。

＊ 北米インディアンは、白人がさしだした望遠鏡（測量計）の視野の内に、自分の黄金がいわば二度盗まれるのを目撃するはめになるが（一度目は先祖伝来の地から、二度目は彼がそれを隠しておいた木の洞から）、このシーンほど先住民族搾取の構造を端的に示したものもほかにないだろう。北米インディアンは自分の財産権が白人に侵害される現場を白人の視点（白人の測量計）から見なければならないからである（そもそも土地の私的所有という概念は白人入植者たちがもたらしたものであった）。ただしラルフとナターシャによれば（Ralph E. Friar and Natasha A. Friar, *The Only Good Indian.... The Hollywood Gospel* [New York: Drama Book Specialists/Publishers, 1972], pp. 113-14）、本来、北米インディアンが白人のように黄金に執着することはなかった。彼らには、南米先住民とはちがって黄金の使途などなかったし、金採掘は母なる大地を傷つけることにしかならなかったからである。しかしながら白人入植者（彼らが西部の地形を測量していることは象徴的である）と懇意のインディアンが白人の黄金熱に感染することもありえないことではなかったろう。

S①

S②

S③

象の方法を開発することであった。グリフィス以前の映画が力をいれてこなかった主人公の意識の描出こそ、映画史初期のこの天才監督がまず取り組まねばならない課題だったのである。

望遠鏡はいかに意識を生みだしたか

主人公が望遠鏡を覗きこむショット（S①）に、彼が見た光景のショット（S②）がつなげられる視点編集は、今日ではごくありふれた編集法のひとつにすぎないが、主人公の見たもの（主観）を観客がそのまま見る（共有する）ことができるという意味で、観客が主人公の意識を把握するための重要な技法であり、この技法（意識の縫合）なくして観客の感情移入と自己同一化の論理もまたありえない。観客は視点編集を通じて、主人公が得た視覚的情報（外面）が主人公の意識（内面）の変容をうながす動

＊＊（一九四頁）　ヒッチコック監督映画『裏窓』には奇妙な愛の寓話が読みとれる。絶世の美女（グレイス・ケリー）から熱烈な求愛を受けているキャメラマン（ジェイムズ・スチュアート）は、ある日、求婚者の愛から逃れられない自分を発見する。撮影事故で足を骨折して身動きがとれなくなったのである。そこで彼はほとんど無意識的に彼女の求婚を回避するためのある突拍子もない物語装置を発明する。それが彼が「裏窓」の奥に目撃したと思いこむ殺人事件である。退屈しのぎに自分のアパート居室からグリニッジ・ヴィレッジの向かいのアパートメントを覗《のぞ》きこんでいたこの写真家は、ある夜、向かいの中年カップルのあいだに殺人事件がもちあがったと確信する。それは裏をかえせば、独身主義者が熱烈な求婚者に対して「妻殺し」の存在を信じさせたい（つまり結婚が有為の男女の未来に何をもたらすかを教え諭したい）し、恋人にそれを信じこませることによって（つまり信念の共有によって）自分もまたそれを「堅信」したいということである。映画全体のプロットとイメージはこの不確かな殺人の確証のうえに危うい均衡をとることになり、独身男性の無意識の矛先に、はたして本当に生起したのかどうか最後まで定かではない不可解な殺人事件の謎解きゲームが稠密に展開する。この映画の詳細については拙著『ヒッチコック「裏窓」ミステリの映画学』（みすず書房、二〇〇五年）を参照されたい。

因として直接作用する場面に立ち会うことになるからである。[*] 事実、この場面は主人公の意識に大きな変化が認められる特権的な瞬間であり、おそらく映画史上、主人公と観客が同時に主体化する「最初の」場面であろう。なぜならここで望遠鏡ごしの視点編集は、それなくしては映画的物語の展開がのぞめないような、意識とアクションの蝶番として成立しているからである。つまり主人公（「赤い膚の男」）は望遠鏡（測量計）を覗くという行為をとおして、白人たちのもたらした外部世界（異化された先祖伝来の地）へと自己の知覚を拡張する主体と化し（そのことによって彼は悪しき白人の殺害者となるであろうし）、一方、観客はキャメラのレンズによってなる映画という知覚媒体がそれ自身のうちに、その相同物たる望遠鏡を内包する瞬間に立ち会うことによって、映画における視覚のゆるぎない玉座を主人公の意識の生成変化とともに再認識する。そして映画史上重要な意味をもつのは、この視点編集がグリフィスがつい二週間ほどまえに撮ったデビュー作（『ドリーの冒険』）には存在せず、まさにそれゆえに「ドリーの冒険」は「赤い膚の男の冒険」にくらべると、魂をぬかれた人形《ドール》の冒険譚にすぎなかったということである。[**] 「ドリーの冒険」には苦渋にみちた事実の発見のすえに意識の変容（新しい自己の発見）をみるという人間のドラマはない。しかるに望遠鏡といういかにも映画的な小道具によって、[***] 「赤い膚の男」は文字通り（映像通り）眼のまえで（しかし手の尽くしようのない遠方で）友人を殺害され、「子供」を誘拐され、そのうえ自分の財産権を侵害される。わたしたちは彼の身振りをとおして、彼が激しい憤怒にとらわれ、復讐と救出を決意したことを了解する（S③）。この意識の変容（内面の動揺）の劇的表象が『赤い膚の男と子供』以前の映画史には事実上存在しなかったのである。ここにえがかれるのは融和から敵対への稲妻のような劇的変化であり、それは言葉の正しい意味でのメロドラマ的瞬間である（それはまさにグリフィスが「アメリカ映画の父」であると同時に「メロドラマ映画の父」たることを示している）。望遠鏡（キャメラ）の向こうに映画史上「最初の」無意識をえがいたのがヒッチコックであるように、主人公の意識の爆発的変容を望遠鏡ごしに「最初に」活写したのはグリフィスなのである。＊＊＊＊

水上のスペクタクル

さて以上が予備的考察となり、本章の実質的議論はここからはじまる。

『赤い膚の男と子供』のアメリカン・インディアンは白人を殺すが、それは友人（白人）の復讐のためである。彼は血に飢えた狼ではなく、白人の良き友人であることを期待されている。つまり彼が白人一味を殺すのは、白い友人の死を白い犯人の血によって償わせるためであり、けっして失われた民族の誇

＊　「縫合理論」については拙著『映画のメロドラマ的想像力』（フィルムアート社、一九八八年）、五四―六四頁、およびジャン＝ピエール・ウダール、谷昌親訳「縫合」（岩本憲児他編『新映画理論集成　第二巻』フィルムアート社、一九九九年）一四―二九頁を参照されたい。

＊＊　『ドリーの冒険』の映画的冒険ぶりについては、「ドリー効果」を「視覚的な認識と物語的な認識との二つの水準の決定的な分離」として論じる蓮實重彥「単純であることの穏やかな魅力　D・W・グリフィス論」（『LUMIÈRE　季刊リュミエール』一九八六年冬号）、二九―三九頁を参照されたい。

＊＊＊　望遠鏡が映画的だというのは、それがそれを覗きこむ主体にある特権的な視界をあたえると同時に、対象までの手の尽くしようのない絶対的距離を前提とするからである。それゆえ主人公が望遠鏡を覗きこむことと観客が映画を見ることとは近似しており、主人公の視線が観客の視線へとリレーされる視点編集の原理は物語映画の基本スタイルとなる。

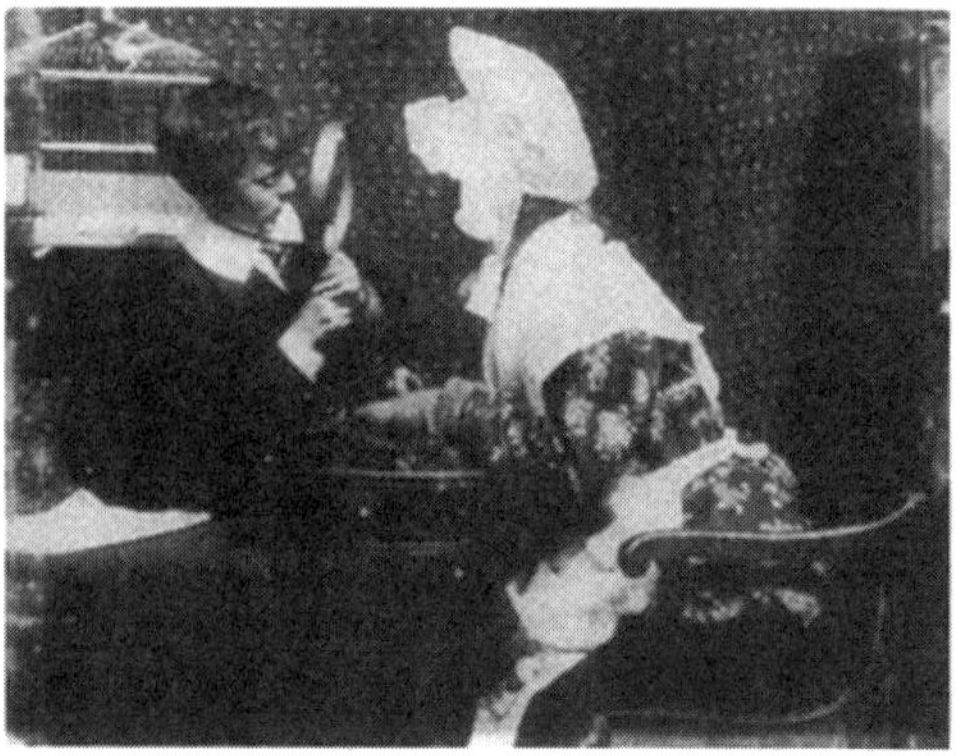

S④
孫がおばあちゃんの顔を拡大鏡で覗くと……

りを贖うためではない。そこではインディアンを食い物にするさもしい白人はたんなる窃盗誘拐犯としてえがかれ、インディアン全体に対する組織的暴虐としての州政府の施策に批判が向けられることはない。つまりインディアンに対する白人の略奪は個別的、偶発的な事件にすぎず、けっして白人の政治的合意にもとづく犯罪としてえがかれることはない。この点においてグリフィスのインディアン史観はいかにも脆《ぜい》弱《じゃく》である。しかし、ここではのちのグリフィス映画において重要な意味をもつことになる水辺の白人殺しに焦点をしぼらなければならない。

そもそもまだ誰もそれとはっきりと指摘した者がいないことじたい驚くべきことであるが、水上のスペクタクルこそグリフィス映画を彩る最大の特質である。それは処女作『ドリーの冒険』(1908)の川面を流れる樽のなかの少女から後年の大作『東への道』(1920)の流氷にのって流される娘の場面まで、見え隠れしながらグリフィス大河を貫流する。本章の主題たるグリフィスの初期アメリカン・インディアン映画に

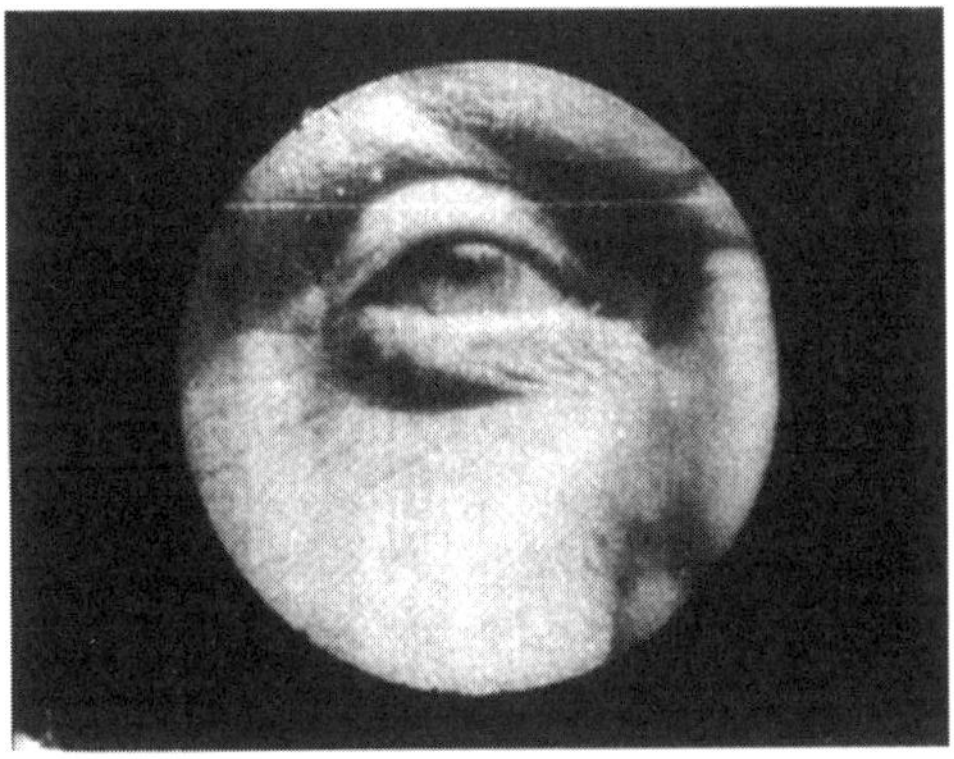

S⑤
おばあちゃんの眼のクロースアップが見える

かぎってみても、『赤い膚の娘』*The Red Girl*『インディアン伝令の恋物語』*The Indian Runner's Romance*、『直されたリュート』*The Mended Lute*、『レザー・ストッキング（革脚絆《きゃはん》）』*Leather Stocking* など、水上のスペクタクルが展開するフィルムは枚挙にいとまがない。じっさい『赤い膚の男と子供』の復讐は水辺で果たされる。グリフィス映画の物語のクライマックスはしばしば水辺にやってくるのである。

さて今日の基準からすれば、よほどのことがないかぎり、あ

＊＊＊＊（一九九頁）G・A・スミスの『おばあちゃんの拡大鏡』*Grandma's Reading Glass*（1900）や『御婦人の足首』*Lady's Ankle*（1901）には映画史上「最初の」ものと思われる合理的視点編集が見られる（S④—S⑤）。しかし、そこで拡大鏡や望遠鏡を覗く男性の行為のうちに、彼のその後の人生に影をおとすような意識とアクションの劇的変容がえがかれるわけではない。人間の意識の大文字のドラマはまだこれらの最初期映画の表象範疇にはなく、それらはただ映画の視覚的技法の魅力と妥当性を探求するにとどまっている。映像言語の一手法としては同じ視点編集でも（同じ黒い縁取りつきでも）、G・A・スミスのそれとD・W・グリフィスのそれとはまったく異質のものである。なお映画史における映像言語の定着ぶりと、その定着の過程とは別の地平で別の実践をともなう映像言語の逸脱ぶりについては、グリフィスとミショーをめぐる次章を参照されたい。

からさまなパン（三脚《トライポッド》上のシネキャメラの左右運動）も移動もみられない初期劇映画のキャメラワークにおいて、「動く被写体」*をシングル・ショットでもっとも長く視界におさめることのできる経済的な構図とは、被写体を対角線上にとらえることである（その典型は前章で論じた世界各地で撮影される『列車の到着』*Arrivée d'un train* である）。グリフィスの初期映画においても、カヌーによる壮絶なチェイスはスクリーンを対角線上に流れる川のうえで展開する。**懸命に逃げる白人たちを執拗に追跡するアメリカン・インディアン（チャールズ・インスリー）の形相はすさまじく、やがて白人一味を追いつめた彼は、転覆したカヌーのかたわらで下半身を激流にひたしながら白人たちを水底に沈めてその息の根をとめ、おもむろに天をあおぎ両手をあげて復讐の成就と「子供」の救出を神に感謝する。水をあげて抵抗する白人たちと、大自然のなかで有無をいわせぬ強靱《きようじん》ぶりを発揮する主人公のみごとな対照は、勧善懲悪と因果応報を旨とするグリフィスの広義のメロドラマ映画が、毅然たる「赤い膚の男」と卑劣なる「白い膚の男」の戦いを、のちのハリウッド西部劇のような貧相な人種的偏見のもとにはえがいてはいないことを示している。そしてそのときの水の波動ほど、初期アメリカ映画がヴィクトリア朝演劇から乖離《かいり》したことを端的に物語るものはない。

＊　本章であつかう二〇本のグリフィスの西部劇（アメリカン・インディアン映画）のうち、『野生の呼び声』*The Call of the Wild*

(1908)において例外的に大がかりなパンと移動撮影が見られる。そしてそれは理にかなった例外である。今日の凡庸な映画ならまず複数のショットに分割されるであろうシーンにおいて、グリフィスは奇妙なパンと移動をおこなう(撮影はアーサー・マーヴィンとG・W・ビッツァー)。それは白人学校によって教育され、すっかり白人社会に溶けこんでいるつもりのアメリカン・インディアン男性(チャールズ・インスリー)が恋する白人女性(フローレンス・ローレンス)に袖にされたあと、彼女の自宅に押しかけるシーンである。まず白い垣根に身をひそめながら玄関口(画面右方向)に接近するインディアン男性を、キャメラは垣根越しに彼と同じように横移動しながら視野におさめてゆく。やがてキャメラが画面右に短いパン(首振り)をすると、それまで垣根の背後に身を隠していた男性は、さながらフレームの外に身を隠したかのように画面から姿を消すことになる。と同時に、玄関からくだんの白人娘が笑顔で飛びだしてきて、むかえにきた白人男性の腕におさまる(やがて二人はかたわらのインディアン男性に気づかぬまま画面左方向へと垣根沿いに歩みさる)。この皮肉な出来事は、さながら偉大なギリシャ映画作家テオ・アンゲロプロスの映画でも見ているかのようにすべてシングル・ショット内にえがかれる。特筆すべきは、この一九〇八年の映画において、キャメラの横移動とパンが主人公の心理に完璧に動機づけられているということである。身を隠さねばならぬ理由のある(自分が横恋慕している娘が他の男の手におさまる現場に居合わせたくない)人物を、キャメラがとっさにパンによってフレームの外に隠すのである(それはまたアルフレッド・ヒッチコックの映画を思わせもするだろう)。

念のために付言しておけば、このシングル・ショットを初期映画の演劇的延長とみなすことはあやまりである。演劇的な約束事にもとづいた人物の配置と知覚と固定ショットなら、同じ異人種間三角関係をあつかった『スー族のコマータ』*Comata, the Sioux*(1909)に見られる(恋をささやきあうカップルのつい眼と鼻の先に横恋慕する男がいるのに、二人の男女は演劇的約束事にしたがって男の存在に気づかない――そこには『野生の呼び声』とはちがって身を隠す場所すらないのに)。この点において『野生の呼び声』はのちの『スー族のコマータ』にくらべて、はるかに映画的である。映画史初期において登場人物の意識にかくも連動したキャメラワークをわたしはほかに知らない。

ところでここで『野生の呼び声』の二人の映画俳優の名に言及したのは、たんに記述の便宜のためだけではない。インディアン男性を演ずるチャールズ・インスリーと彼を袖にする白人女性フローレンス・ローレンスは、ともに映画史初期の「最初の名前をもった」スターだったのである。当時、画面にクレジットされることのなかった俳優たちは文字通り名前をもたなかった。しかしグリフィス映画を見にゆく女性観客の大半はインディアンに扮する半裸のチャールズ・インスリーがお目当てであったし、フローレンス・ローレンスはと言えば、じっぱひとからげの「バイオグラフ・ガール」の無名性のなか、カール・リームル(一九一二年にハリウッド大手映画会社のひとつユニヴァーサル映画を創立するドイツ系移民)によって入念に計算された広告と新聞に掲載された訃報(若き女優の急死)によってはじめてアイデンティティを獲得した女優であった。二人はメアリ・ピックフォードやリリアン・ギッシュといった大スターがグリフィス映画に登場する以前から、グリフィス映画をささえる「名優」だったのである。

人間を包摂する自然

監督第五作のこの『赤い膚の男と子供』においてグリフィスが、第一作の『ドリーの冒険』で提示した水上のスペクタクルを、「荒野の決闘」を旨とする西部劇の意匠のもとに新たにヴァージョン・アップしていることに注目していただきたい。誘拐されたあげく樽につめられ、川を流される少女「ドリーの窮地」を救うのは、あくまでも偶然の連鎖にすぎなかった。しかるに、同じように悪漢に誘拐されたあげく川をくだることになる「子供」を救出するものは、「赤い膚の男（インディアン）」の強固な意志と強靭な身体である。そこに必然はあっても、いかなる偶然のたちいる隙もない。望遠鏡を介して復讐と救出を決意した「赤い膚の男」はいわば必然の権化と化し、山間の急流で正義の鉄槌を悪漢たちにふりおろす。このとき復讐という人間的営為を正当化しうるものはただ神々の棲まう大自然だけであろうが、友人を殺された主人公の怒りは、彼の意志がすなわち自然の意志ででもあるかのように激流と一体化する。半裸のアメリカン・インディアンが死にものぐるいで抵抗する白人を川底にねじふせるさまは、水面よりわずかに高い位置におかれたキャメラによって観客に冷徹に報告され、編集による作意と間断なしに提示されるがゆえに有無をいわせぬ大自然の摂理へと昇華される。あたかも悪漢は人間の手によって水底に沈められるのではなく、自然の摂理を無視した白人の傲慢と不注意ゆえに急流に呑みこまれていくかのようである。そして思うにまかせぬ水中の戦いが監督の演出と俳優の演技を凌駕し、それじたい奔放《ほんぽう》なる自然の波動として突出するとき、グリフィスの宇宙が深化する。

そもそもメロドラマは、どこまでいっても世界を善と悪の二色に色分けできるという素朴な二元論にもとづいている。善悪の二元論的戦いを宇宙論的規模でえがくことを旨とするこのジャンルが、自然が人間（非自然化する動物）を包摂するグリフィスの水上のスペクタクルにおいてクライマックスに達す

＊＊（二〇二頁） 原理上、自由に空間と人物の位置関係を決定できることになっているスタジオ（セット）撮影とちがい、野外撮影ではしかるべきロケハン（location scounting）ののち、選ばれた風景の要請する構図のなかにいかに人物を配するかということが課題となる。逆にいえば映画史初期には、野外撮影であっても、舞台撮影そのままに見えない頭頂線上に一列に人物を並べ、それをスタジオでのセットアップを踏襲した眼の高さのキャメラで撮影するという凡庸な映画も数多く存在した。グリフィスの西部劇のトポグラフィにおいて特筆すべきことは、西部劇というジャンルが必然的に要請する野外撮影がグリフィスに自然の景観をどのように切りとるべきかについて深い省察をうながしたという事実である。グリフィスが比較的自由に野外撮影をこなせるようになった時期（それは「水上のスペクタクル」を完成させた時期とほぼ重なるが）、「導入のトポス」とでも呼ぶべき独自の構図が彼の一連のインディアン映画に認められるようになる。そこでは山の稜線に沿って複数のインディアンを配し、前景と後景のインディアンのあいだにごく自然なパースペクティヴがあたえられる。そのもっとも美しい例は『自然林笛の歌』*The Song of the Wildwood Flute*（1910）の冒頭部であろう。インディアンたちはさながら新印象派（点描主義）画家ジョルジュ・スーラの油彩画『グランド・ジャッド島の日曜日の午後』（一八八六年）の群像のように、静かに山の稜線にたたずんでいる。活人画のようなその静態的ポーズは、白人文明の侵食によって生気を失ったインディアン・コミュニティの現状を暗示しているようにも見える。グリフィスの一連のインディアン映画に共通するこの導入のトポスには、このジャンルの「売り」であったインディアンの生活風俗の「正確な」再現を狙う意図もあっただろうが、グリフィスがこれらの映画を撮っていた時期には、すでにそうした「見世物としての映画」よりもむしろ「物語としての映画」が人気を博する時代になっていた。したがってそれはのちの専門用語でいうところのイスタブリッシング・ショット（状況設定）の機能をもつものと考えるべきであろう。こうしたくたびれたインディアン・コミュニティをとらえた導入部は、一九〇九年から一〇年にかけて撮られたグリフィスの一連の西部劇『直されたリュート』、『スー族のコマータ』、『赤い膚の人の見解』、『西部の丘の恋物語』*A Romance of the Western Hills*、『壊れた人形』*The Broken Doll* などに見られる。なお後年の『一時休戦』*A Temporary Truce*（1912）になると、グリフィスは直接プロットともアトラクションとも無縁のインディアンをさり気なく画面の片隅に立たせることさえやってのける。それは物語の遊び、いわばアイドリングであり、画面内要素をプロットへと構造化するだけで手いっぱいだった初期の物語エンジンに不安がなくなったことを示唆するものであろう。

るのはごく当然のことであったと言ってよいだろう。

舞台演劇と初期映画はどうちがうのか

さて上述の『赤い膚の男と子供』の撮影がおこなわれたのが一九〇八年六月三〇日と七月三日の二日間。次にグリフィスが西部劇に水上のスペクタクルをもりこむのは、それから一か月後の『赤い膚の娘』においてである（詳細は不明だが、この映画は八月一日から一二日のあいだの数日間に撮影されたはずである——二シーズンにわたる初期の「水上のスペクタクル」の撮影はじっさい六月下旬から八月の夏期に集中している）。「赤い膚の娘」が活躍するこの西部喜劇が興味ぶかいのは、この映画の屋内外での撮影コンセプトが二年半後の（後述する）オール・ロケーション撮影によるすぐれた西部劇（『彼は腰抜けだったか』*Was He a Coward?*）とあざやかな対照をみせている点である。

グリフィス監督第一九作目の『赤い膚の娘』（1908）は、屋内においても野外においても、いまだ奥行きを欠落させたフィルムである。とりわけ演劇の舞台の書き割りそのままのヒロインの部屋の窓とそれを正面から漫然ととらえただけのキャメラがその印象を強くする。グリフィスはこの奥行きの欠落を遅くとも一年後にはある程度克服することになるが、* 本作ではまだ額縁のような窓から賊が忍びこむのを比較的遠方からとらえる文字通り平板なアクションが奥行きの欠落感を決定づけている。映画の空間がいまだ演劇の臍の緒を引きずっているのである。

人種的多様性にとんだこの西部劇では、不実な白人男に対する「赤い膚の娘」（インディアン娘）の熱愛と、そこにメキシカンの女強盗がくわわって思うにまかせぬ異人種間三角関係が生起し、[**]さらにまた盗まれた黄金を追って白人女もくわわるという、四つ巴《どもえ》のほとんどカーニヴァル的笑劇世界がわずか一五分強ほどの上映時間のうちに成立する。

本作の水上のスペクタクルは、一か月まえに撮られた『赤い膚の男と子供』のそれをさらにヴァージョン・アップさせたものである。つまり『赤い膚の娘』は切れ目を感じさせない、より洗練された編集で空間的連続性を獲得したカヌーの追跡と転覆、腰水位での決闘という一連の水上のアクションを提示する。そのうえで本作が『赤い膚の男と子供』につけくわえるものは、銀色に光り輝く川面とその背後に黒くそびえ立つ山並みのコントラストであり、その結果、『赤い膚の娘』は一か月まえの『赤い膚の男と子供』には見られなかった映像の肌理と西部の叙情性を獲得する。しかしここで重要なことは、前述した奥行きと空間的延長の欠落感であり、そのことが事後的にみれば（本章が採用する映画史的遠近法においては）水上のスペクタクルにおいても克服すべき対象となっているということである。

* 奥行きの欠落を水平方向に代補した代表作が『寂しき別荘』*The Lonely Villa*（1909）である。このフィルムに典型的に見られるのは、閉鎖空間の開放運動を水平上に連鎖することでサスペンスを構成する手法である（押しこみ強盗が扉を次々と突き破っては、奥へ奥へと逃げこむ婦女子にせまる模様が、映画のフレームと一致した複数の室内空間を水平方向に編集することでえがかれる）。この手法によって、左右空間はあたかも水平方向に拡張しているかのように見え、それによって奥行きの欠落感は稀釈される。

主人公をいかに空間座標に標定するか

『赤い膚の娘』における空間処理の問題は、アメリカン・インディアン娘の水上脱出シーンに見られる。川面に突きだすように倒れた巨木に（三角関係を構成するのこり二人の男女に）縛りあげられた「赤い膚の娘」（フローレンス・ローレンス）は、それじたい西部の崇高美を謳いあげるような美しい風景のなかで縄抜け術を披露する。しかし奇妙なことに、彼女が巨木から身をはがすその瞬間が画面にとらえられない。巨木は川面に突きでるように倒れており、そこで縄抜けすれば、彼女は当然、川のうえに落下することになるはずなのだが、キャメラはフレームから姿を消してゆく彼女を追ってティルト・ダウンするわけでもなければ、着水する彼女をとらえたショットを別に用意するわけでもない。キャメラは誰もいなくなった川面のうえの巨木をただじっと視野におさめつづけるだけである。この巨木からの脱出シーンは、奇妙なことに微動だにしないキャメラと無編集とによって、「赤い膚の娘」を風景から切り離しているかのように見える。彼女は落下にさいして、しかるべきポジション（落下点）を映画のなかに見いだしていない。彼女はただ画面から消えさるだけである。たしかにファインダーやマウントなどの技術的限界によって初期映画においてはシネキャメラのティルト（上下運動）やパン（左右運動）が正確になされることは稀である。

しかし、これでは主人公の人生をモーションの連鎖をとおして表象する映画的物語とはいいがたく、人間と人間がそこに位置づけられるべき自然はそれぞれ別個の宇宙を構成しており、両者はいまだしかるべき包摂関係を形成していない。ここで人間が周囲の環境から文字通り（映像通り）切り離されているということ（あるいは主人公が映画空間座標内に正しく標定されていないということ）は、本作の冒頭で女強盗が書き割りのような窓から侵入するという事実とおそらく無縁ではあるまい。「ひとが窓から侵入する」、「ひとが川のうえに落下する」、こうした基本的アクションを一九〇八年夏のグリフィス映画はいまだ説得力をもって空間化しえなかったのである（つまり画面の奥行きと高低をめぐって物語映画の空間次元の秩序化が未熟なのである）。グリフィスは一方で急流を滑りぬけるカヌーの爽快な水平モーションを粘り強い編集の積み重ねで文字通り水際だったクライマックスにしたてあげながら、他方では部屋の外から内へ、あるいは川面の上から下へと移動する人間の基本的所作をしかるべき空間的延長（深浅と高低）のなかに立体的に表象する作業を二次的な課題としてのちの映画にゆずっていたようである。*

空間をいかに延長するか

とはいえ、空間的延長の欠落を克服しようとする最初の、見方によってはナイーヴな試みはすでに『赤

** （二〇七頁） グリフィスの初期西部劇の多くは異人種間三角関係を主軸としている。『赤い膚の娘』（1908）、『野生の呼び声』（1908）、『スー族のコマータ』（1909）、『西部の丘の恋物語』（1910）、『酋長の娘』*The Chief's Daughter*（1911）などがそうである。じっさい一九〇八年から一九一一年前半までのグリフィスの「インディアン映画」は、人種間の軋轢《あつれき》という社会問題を恋愛映画に転用したメロドラマあるいはコメディである。

* ただし、このペイパー・プリント版がグリフィスの意図を正確に反映していない（つまりペイパー・プリント版作成時にありうべきショットが抜け落ちた）可能性も完全には否定できない。しかし、その可能性はきわめて小さいだろうというのが、わたしと初期映画研究者トム・ガニング（シカゴ大学教授）の判断である（第二回京都映画祭での議論による）。

い膚の娘』とほぼ同時期に認められる。それが監督第一七作目の『娘と無法者』*The Girl and the Outlaw* である。これは『赤い膚の娘』の製作に数日先行しながら、おそらく同一ジャンルかつ同一男女俳優出演であるという理由から、ほとんど同時並行的に撮影されたものと思われる（一九〇八年七月三一日、八月二日、四日の撮影）。『娘と無法者』というタイトルは、これが誘拐された白人女性（フローレンス・ローレンス）と無法者のインディアン男性（チャールズ・インスリー）とのあいだのかなわぬ恋をえがくフィルムであることを暗示するが*、このメロドラマ西部劇が映画史的に興味ぶかい点は、奥行きの欠落をむしろ西部劇のジャンルの指標へと積極的に転化し、映画がこの時期いまだ引きずっていた演劇的な臍の緒を力まかせに断ち切ろうとしている点にある。

　ここで言う西部劇のジャンルの指標とは急峻な岩壁のことである。前述の書き割りを思わせる『赤い膚の娘』の後景（窓と壁）は観客の視線を無骨に遮《さえぎ》りながら、そこで室内が閉じられていることを不器用に示しているだけであった。同じように、画面全体を覆う『娘と無法者』の後景（白い岩肌）も、その背後に（ことによったらジョン・フォード西部劇映画のモニュメント・ヴァレーのように）拡がっていてもよかったはずの広大な西部の風景を閉ざす格好になっている。観客の視線は現実的な感触をもとめて画面の奥をさまよいだすのだが、後景のこの岩壁はその視線にさらなる行き場などないと告げているかのように思われる。たしかに、その岩肌は一見したところ映画のありうべき三次元空間を二次元的な舞台空間に還元しているかに見える。それはいかにも初期物語映画にありがちな奥行きの欠落に見える。しかし、そのなめらかな岩肌を仔細に眺めてみれば、それが『赤い膚の娘』の書き割りのような室内の壁（と額縁のような窓枠）とはちがって、より積極的に物語の生成に貢献していることがわかる。なぜなら、その巨大な岩壁は第一に西部劇というジャンルの文字通り巨大な指標であり（かつまたトポスであり）、第二にそれは白人女性（誘拐された「娘」）とインディアン男性（「無法者」）という不可能なカップルの背後に屹立《きつりつ》することで二人の暗澹《あんたん》たる未来を予言するからであり、そして第三に（これがもっとも重要なことであるが）、その岩壁をつたって無法者仲間が画面上方から降りてくるという突拍子もない演出が用意されているからである。後景に屹立する岩壁は画面の奥行きの感触（三次元的リアリティ）を楽しみたいと願う映画の観客の視線を無情にも遮《さえぎ》るが、まさにその視線の遮断において、岩壁は垂直方向への想像的空間延長を可能にし、フレームの外の「現実」を保証する。岩壁のわずかな裂け目を足がかりに降りてきた無法者どもの軌跡をたどり直すかのように、なめらかな岩壁の肌理は、奥行方向に遮られた観客の視線を上方へと導き、想像のうちにフレームの外へと連れだす。「赤い膚の娘」が川面《かわも》に落下（フレーム・アウト）するとき、キャメラがティルト・ダウンすることがなかったように（『赤い膚の娘』）、ここ（『娘と無法者』）でも岩壁の上方にキャメラがティルト・アップすることはない。舞台正

＊　一九五〇年代の「修正主義西部劇」（『折れた矢』*Broken Arrow* デルマー・デイヴィス、1950 など）はアメリカン・インディアンの苦境に共感を示したといわれるが、白人男性とインディアン女性の恋愛をえがくことはできても、グリフィスのようにその逆のカップルをえがくことはできなかった。グリフィスの短篇映画以降、西部劇は基本、イデオロギー的におよそ後退の一途をたどっている。

面にすえられたかのようなキャメラは、クリフハンガー（崖にぶら下がる者）どもが突如画面上端から降下してくる（フレーム・インする）のをじっと見まもるだけである。観客は彼らがつたい降りてきた上方の岩肌を想像するしかない。それは『赤い膚の娘』の巨木の下の見えない川面についても同じことである。しかし登場人物がその爪先からフレーム・インするのを固定キャメラが凝視することと、主人公がフレーム・アウトするのをそのまま見送ることとは、およそ意味が異なる。前者はフレーム内に徐々に姿をあらわす人物を現在進行形でとらえ（その姿がフル・ショットにおさまったあかつきには何事をおこなうのかと待ちかまえ）るショットだが、後者はフレームの外へと消えていった主人公がこれから川面への着水という危難に直面するにもかかわらず、プロットのその新しい局面にはなんの頓着もはらわれないという点で、物語映画としてははなはだ不作法なショットである。主人公の行動と事件の顚末を提示することで、その人生と感情を要約する劇映画において、右の二種類のショットのうち、いずれが物語の展開により効果的に（より映画的に）貢献するものであるかは明らかであろう。

生々しい現実へ

ところでグリフィスが監督デビューを飾るまえに何本かの映画に俳優として登場していたことは周知のとおりだが、そのなかの一本に『ケンタッキー人』*The Kentuckian*（ウォレス・マッカチオン）という、いまの『娘と無法者』と同様の主題（異人種間のかなわぬ恋）をあつかったメロドラマ西部劇があることは存外知られていない。みずからが「ケンタッキー人」にほかならないグリフィスが同名の映画に出演したのは一九〇八年の六月九日と一一日の両日であるから、グリフィスが処女作『ドリーの冒険』を演出するわずか一週間前のことになる。マッカチオン演出のこの西部劇と一か月後のグリフィスの『娘と無法者』とを比較すると、グリフィスの前衛ぶりがよくわかる。というのも、すでに長い経歴を誇る映画監督マッカチオンの『ケンタッキー人』では映画史初期に支配的なフル・ショット（人物の全身をおさめたショット）が多用されるのに対して、グリフィスの『娘と無法者』では人でも馬でもしばしばその半身しか画面にとらえられないからである。キャメラマン出身のマッカチオンのフィルムが被写体の所与の全体を画面におさめることであくまでも演劇的に自己充足するのに対して、俳優出身のグリフィスは被写体の半身がまだフレームの外にのこったまま稼働状態にある時間を好んでとらえ、映画がいよいよ演劇的な視野から解放されようとしていることがわかる（観客の視界の外にある半身がいま運動下になることは、視界の内に見えているもう半身によって示唆される）。

グリフィスの映画では、フレームの外部にとどまるのこりの半身が稼働している「現実」世界の外部が暗示され、そのことでいやおうなく空間的延長が実感される。それが今日の眼からすればナイーヴな印象をあたえるかどうかはともかく、固定キャメラ（演劇的フレーム）という当時の技術的、慣習的限界のなかで果敢にも空間延長の実験にあたったグリフィスの前衛ぶりをこそ讃えるべきである。そこをつたって無法者どもが爪先からフレーム・インしてくる白い岩肌（『娘と無法者』）は、一見、主人公の背後でただ観客の視線を遮っているだけに見えるかもしれないが、実は物語映画のなかで重層的な役割をはたしていたのである。それはもはや書き割りの壁ではない、新しい三次元的な壁、生々しい「現実」

としか言いようのないものへと確かな一歩を踏みだした映画的壁なのである。*

ハリウッド映画の創生

さて、それではグリフィスはこの「映画的な壁」を、のちの西部劇においてどのように変奏し展開させることになるのだろうか。

グリフィスにおいて空間的延長の表象が真に映画的な水準に達するのは、このジャンルでは少なくとも二年半後の『彼は腰抜けだったか』（一九一一年一月二三日、二七日撮影）を待たなければならない。そこで西部の空間は、のちにジョン・フォード映画に代表されるような今日的拡がりと荘厳さをたたえ、そこに生きる主人公の感情と意見に的確な注釈と真実味をあたえる。そして環境の試練が主人公の成長をうながし、主人公の智恵と勇気が共同体の危機を救うという意味で、今日のハリウッド映画の定型はすべて『彼は腰抜けだったか』にはじまったといっても過言ではなかろう。映画が三次元的空間の内に主人公の精神と行動を正確に跡づけることができるようになったのである。グリフィスを論じた文献で、このフィルムにしかるべき注意をはらったものをわたしは知らないが、以下に述べるような理由から、本作が物語映画としての完成度において、さらに二年後の『エルダーブッシュ峡谷の戦い』（1913）を予見させることは疑いをいれない。

『彼は腰抜けだったか』は冒頭の字幕によれば、**神経症をわずらった東部の若き小説家が転地療養のために西部を訪れる話である。映画は小説家をのせた「列車の到着」にはじまり、慣れない牧童生活にとまどいながら、天然痘の流行にさいして採った勇気ある行動が彼を牧場の英雄とするところでめでたく幕を閉じる。これまでのグリフィスの短篇西部劇とはちがい、スタジオでセットを組んだ場面はひとつもなく、じっさいの牧場だけをつかったロケーション撮影は細部と全体においてたしかな説得力をもち、西部劇映画にふさわしい空間的パースペクティヴを獲得している。

精神面におけるケンタウロス的合体

前述した「映画的な壁」が洗練されたかたちでこの映画に再登場するのは、「腰抜け」呼ばわりされた主人公がうなだれているとき、かたわらの窓から突如馬が顔をつきだし、その唐突な運動性と自発性に主人公が思わず元気づけられる場面である。これは今日の映画を見慣れた観客の眼にはあるいは凡庸な

＊　映画史上、本格的西部劇第一号と見なされている『大列車強盗』*The Great Train Robbery*（エドウィン・S・ポーター、1903）には、演劇的壁と映画的壁の中間地帯が認められる。金を山分けしている強盗団の背後に自警団が忍びよる場面に、山腹が利用されているのである。今日の凡庸な映画ならば、背後の山の斜面から忍びよる自警団（A）と迂闊にもそれに気づかない強盗団（B）とを描写するさい、AB二種類のショットのカットバックとなるところであろうが、カットバックが浸透していない当時、両者を「同時進行」によってとらえようとすれば、いきおい画面全体を覆うようにそびえる山の斜面とその前景の平地とを利用せざるをえず、たしかに前景と後景は山の裾野によって区分されているが、それによってこの場面の空間に奥行きが生じたという印象はなく、『大列車強盗』はいまだ平板なパースペクティヴに甘んじている。この映画の詳細については前章、一五七―一六五頁を参照されたい。

＊＊　シカゴ大学教授の初期映画研究者トム・ガニングとアイリーン・バウザーが、映画公開当時の業界報紙「バイオグラフ・ブリトゥンズ」をもとに新たにフィルムにつけくわえたもの。

演出に思えるかもしれないが、その後何千本というフィルムのなかでくりかえされることになるこの種の演出がいまだみずみずしく力強い効果を発揮しているのをグリフィスにおいて認めることは意味のあることである。

重要なことは、二年半まえの『赤い膚の娘』ではまだ書き割りのような窓枠に女強盗の影を忍びよらせることで遁走劇をはじめていたグリフィスが、ここではじめて空間的な深度と物語の有機的関係について深い省察を得ているという事実である。つまり、一九〇八年の映画においては開口部は機能的にまだ演劇の舞台の袖となんら変わるところがなく、主要人物の登場口のひとつにすぎなかった。しかるに一九一一年の本作において事情は一変する。そこでは開口部は主人公の意識に思いがけぬ変化をもたらす精神的起爆剤として機能する。『赤い膚の娘』の書き割りのような窓に賊の影が忍びよるとき、わたしたちはそれを主人公よりも先に認める（それゆえこれから主人公の身にふりかかるはずの運命の逆転に、わたしたちはそれほど思いいれすることができない）。しかるに『彼は腰抜けだったか』でわたしたちは主人公とともに馬の闖入に驚き、そのいきいきとした表情に主人公とともに感動する。馬は馬小屋の薄暗い開口部からふいに顔をつきだし、その意表をつく登場ぶりが主人公（と彼に感情移入してやまないわたしたち）を意気消沈から救いあげる（神経症をわずらった小説家がはるばるこの荒野にやってきたのはそのためではなかったか）。さらに肝腎なことは、かつて『娘と無法者』の人馬は画面にそれぞれの半身をさらしながら、それぞれかつてに自己の現前を主張していただけだったのに対して、本作では人馬各半身は精神面においてみごとにケンタウロス的合体をはたしているということである。西部の地で人と馬は、野生の馴致と喪失のプロセスにおいて相互補完し、その関係性の宇宙において両者は首尾一貫した西部の物語の構成要素となる（その意味では『娘と無法者』の人馬は、物語に還元されないいびつな存在として突出するのだが、その魅力は本章の論点とはまた別の話である）。そして前述したように、主人公の意識を活性化させるこの西部の指標（馬）が、開口部をとおして、その半身しか画面に姿を見せないという事実が、グリフィスの映画的空間の完成を物語る。のこりの下半身を画面の下に隠すことで（西部の代名詞の存在感をあえて暗示的にとどめることで）、グリフィスは三次元的リアリティの表象という初期映画が達成せねばならなかった課題をみごとに達成するのである。

空間的パースペクティヴの完成

さて当然ながら、この『彼は腰抜けだったか』のもっとも感動的な瞬間は馬の走行シーンにある（西部のモーション・ピクチュアの枢要は馬のモーションにある）。そしてそれもまた思いがけずやってくる。いま一度くりかえせば、いまだ野性をうしなわない西部の馬の意表をつく（ほとんど自然発生的な）登場ぶりと画面全体をみたすその躍動感こそが、「腰抜け」呼ばわりされる小説家に精神的変容をもたらす原動力である。その問題の馬の走行は、主人公がはじめて牧場のゲートを通過する瞬間に起こる。それはこれから一連の試練ののちに、東部の脆弱な作家が西部の頑健な牧童へと変身する物語（通過儀礼）をはじめるのにふさわしい象徴的な出だしであろう。

主人公をのせた馬車が画面手前のゲートをめざしてやってくると、背後の広大な牧場を突如、何十頭もの馬がたてがみを靡《なび》かせながら走りぬけ、その雄々しい姿に主人公もわたしたちも度肝をぬかれる（主人公は〔このサイレント映画において〕地響きに驚いたかのように車上から振りかえり、ここが名にし負う西部であることに心底感動した面もちである）。要するに後景空間が登場人物の内面に注釈をあたえると同時に、その後景の運動が画面と精神の双方に弾《はず》みをあたえる。無際限に拡がる西部の空間が、そのまえに立つ主人公の気もちを代弁動機づけながら、背景の被写体の運動が前景の主人公の感動の源泉となる。そしてこのとき重要なことは、映画の空間が思いがけない運動の粒子にみたされ、わたしたち観客はその粒子と粒子の衝突の宇宙にあらがいがたく吸いこまれるということである。かつては閉じられた舞台のうえで行儀良く振付けられていた演劇的運動が、ここではじめて制御しがたい、やみくもな運動として突出する。このときはじめてハリウッドの物語映画が完成したといえよう。なぜなら映画の空間は、そのときそれじたい自律した空間となっているからである。そこにはもはや『赤い膚の娘』の演劇的な壁も、『娘と無法者』の映画的な壁も存在しない。あるのは真に映画的な感興にみちたパースペクティヴとそれを保証する自在なモーションである。ときに一九一一年一月二三日のことである。

映画の空間的パースペクティヴが主人公の意識の表象に大きく関与すること、物語の円滑な進行にとって主人公の意識の経済的描写がなによりも肝要であるということ、そしてそれによってはじめて映画的リアリティが獲得されるということ、これらを映画的に証明したのが、このときの映画監督D・W・グリフィスの重要な仕事なのである。

遠景と近景の合理的配置

議論をさきに進めるまえに、触れておかねばならないフィルムがある。『彼は腰抜けだったか』における空間的パースペクティヴの完成を、その四か月まえに正確に予言していた西部劇『壊れた人形』(一九一〇年九月二日、七日撮影)である。白人文明の侵食によって崩壊しつつある先住民族共同体と白人共同体との不可能な交流をえがいたこのメロドラマ西部劇でも、前景と後景の空間関係が主人公の精神の表象とプロットの進行において重要な働きをしている。『壊れた人形』は、酩酊している(酔っぱらっている)という理由だけでインディアンを殺害した白人(ジョン・フォードの『荒野の決闘』もその延長線上に利用されている)と、その復讐に白人入植者の家に火を放つ先住民との抗争に、両者を仲介したいと願うインディアン少女が翻弄される物語である。問題の場面では、急をしらせに駆けつけた少女が流れ弾にあたって画面手前に倒れ、その背後で豆粒大のインディアンと白人たちの銃撃戦が超ロング・ショットで展開する。やがて先住民の敗退というかたちでこの武力衝突に決着がつき、後景の混乱がおさまると、前傾のインディアン少女が力なく立ちあがって(さながら「壊れた人形」でもあるかのように)虚ろな表情でフレーム・アウトする。長廻しシングル・ショットにおさめられたこの場面のアイロニーは、仲違いを回避させようとしながら、結局、後景で勃発する先住民と入植者との衝突をふせぎきれなかった少女が無力感に押しつぶされるさまが、前景の身じろぎもしない彼女の小さな肢体をとおして表現されるところにある。前景の少女の不動の身体の現前と後景の殺戮のブラウン運動との鮮烈な対照が、このロング・ショットを長く観客の記憶にとどめるものにする。

新しい映画の構文へ

しかしながら、ひとつのショットに後景と前景を合理的に配するグリフィスのこの経済的構図は、上映時間一五分ほどの短篇の時代が終焉し、より長尺のフィルムがもとめられる一九一二年初頭以降、さらに新しい映画的な構文（大俯瞰／遠景／近景の三位一体的編集）へと発展的に解消されることになる。その兆候は『壊れた人形』直後に撮られた短篇『自然林笛の歌』（一九一〇年一〇月一日、一七日撮影）にも見られる。『壊れた人形』に見られた山頂（そこは白人たちによって移住を強いられた先住民がたどりつく最後の場所――トクヴィルはそこを「墓場」と呼んだが）の野外撮影が、『自然林笛の歌』では眼下に輝く湖をおさめた山上の前景ショットへと変化する。*山上から眼下のめくるめくスペクタクルを見おろしたいというキャメラのこの当然の欲望が、やがて山頂から山麓の騒擾を見おろす大俯瞰ショットへと定着することはごく当然のなりゆきであっただろう。

このジャンルで「最初に」大俯瞰／遠景／近景の三種類の異なるショット・スケールがダイナミックな空間の律動のもとに統合＝編集されるのは『イオラの約束』*Iola's Promise* においてである（一九一二年一月一二日以降の撮影と思われる）。大人気女優メアリ・ピックフォード扮する純朴なインディアン娘が厚顔無恥な白人男性に蹂躙されるこのメロドラマ西部劇のクライマックスは、次の三種類のショットから構成される。

①山上からのパノラマ・ショット（白人の幌馬車を包囲攻撃するインディアン）

②ロング・ショット（インディアンに包囲された幌馬車の全容）
③ミディアム・クロースアップ・ショット（包囲された幌馬車内の白人たちの恐怖の表情）

カリフォルニアのトパンゴ渓谷にロケされたというこのフィルムは、[**]地の利を生かした①大俯瞰②遠景③近景の三種類のショットの編集によって、事態のより正確な記述と表現の幅を獲得し、映画観客は空間の尺度と視点の多様性の宇宙のなかでより特権的な見者と化す。[***]

グリフィス映画のこの新しい空間的構文は、その後『一時休戦』（一九一二年四月）に流用されたあと、従来の二倍ほどの上映時間（約三〇分）をもち、それとともに単位時間あたりの平均ショット数も増大する『虐殺』*The Massacre*（一九一二年一二月以降）において完成し、さらに有名な『エルダーブッシュ

＊　G・W・ビッツァーの記憶（自筆メモ）によれば、彼とグリフィスが山上から大俯瞰を試みた「最初の」作品は、最初のカリフォルニア遠征の成果たるメアリ・ピックフォード主演の『ラモナ』*Ramona*（一九一〇年三月三〇日〜四月二日撮影）ということになっている。G. W. "Billy" Bitzer Collection, in *D. W. Griffith Papers 1897-1954* [microfilm] (New York: The Museum of Modern Art, 1982), reel 35, p. 1402. たしかに眼下にもうもうたる白煙をあげる『ラモナ』の光景は白眉だが、私見では大俯瞰のより早い作例が『ラモナ』の一か月半ほどまえに撮られた『忠実漢』*Faithful* に見える。

＊＊　G・W・ビッツァーの自筆メモより（G. W. "Billy" Bitzer Collection, reel 35, p. 1408）。

＊＊＊　『イオラの約束』からさらに一年後にグリフィスが演出した『アッシリアの遠征』*Judith of Bethulia*（1913）において、包囲された者、守備につく者、攻撃をしかける者、蛮勇をふるう者、怯える者など、さまざまな立場の人間たちがさまざまな視点から「同時に」えがきだされ、観客が異なるポジションを統覚する遍在者として生産されることについては、第Ⅲ章、一〇四―一〇七頁で詳述したとおりである。

峡谷の戦い』（一九一三年）において鋳型にはめたように反復される。

これらの西部劇では、かつて初期映画に多く見られた、人間の眼の高さから舞台正面をとらえたかのような凡庸なショットはほぼ完全に姿を消し、かわりにカリフォルニアの広大な平原を一望する山上からの大パノラマが米粒大の人間の狂奔を観察する。大俯瞰撮影というこの新しい視点の採用は、それじたいジャンルの指標である急峻な峡谷や広大な平原をそのまま眼下におさめることによって、西部劇に新しいトポスを導入することになる。それは『娘と無法者』（1908）のような初期西部劇がけっしてもちえなかったものである。さらに、これら比較的長尺の映画では長短のテイクと遠近ショットの絶妙な組み合わせによって空間（全体と細部）が時間（テンポ）化される。それは時間が経過した場合ですら、同じ場面なら同じセットアップで撮影していたグリフィスの初期の短篇早撮り体制からは大きな変化である（かつて製作の経済性のために、時間経過を想定した場合でも同一のセットは同一のポジションとアングルから撮影されていた）。グリフィスとそのキャメラマン、ビリー・ビッツァーはさまざまな場所と距離から空間と対象を切りとり、それらの断片を体系的に配列することによって、そこに緊迫した生の時間の流れを導入することに成功したのである。

結語

これまでの議論をまとめて、グリフィス映画のトポグラフィをひとことで要約すれば、演劇的フレームからの映画の解放ということになる。舞台を正面からとらえたかのようなそれまでの長廻し固定キャメラの平板なショットは、まず空間的延長を賦与され（一九〇八年）、三次元的リアリティを獲得する。さらにシングル・ショットのなかに前景と後景、見えるものと見えないものとを効果的に配分することによってそれは空間的パースペクティヴをあたえられ、同時に主人公の内面（精神）活動に外的根拠が賦与される（一九一一年）。こうして平板な書き割り的空間から解放されたグリフィスのショットは、次に、空間を限定するものとしてのフレームという概念からも解放される。いまだ移動撮影が稀なこの時期、ひとつのショットは、空間にひとつの限定的な枠組みと視点をあたえるものとして機能していたが、グリフィスはそれを根底から改変する。多様なスケールのショットの組み合わせによって、同一の対象と環境を異なる視点から複合的に描出できるようになったのである。この新しい編集スタイルの発見（一九一二年）によって映画は、一点透視図法のもとに対象をひとつの特定点に位置づけるだけでなく、対象と空間の多様な関係を構造化し、より正確な対象記述が可能になった。そしてそのことによって映画ははじめて古典的演劇の三一致の法則から訣別することになる。グリフィスがこれらの知見を映画的実践をとおして獲得するまでに、監督デビューから五年を要していないという事実は驚くべきことであろう。これらの知見の結果、のちにその名を世界に知らしめる後期グリフィスの長篇傑作の数々（一九一五年以降）が可能になる。それらは、複数の対象をひとつらなりの時間のなかに、その緊迫した連続性においてとらえるばかりでなく、複数の時間（歴史）の複数の対象をその多様な息づかいのままにえがけるようになる。有名な『國民の創生』（1915）、『イントレランス』（1916）、『東への道』（1920）、『嵐の孤児』（1921）といった大作が可能になるのは、初期グリフィスのたゆまぬ映画的実践の結果にほかならない。映画とは、さまざまな場所のさまざまな立場の人間に倫理的多様性をあたえる媒体であり、その視点の遍在性と全知の多様的視野こそ、ひとびとを魅了してやまない映画の一大特性なのである。グリフィス映画のトポグラフィは、そうしたことを教えてくれる。

第Ⅵ章　アメリカ映画史の二重化　オスカー・ミショーと黒人劇場専用映画

このメリー・ゴー・ラウンドには黒人専用席はどこにあるの？
——ラングストン・ヒューズ*

冗談のような国アメリカ。亡命者や年季奉公人あがりや宗教上の異端者や混血児や私生児やお尋ね者の国アメリカ。……情けないことにそんな国しかぼくに故郷と呼べる場所がない。

——チャールズ・ジョンスン**

不可視の映画

映画は、ムンバイ製であれアテネ製であれ、あるいは香港製であっても京都製であっても、機会に恵まれさえすれば世界中どこでも見ることができる。わたしたちは映画についてしばしばそういう錯覚を抱いている。この楽観的な錯覚の元凶はハリウッド映画にある。ハリウッド映画は世界中あまねく配

* 古川博巳他訳『豹と鞭』（国文社、一九九八年）、一三六頁。
** 宮本陽一郎訳『中間航路』（早川書房、一九九五年）、二〇一頁。

給され、地中海のどんな孤島にわたっても、それが上映されない場所はない、そうした帝国主義的イメージがアメリカ映画にはある。* しかし同じアメリカ映画であっても、ごく限られた地域の限られた映画館でしか上映されない、きわめてローカルな映画がかつて存在した。当該のローカル・コミュニティ以外、およそどんな場所でも見ることのできなかった映画、それがここで検討される黒人劇場専用映画である。アメリカ社会のあらゆる場所で（政治と経済と生活と安全の場で）差別されつづけた黒人が、娯楽と表象の場だけで差別されないということはありえなかった。それゆえアフリカ系アメリカ人という特定の観客層のためにだけ用意された劇場があり（列車に黒人専用車輌があったように映画館にも黒人専用劇場があり）、そこで上映されることだけを想定してつくられた「不可視の」アメリカ映画がかつて存在した。ハリウッド主流映画が入念な自己同一化の手法によって人種／民族／階級の多様性を地球的規模で均質化しようと努めたのとは対照的に、あらかじめ厚い均質性を余儀なくされた傍流映画。主流映画とくらべようのないほどのささやかな動員数しかあてにできない超低予算映画。それが黒人劇場専用映画である。一九一〇年代初頭から五〇年代初頭にかけて少なくとも四〇〇本以上の黒人劇場専用映画が製作されたと言われるが、その全容はいまだ映画史においても人文諸科学全般においても不可視の領域にとどまっており、いかなる黒人劇場専用映画がいったいどのようなひとびとによって、いかなる意図と勝算のもとに製作され、そしてどのような文化的インパクトを周辺社会にもたらしたのかいまだ不分明な点も多い。

黒い余白

さて観客層に黒人を想定した映画を撮ることは、ときに未来を嘱望される白人新人監督（ヴィンセント・ミネリ）の腕試しの場であり**、ときに白人ヴェテラン監督（エドガー・G・ウルマー）の暖気運転

＊　ハリウッド映画の世界支配は第一次大戦終結後（一九一九年）までに完成した。このとき欧州で公開される映画の実に九〇パーセント、そして南米で公開される全映画がアメリカ合衆国産であった。わずか一〇年まえに誕生したばかりの「ハリウッド」が、このときたんなる地名ではなく、巨大映画産業を意味するようになった。

＊＊　ヴィンセント・ミネリとは、いうまでもなく大手映画会社MGMのアーサー・フリード体制のもと、一九四〇年代後半から五〇年代前半にかけて豪華絢爛たるテクニカラー・ミュージカル映画の監督として盛名をはせた人物である（詳細については拙著『映画ジャンル論』［平凡社、一九九六年］、第五章および第九章を参照されたい）。しかるに、そのデビュー作『雲のなかの小屋』*Cabin in the Sky*（1943）が、ブロードウェイ・ミュージカルの映画化とはいえ、オール・ブラック・キャストの擬似黒人劇場専用映画であったという事実は興味ぶかい。そこにユダヤ人産業としてのハリウッドが第二次大戦期の欧州の同胞を救わんがためにアフリカ系アメリカ人の歓心を買おうとした事実が読みとれるからである。シンプスンによれば、「（D・W・グリフィスの）『國民の創生』*The Birth of a Nation*〔1915〕が定着させた〔悪しき〕黒人のイメージは第二次大戦期」になってようやく修正の兆しを見せるが、それは「黒人兵」を異国の戦場へ送りこむために、「大戦中の国家的レトリックが民主主義の昂揚」でなければならなかったからである（Donald Simpson, "Black Images in Film: The 1940s to the Early 1960s," in *The Black Scholar: Journal of Black Studies and Research*, 21, no.2 [March-April-May 1990], p. 20）。ホロコーストを活性化させたナチス・ドイツの苛酷な人種政策がなかったなら、戦後のアメリカ国内の黒人差別も戦前の水準にとどまっていただろう。アメリカにおける黒人の地位向上がつねに愛国主義と戦争によって贖われたことは、後述のオスカー・ミショーのフィルム（『我らが門の内にて』*Within Our Gates* 1919）が第一次大戦と愛国主義への唐突な言及で幕を閉じることからも窺える。なお第二次大戦中の黒人兵の処遇については、映画『黒人兵』*The Negro Soldier*（スチュアート・ハイスラー、1944）の脚本と主演を兼ねたアフリカ系アメリカ人映画作家カールトン・モスへのインタヴューを参照されたい（拙著『映画　視線のポリティクス』筑摩書房、一九九六年、一〇五—一一三頁）。また黒人映画史全般については斎藤綾子「ブラック・シネマ史概説」（『イメージフォーラム』一九九三年四月号）を読むにしくはないだろう。

の場であり、[*]そしてほとんどの場合、白人(その大半はユダヤ系アメリカ人)でありながらハリウッド・メイジャーに参入できないマイナー監督たちの事実上の黒人搾取の場であった。しかるに野心的な黒人青年にとってみれば、黒人劇場専用映画を撮ることは、創造的に映画に携われるほとんど唯一の(そして奇跡的な)機会であった。

じっさい一九一〇年代から四〇年代にかけてアフリカ系アメリカ人が映画を撮ろうと思えば、それは黒人劇場専用映画の自主製作=自主配給を意味した(もっとも大恐慌以降、そうした道さえ閉ざされてゆくが)。それゆえ黒人劇場向け映画を次の三つに大別する必要があるだろう。

①ハリウッド・メイジャーのヨーロッパ系アメリカ人によって高予算で全米配給網による高配収を狙ってつくられる擬似黒人劇場専用映画。
②独立プロダクションのヨーロッパ系アメリカ人によって低予算でつくられる黒人劇場専用映画。
③独立プロダクションのアフリカ系アメリカ人によって低予算でつくられる黒人劇場専用映画。

出演者をのぞくすべての創造的部門がヨーロッパ系アメリカ人によって占められていても、脚本ないし監修だけはアフリカ系アメリカ人が担当するという映画も少なからず存在したから、②と③はかならずしも截然と区別しうるものではないかもしれない。しかし、いずれにせよ黒人劇場専用映画の実数として圧倒的に多いのは、そうした例も含めた②の場合である。③の場合、黒人劇場専用映画は確たる配給のめどもないまま製作され、一本撮っただけで資金回収もできないまま消えてゆく製作会社も少なくなかった。ある調査によれば、一九一八年当時、アメリカには少なくとも八社の黒人劇場専用映画製作会社が存在し、それが三〇年後には一五〇社にまで増大する。しかしその同じ一九四八年に反トラスト（独占禁止）法に抵触するほどの強大なハリウッド・メイジャーにくらべれば、独立系の黒人劇場専用映画製作会社の経営基盤は脆弱以外のなにものでもなく、一本以上のフィルムを製作できた会社は一五〇社中、七五パーセントにすぎず、アフリカ系アメリカ人による経営も全体の三分の一にとどまった。** アフリカ系アメリカ人は十分な資本も施設も配給網ももたず（主に北部と中西部の都市部黒人劇場向け映画製作でかろうじて命脈を保ち）***、しょせん白人たちの所有経営になるハリウッド・メイジャーの敵ではなかった。

＊　しばしばフィルム・ノワールの「作家」として言及されるウィーン生まれのエドガー・G・ウルマーは、ドイツ表現主義演劇の重鎮マックス・ラインハルトのもとで修業したのち渡米し、恐怖映画が最盛期をむかえていたメイジャー系スタジオ（ユニヴァーサル映画社）で『黒猫』*The Black Cat*（1934）を演出する。しかし同年、同社に隠れて偽名で西部劇『テキサスの雷鳴』*Thunder Over Texas* を撮ったのちは、限定的観客層しか相手にしないマイナー・インディペンデント系へと潜行し、イディッシュ語知らずのユダヤ人監督として、東欧系ユダヤ人共同体のために四本の「イディッシュ語映画」（1937-40）を手がけたり、センセーショナルな「病気予防キャンペーン映画」を演出したりした。黒人劇場専用映画『ハーレムにかかる月』*Moon Over Harlem*（1939）やフィルム・ノワール『恐怖のまわり道』*The Detour*（1945）もウルマーのそうしたマイナー系ジャンルへの関与から生まれたものである。なお後述するイディッシュ語映画の大家ジョセフ・サイデンもまた黒人劇場専用映画を演出したように、「ユダヤ人専用」映画と「黒人専用」映画はともにマイナー映画であるがゆえに交通可能なジャンルであった（エドガー・G・ウルマーの詳細については拙著『表象と批評』［岩波書店、二〇一〇年］、第二章を参照されたい）。

＊＊　Richard Grupenhoff, "The Rediscovery of Oscar Micheaux, Black Film Pioneer," in *Journal of Film & Video*, 40, no.1 (Winter 1988), p. 43.

アフリカ系アメリカ人が人種隔離政策下にあった以上、彼らのつくる映画が長年ハリウッド映画史から隔離され、文字通り黒い余白として主流映画史の欄外にとどまりつづけたことは当然のことであった。本章はこの黒く長い余白を、オスカー・ミショーという、文体も製作基盤も白い先達（D・W・グリフィス）とは著しく異なるすぐれた映画作家を糊代に、アメリカ映画史本文へと貼りつける試みである。

オスカー・ミショーを紹介する

ロサンジェルス、ハリウッド大通りを歩くと、足下の光り輝く星形意匠の敷石に眼を奪われる。アメリカ映画産業界などの功労者を顕彰するこのイコン群（ハリウッド・ウォーク・オブ・フェイム）に、一九八七年、新たにひとりの映画作家が列せられた。それが本章の主役オスカー・ミショー（1884–1951）である。[*] 彼は一九一八年から四八年にかけてプロデューサー兼演出家、脚本家兼編集者として五〇本近くのフィルムの創造にたずさわった。黒人映画の全米配給などおよそ不可能な暗黒時代に、独立映画作家ミショーは、東部、南部、中西部各地[**]に点在する映画館（といっても黒人劇場か夜間特別興行時に例外的に黒人の入場を認める白人劇場）をみずから訪ね歩き、自作映画の草の根プロモーションにつとめた。[***] ミショーは黒人映画界の草分けとして、ハリウッド主流映画史とはまったく別の地平で独自の文体と製作システムを樹ち立て、のちの黒人映画作家に多大な影響をあたえた。じっさいオスカー・ミショーの死後三〇年もたって、一九八〇年代にようやく多くの才能ある黒人映画作家（スパイク・リー、ジュリー・ダッシュ、メルヴィン・ヴァン・ピーブルズら）が輩出し、その製作本数においてミショーを越える作家が現在ようやく表出しえた。

さらに強調しなければならないことは、ミショーが一九一九年に処女作を発表してから四八年に最後の長篇を撮るまでのあいだ、全米で一五〇社を数えた黒人劇場専用映画会社のなかで彼はほとんど唯一の黒人映画作家であったという事実である。出演者もアフリカ系アメリカ人なら観客もすべてアフリカ系アメリカ人という製作＝興行システムを採りながら、驚くべきことに、そのなかでアフリカ系アメリカ人が監督するということはおよそ例外的な事態だったのであり、オスカー・ミショーはスペンサー・ウィリアムズ、ジョージ・ランドルらとともにその数少ない例外でありつづけた。黒人劇場専用映画と

＊＊＊（二二九頁）　ここに当時の黒人劇場が「白人劇場」にくらべていかに少なかったかを示すリストがある。『ニグロ・ハンドブック　一九四四年度版』によれば、たとえばカリフォルニア州の全劇場一一七九館のうち黒人劇場はわずか八館にすぎず、ニューヨーク州でも一四三三館中三九館、ルイジアナ州でも全三八三館中一二館にすぎず、アイオワ州にいたっては七〇三館も劇場がありながら黒人劇場は皆無である。全米で黒人およそ二万一千人に一館の割合である。Peter Noble, *The Negro in Films* (London: Skelton Robinson〔発行年記載なし〕), pp. 99-100 における引用による。

＊　生年すら当時は諸説入り乱れていたが、少なくともサウス・ダコタ州のオスカー・ミショーの墓標にはそう記してある。

＊＊　ミショーが黒人映画を撮りはじめたころのシカゴには、まだ初期映画会社セリグ・ポリスコープ社（一八九六―一九一九年）があり、一九七〇年前後まで世界的に高評価される現役映画白人グロリア・スワンスンやチャールズ・チャップリンがほぼ同時期に活躍するエッサネイ社（一九〇七―一九一七年）も存在した。

＊＊＊　ピーターースンによれば、全米五〇大都市（シカゴ、ワシントンDC、ニューヨーク、セントルイス、ニューオリンズなど）では、ミショーの作品は一本につき一五〇ドルから五〇〇ドルで取り引きされたが、黒人劣化させる深南部小都市の一夜興行では二五ドルの収益をあげればよい方だった。Bernard L. Peterson Jr., "The Films of Oscar Micheaux: America's First Fabulous Black Filmmaker," in *The Crisis*, no. 86 (April 1979), p. 137.

いう小さな公的領域もまた白人たちの資本と技術にほぼ完全に占有されていたのである。*

さて戸別訪問販売で自作小説を売り歩いていた若き日のオスカー・ミショーが、シカゴを本拠地に「ミショー映画書籍社」（のちのミショー映画社）を設立するのは一九一八年（三四歳のとき）のことである。**西海岸ではユダヤ系アメリカ人主導によるハリウッド映画産業が最初の世界制覇をなしとげていたころである。そして翌一九年、半自伝小説の映画化『自作農家』*The Homesteader*（自社製作）でミショーは黒人映画作家としての第一歩を踏みだす。それはD・W・グリフィスがエクストラヴァガントな長篇映画（黒人奴隷解放宣言を唱えたケンタッキー州出身の大統領エイブラハム・リンカーンが舞台演劇場で暗殺されるシークエンスもえがく）『國民の創生』（1915）で商業的盛名と人種的汚名を得てまだ間もないころのことである（前章でふれたD・W・グリフィス出演映画『ケンタッキー人』）。タイトルも象徴的なのは、オスカー・ミショーの父親はケンタッキー州での黒人奴隷だったからである）。つまりミショーがデビューを飾った年は、ハリウッドが世界市場を通じてその経済基盤を確立させた年であり、グリフィスが彼につづくすべての映画作家のために基本話法を完成させていた時期であり、***その意味で映画の白い資本と文法がすでに黒い領域を覆っていた時期である。

処女作以来、ミショーが演出したフィルムは四二本とも四五本とも四七本ともいわれるが、正確なところはなかなかわからなかった。なぜなら、このラディカルな黒人映画作家のフィルムは検閲と商業的理由から再編集と改題をくりかえし、その結果、同一フィルムの複数ヴァージョンのみならず、題名が違うだけのまったく同一のフィルムすら何本も存在するからである。****しかも彼のフィルムの残存率は、サイレントとトーキーを問わず、五〇パーセントを割っている（黒人劇場専用映画は文字通りわたしたちの眼にふれない）。本章は、いまだ不分明な黒人劇場専用映画とその代表的作家オスカー・ミショーの革新的スタイルと主題を、彼の生きた時代の映画的イデオロギーともども確定しようとする試みである。

* 経済恐慌は当然ブラック・インディペンデンツの経営と存立を脅かすことになった。マーク・リードによれば、ミショーの映画会社も一九二九年、白人資本を受け容れ、再編を余儀なくされる。もし黒人独立映画作家というタームを狭義につかうならば、ミショーは自社設立から一〇年目にして半独立状態におちいったことになるが、白人資本との提携によって黒人劇場専用映画はその後もそれなりの隆盛を保つことになる。Mark A. Reid, *Redefining Black Film* (Berkeley: University of California Press, 1993), pp. 16-18.

** オスカー・ミショーは小説家デビュー以前にプルマン・ポーターとして働いていた時期があった。個室寝台付き特別客車のポーターといえば、当時黒人が白人社会のなかで就くことのできるもっとも安定した職業のひとつであった。一九一三年（ミショーが会社を興す五年もまえ）にアフリカ系アメリカ映画史上最初の独立映画会社をシカゴにおこしたビル・フォスターは、自作『鉄道ポーター（別題「プルマン・ポーター」）』*The Railroad Porter* (1913) を黒人中流家庭劇として演出し、職業をもつ黒人男性の誇りを軸に、それまでの白人による黒人紋切り型を批判的に乗り越えようとした。鉄道と映画の関係については本書、第Ⅳ章を参照されたい。

*** バイオグラフ在職時代のグリフィスがいかに映画の基本構文を完成させたかについては前章を参照されたい。

**** デビュー二年目のミショー映画『我らが門の内にて』(1919) には、後述するように、どうやら四種類のヴァージョンがありそうだし（そのうちのひとつを『状況証拠』*Circumstantial Evidence* という別題でフィルモグラフィに挙げている文献すらある）、またミショーの『死ぬべき一〇分』*Ten Minutes to Kill* (1933) は『あと一〇分の命』*Ten Minutes to Live* (1932) の続篇というよりも改題／再公開版にすぎないようである。じっさいミショーはこの種の逸話に事欠かない。以下のエッセイによれば、のちに「タイラー、テキサス黒人映画コレクション」として知られることになるフィルムの山のなかから『レム・ホーキンズの告白』*Lem Hawkin's Confession* の名で知られるミショーの幻のフィルム (1935) が再発見されたときも、『ハーレムの殺人』*Murder in Harlem* という別題がつけられていたほどである。Richard Gehr, "Saving Mr. Micheaux," in *American Film* (May 1991), p. 39. 黒人劇場専用映画に対する検閲と低予算＝低収益体制がこうした事態を招いている。

キング・タットの倉庫

サイレント期からトーキー初期にかけて世界中で膨大な量のフィルムが廻されたが、その大半はすでに失われてしまっている（一九二〇年代のアメリカの長篇サイレントでも、その残存率はほぼ二〇パーセントにすぎない）。露光した映画フィルムはのちに重要な文化的、芸術的、経済的意味をもつようになるが、本来はごく短期間の公開を意図した脆弱な物質にすぎず、それゆえその歴史的意味を理解しない世代によって粗略に扱われたために驚くほど短命であった。初期映画研究は、その出発点となるべき正典そのものが壊滅的打撃をこうむっているのである。それゆえ本章のような企てが可能になるには、世界各地のフィルム・アーカイヴの精力的な映画保存運動がなければならない。とりわけ一九八三年の夏、ダラスのサザン・メソジスト大学のフィルム・ヴィデオ・アーカイヴにはいった電話はわたしたちにとって僥倖《ぎょうこう》だった。電話の主は「うちの倉庫に昔の映画らしきものが山と積まれているんだが、おたくで引きとってもらえないだろうか」と告げる。アーカイヴのディレクターがとるものもとりあえず駆けつけてみると、はたせるかなキング・タットの倉庫の片隅には八角形の鉄製フィルム缶が山と積まれ、そこからおよそ一〇〇本分の上映用プリントが発掘され、最終的に二二本の黒人劇場専用映画が確認された。長いあいだ空白だった黒人映画史を埋める至宝が発見されたのである。この宝の山は「爆発物扱い」の瞬燃性ナイトレート・フィルムから、より安全な緩燃性アセテート・フィルムへ転換されたのち、*キング・タットの倉庫の地名にちなんで、「タイラー、テキサス黒人映画コレクション」と呼ばれることになった。**

（上）『ハーレムの出来事』、（下）『レノックス街の殺人』

『ハーレムのパラダイス』ポスター

作家とジャンル

こうしたフィルムの大量発掘によって見えてきたことがある。それはここで黒人劇場専用映画と呼ばれているもの（アメリカでレイス・ムーヴィ race movie［人種映画］と呼ばれるもの）は製作条件と受容条件の究極の一致によって産みだされたスタイルの典型だということである。それは作家のスタイルというよりもむしろジャンルのスタイルである。ハリウッド主流映画が世界制覇をなしとげていたころ、最大でも国内人口の一〇パーセント弱しか観客動員できず、しかもその大部分が廉価な映画さえ過剰消費できない低所得者層であるという事実を踏まえざるをえず、それゆえハリウッド主流映画におとらず合理的な製作法（予想収益に見あった予算体制）で製作された（この場合は最低予算の早撮り）映画。それが黒人劇場専用映画である。じっさい一九三〇年代から四〇年代にかけて量産された黒人劇場専用映

＊（二三四頁）『ニュー・シネマ・パラダイス』*Nuovo Cinema Paradiso*（ジュゼッペ・トルナトーレ、1988）でも映画館を焼き尽くす出火の原因となっていた「危険な」上映用プリント（ナイトレート・フィルム）は、爆発的に燃焼するその化学組成ゆえに軍需物資とみなされた結果、第二次大戦中、「安全な」アセテート・フィルムへと大規模な転換がおこなわれた。それゆえ一九五〇年代初頭までには、世界中の銀幕からナイトレート・フィルムの光沢は永遠に失われてしまった。もっともアセテートへの転換がすめば、それで万事安全かというと、かならずしもそうではない。映画を未来への文化遺産として保存しようとする努力はさらに「ヴィネガー・シンドローム」と呼ばれる現象によって脅威にさらされる。フィルムは密閉環境下で自壊作用をおこすからである。原則として空調設備の整った低温低湿の環境に保存しないかぎり、アセテート・フィルムは自己触媒による化学反応をおこして酢酸（お酢）を発生させる。発生した「お酢」はフィルムの自己劣化に拍車をかけ、近くにある別のフィルムまで「汚染する」ことになる。フィルム缶の蓋をあけて、お酢独特の酸っぱい匂いが鼻をつくのはけっして例外的な事態ではないのである。

＊＊（二三四頁） G. William Jones, *Black Cinema Treasures: Lost ant Found* (Texas: University of North Texas Press, 1997), pp. 13-19.

画を集中的に見れば、そこに多くの個性的な映画監督が参入しているにもかかわらず、ヨーロッパ系アメリカ人（エドガー・G・ウルマー、ジョセフ・サイデン、アーサー・ドライフスあるいはバッド・ポラード）によるものであれ、アフリカ系アメリカ人（オスカー・ミショーやスペンサー・ウィリアムズ）によるものであれ、およそすべての黒人劇場専用映画がほとんど同一の指標をもっていることがわかる。ここでは最初にして最大の「黒人映画作家」オスカー・ミショーを中心に、黒人劇場専用映画を演出した者たちの「同一の」指標をまず同定することにしてみよう。

一九九四年、アメリカでオスカー・ミショーの最初の本格的回顧上映がおこなわれたさい、この作家は、その回顧展パンフレット誌上で次のように評されたことがある「[ミショーの映画は]摩訶不思議なフラッシュバックと、辻褄のあわない筋立てと、思いがけない時間的飛躍に満ちて」おり、「真の映画作家がつねにそうであるように、彼の映画は一目でそれとわかる」*。しかしながら、こうした作家主義的評言は独断の誇りをまぬがれない。ここに指摘された文体的特徴はひとりミショーにとどまらず、彼以降につづく他の多くの黒人劇場専用映画作家にも同時に認められるものだからである。

日本でも公開されたカルト映画『スウィート・スウィートバック』*Sweet Sweetback's Baadasssss Song*（メルヴィン・ヴァン・ピーブルズ、1971）の凄絶な支離滅裂ぶりを四〇年ほど先どりしたオスカー・ミショーの中期映画は、その後、多くの黒人劇場専用映画によって模倣された結果、この領域においてひとつの支配的スタイルを形成する。ミショーの文体からもっとも遠いところにいる白人監督ジョシュ・ビニーの黒人劇場専用映画（『夜のシカゴ』*Chicago After Dark* 1946）ですら、「辻褄のあわない筋立てと思いがけない時間的飛躍に満ちて」いる。ましてオスカー・ミショーの映画（たとえば『スウィング！』*Swing!* 1938）と同時期のジョセフ・サイデンの映画（『ハーレムのパラダイス』*Paradise in Harlem* 1939）やアーサー・ドライフスの映画（『レノックス街の殺人』*Murder on Lenox Avenue* 1941）、あるいはバッド・ポラードの映画（『ハーレムの出来事』*It Happened in Harlem* 1945）とを区別することは、回顧展パンフレットの執筆者が主張するほどには容易なことではなかろう。**

そもそも放縦《ほうしょう》なる脱線を重ねるミショーの文体は、のちに見るように彼の「クラブ映画」に特徴的なものであり、初期作品ではまだそれほど顕著ではない。三〇年代のミショーの「クラブ映画」が一九六〇年代のジャン＝リュック・ゴダールを先どりしていたとすれば、七〇年ぶりにスペインで再発見されたミショーの初期作品『我らが門の内にて』（1919）は、その滑《なめ》らかな編集と演出においてまぎれもなくグリフィス的であり（そしてそれは言葉の二重の意味においてそうである。つまり、この作品は四年前に

* *American Museum of the Moving Image* (January/February/March 1994). オスカー・ミショー回顧上映展プログラム解説より。なおミショーの「映画は一目でそれとわかる」というこの憶説は映画史家のあいだに広く蔓延しているらしい。我が国でもかつて東京国立近代美術館フィルムセンターで「知られざるアメリカ映画」特集の一環として三本の「ミショー作品」が上映されたことがあったが、のちにそのうちの一本が本当に「ミショー作品」であったのかどうか疑わしいということにもなった。ミショー映画は、この意味でもたしかに「知られざるアメリカ映画」なのである。

** ジョセフ・サイデンは黒人劇場専用映画同様にマイナーな「イディッシュ語映画」の大家。アーサー・ドライフスはメイジャー系（とはいえユニヴァーサル社とともに「リトル・スリー」にいれられていたコロムビア社）で仕事をこなしていた白人中堅監督。バッド・ポラードは黒人劇場専用映画を専門に撮っていた白人映画監督。三人ともヨーロッパ系アメリカ人である。

白人グリフィスが撮った人種差別的映画『國民の創生』に対する黒人の側からの真摯な回答だったのであり）、そこには一〇年後のミショーの自由奔放ぶり、その真に破壊的な文体を予想させるものはほとんどなにもない。それはあくまでもウェルメイドなフィルムであり、その点ではスタジオでの徒弟経験もなければフィルム・スクールに通うこともありえなかった時代に、とても見よう見まねで映画製作を学んだ男のデビュー二年目の作品とは思えない洗練ぶりである。その洗練から意図的に離脱し、重厚毅然たる作風から荒唐無稽なスタイルへと変貌する三〇年代のオスカー・ミショーは、むしろ経済恐慌が同時代の黒人文化に強いた動向変化の一部であり、それゆえ「作家の文体」に統一的な「登録商標」をもとめることは映画の歴史的存在をなおざりにしたロマン主義的発想でしかない。

失われた映画をもとめて

さて黒人劇場専用映画の指標を同定するため、まず手はじめに、七〇年ぶりに再発見されたミショーの幻の映画『我らが門の内にて』(1919)を、D・W・グリフィスの有名な『國民の創生』(1915)を映画史的参照光にして検討してみたい。

長らく失われたかに思われていたアメリカ映画『我らが門の内にて』は、スペインで再発見され（黒人映画研究に先鞭をつけたトマス・クリップスによって同定され）たのち、AFI（アメリカ映画協会）経由で一九九〇年、ワシントンDCの議会図書館に「返還」収蔵され、同時に、そのスペイン語版から英語版上映プリントの製作が開始された。そのさいスペイン語版サイレント映画に欠落している部分について注釈がほどこされ、またアメリカの人種政策に疎い観客のためになされたであろうスペイン語版における字幕改変をふくめ、のこされた資料を駆使して適正な英語字幕（サイレント映画期には、字幕［インサート・タイトルズ］が必要だった）の復元作業がおこなわれた。しかし一九二〇年のアメリカ公開版プリント（『我らが門の内にて』）がいまだ一本も発見されていない以上、正確な異同の確定は現在のところ不可能であるし、問題をさらに複雑にするのは、初公開時にシカゴで上映禁止運動にさらされ、再編集を余儀なくされたこのフィルムにはミショー自身の手になる複数の異版があるらしいということである。[*] 正確にいくつの版がつくられたのかはわからないが、三〇年代のミショー「正典」と比較すれば、今日わたしたちが見ることのできるこの唯一の版も（スペインで再発見されたものも）ミショー本人の手になるものであることはまずまちがいないだろう。というのも、そもそも『我らが門の内にて』が当局から度重なる削除要請を受けた理由は、無実の罪の黒人夫婦が白人にリンチ[**]を受けて殺される場面が黒人暴動誘発の虞れありとみなされたからなのだが、その肝腎のリンチ場面が物語の全体的構造からすれば、いささか均衡を逸したスタイルとポジションを有しているところに、いかにもオスカー・ミショー的な特徴を見いだすことができるからである。

秘密の暴露

問題のリンチ場面は現行の七九分版の最後の二二分に位置する。物語の最後に、ヒロイン（ムラート）の秘められた過去（ヒロインを凌辱しようとした白人こそ彼女の実父であったという皮肉な「ファミリー・ロマンス」）が、枠物語として回想されるのだが、こうした語りの構造はミショーが依拠したであろうグリフィス的な（一九世紀的）大時代メロドラマの常套手段のひとつであるし、そもそも秘密の暴露に異様に長い枠物語を充てるところに、のちに述べるようなミショー的文体の兆しが見てとれる。隠された過去の真実を間接的に（しかも最後にとってつけたように）開示する現行版の構造は、当時の有形無形の抑圧と検閲の結果であった可能性が大きいが、このいささか常軌を逸したフラッシュバック（過去の回想ショット／シーン／シークエンス）は、のちのミショー映画において爆発的開花を見ることになるのだから、それはそれで作家の重要な指標と見なすことができるだろう。仮に現行版のエンディングが純然たる検閲と圧力の結果だとしても（しかもそれがミショー自身による改変ではなかったとして

＊（二四一頁）すぐれた黒人映画俳優ポール・ロブスンの怪物的二面性がきわだつ五年後の『ボディ・アンド・ソウル』（オスカー・ミショー、1924）も、ピーターースンによれば（Peterson Jr., p. 139）、「検閲対策」のために別ヴァージョンを用意せざるをえなかった。「オリジナル版」（いわば「ボディ」ヴァージョン）は、見たところ善良そうな黒人伝道師（ポール・ロブスン）が陰では信者の娘を凌辱し恐喝するというもの。いっぽう「ソウル」ヴァージョンとでも呼ぶべき検閲対策版は、「オリジナル版」の最後に、その物語全体を否定する掉尾がついており、「ボディ」ヴァージョンは娘の自由結婚（相手は一人二役のポール・ロブスン）に反対する敬虔な母親の見た悪夢だったという設定になる（これがわたしの見た版である）。しかし、この版もピーターースンの解説になる二ヴァージョンズの内容とは微妙な食い違いを見せており、もしピーターースンのいう二ヴァージョンズが本当に存在するならば、現行版をいれて『ボディ・アンド・ソウル』には少なくとも以下の四ヴァージョンズが存在することになる。

① 見たところ善良そうな黒人伝道師が、陰では信者の娘を凌辱し恐喝するというもの。敬虔な母親は素性の知れない「ニガー」と娘（ムラート）との結婚に反対し、娘に黒人伝道師との結婚をすすめる（「ボディ」ヴァージョンA）。

② 上記①に掉尾をつけたしたもの。黒人伝道師の暴虐非道は実は母親の見た悪夢であり、最終的に母親は娘の望む「ニガー」との結婚を許すというもの（現行の「ソウル」ヴァージョンA）。

③ 上記①で素性の知れない結婚相手として登場していた「ニガー」がヒロインの兄という設定に変えられ、その兄が黒人伝道師に殺されるもの（「ボディ」ヴァージョンB）。

④ 上記③に以下の内容を付加したもの。黒人伝道師の暴虐非道は悪夢（そして／あるいは密造酒の内偵捜査のための演技）であり、母親は放蕩息子（娘の兄）の帰還を許すというもの（「ソウル」ヴァージョンB）。

同じ一本の原フィルムから、かくもかんたんに四種類の異なるヴァージョンの製作が可能になるとすれば、その理由のひとつは『ボディ・アンド・ソウル』がサイレント映画であることにある。挿入字幕さえつけ替えれば、母親が怒りを露《あらわ》にする「ニガー」は娘の連れてきた結婚相手にもなれば、帰還した放蕩息子（ヒロインの兄）にもなるからである。いずれにせよ妹（ヒロイン）は、そこで「ニガー」呼ばわりされる恋人／兄妹とは対照的に白人と見まがわんばかりの肌の白さを誇っている。おそらく「検閲対策」としては④③②①の順で有効だったのではあるまいか。たとえ黒人伝道師が卑劣漢だったとしても、白人と見まがわんばかりのヒロインが親しげにつきあう黒人男性は恋人ではなく兄妹である方（「ボディ」ヴァージョンB）が、「ソウル」ヴァージョンAよりも白人検閲官の覚えがめでたかったであろう。こうした倫理と人種の問題において優先順位が可能であったとすれば、ミショーのこの映画はまるでリトマス試験紙のように当時の支配的イデオロギーを色分けしてくれることになる。いずれにせよ、こうしたテクストの異同が重要になるのは、本作で映画デビューし、のちにブラック・ナショナリズムを代弁することになる傑出した黒人俳優ポール・ロブスンが一人二役を演ずることによって、ヒロインの運命を決定するはずの四種類の黒人たち（悪徳伝道師／善良伝道師／兄妹／恋人）が外見上同じひとりの黒人に還元され、人種問題という大文字の問題が観客の水準において個人的問題へと鋳直される点にある。つまり同じひとりの俳優によって四つの異なるヴァージョンと四人の異なる登場人物が産みだされるという事実は、黒人はつねに変わらず同じ内的価値をもち、それを白人がただ外見から判断して恣意的な外部評価をあたえているにすぎないということを暗示する。映画検閲という外圧を梃子《てこ》に人種問題の精妙化をはかったのはミショーの天才である。とまれいささか迂回が長すぎたが、『ボディ・アンド・ソウル』現行版のいささか不自然なエンディングは、たしかに『我らが門の内にて』現行版のエンディングの不自然さに通底するのだろう。

＊＊（二四一頁）「リンチ映画」については第Ⅱ章、六三—六六頁も参照されたい。

も）、わたしたちの問題はなにも変わらない。問題は、現行版が改変の所産だとすれば、それが最終的に誰の名においてなされたにせよ、それは本来外部の干渉から自由なはずのブラック・インディペンデントにとっては外部から強いられた改変以外の何ものでもなかったということであり、まさにそれゆえにその改変はミショーの生きた黒人映画の歴史を逆説的に体現するだろうということである。重要なのは死せる作者の名ではなく、生きた作品の肌理《きめ》である。

グリフィスを凌駕する

ミショーが白い先達グリフィスを意識していたことは、『我らが門の内にて』（1919）がいわば『國民の創生』（1915）の黒人版になっていることからも明らかである。映画学者ジェイン・ゲインズが正しく指摘するように、『國民の創生』が白人社会による黒人抑圧を正当化する物語である以上、『我らが門の内にて』の製作意図は黒人の側からグリフィスの「嘘」をただすことにあっただろう。* ちょうど『國民の創生』が、その遠慮会釈のない人種偏見ぶり（黒人抑圧の実体の「偽りの表象」）においてNAACP（全米黒人地位向上協会）による上映反対運動を巻き起こしたように、『我らが門の内にて』はその黒人抑圧の実体の「真実の表象」が白人側に過剰防衛を惹き起こし、再編集要請をくだせることになったのだから、ミショーのフィルムは少なくとも結果的には当時の社会不安を端的に反映するものとなった。

事実、アメリカ南部におけるリンチの慣例化は『我らが門の内にて』が製作された一九一九年、南部からの逃亡黒人たちによって北部諸都市が溢《あふ》れかえるという、もうひとつの社会不安を産みだしていたわけだから（一九一〇年から二〇年にかけてのシカゴの黒人人口増加率は約一五〇パーセント）、黒人作家ミショーが同時代の自分たちの問題に正面から向き合おうとしていたことはたしかである。しかし、わたしたちの文脈において重要なことは、ミショーがグリフィスのイデオロギーを逆転させようとするとき、ほかならぬグリフィスのすぐれた映画的手法を利用したということである。黒人作家が白人の支配的イデオロギーに異議申し立てをするとき、自分たちの言語によってではなく、白人たちの樹ち立てた言語体系を利用せざるをえなかったという事実は、奴隷貿易によって簒奪されたアフリカの諸言語と文化の歴史を想起してもなお皮肉なことかもしれない。しかし、ミショーにおいてこの支配的映像言語の利用はより積極的な意味をもっている。なぜなら、それはたんに白人の手法の利用にとどまるものではなく、むしろ未開花の白人言語の潜在力を励起し、それに新しい用法を賦与する積極的な企てであり、ミ

＊ Jane Gaines, "Fire and Desire: Race, Melodrama, and Oscar Micheaux," in Jacky Bratton et al eds., *Melodrama: Stage Picture Screen* (London: British Film Institute, 1994), p. 232. またグリーンによれば、『我らが門の内にて』という題名は、その数か月まえに公開されたグリフィスの映画『ハッピー・ヴァレーの恋物語』*A Romance of Happy Valley*（1919）中の次のような題辞を意識した可能性がある（J. Ronald Green, "Micheaux v. Griffith," in *Griffithiana* [Ottobre 1997], p. 33）。すなわち「汝が門の内にて／よそ者を傷つけることなかれ／さもなくば汝自身が傷つけられん」。要するにミショーは白人主流監督グリフィスの感傷映画に斜めに言及し、白人たちがその「門の内にて」黒人たちを「傷つける」ことをやめなければ、「黒人の門の内にて」白人がどのように遇されようとも、それは保証のかぎりではないと警告していることになる。『我らが門の内にて』では、この警告はあくまでも婉曲な表現にとどまっているが、一年後のミショー作品『征服されざる者の象徴』*The Symbol of the Unconquered*（1920）では、黒人テロが『國民の創生』におけるＫＫＫの白人テロに対応することになる。この意味では、たしかに『我らが門の内にて』上映が黒人暴動を惹き起こしかねないという当局の判断は正しかったことになるだろう。

ショーはグリフィスに依拠しつつも、グリフィスを凌駕する新修辞法を産みだすことに成功するからである。デビューしたての新人黒人作家が、一〇年のキャリアを誇るアメリカ映画の偉大な先達の映画話法を換骨奪胎したということは、ぜひとも強調しておかなければならない。このことはまた三〇年代のミショーの映画言語の過激なシフトの遠因ともなるはずだからである。

並行する並行編集

オスカー・ミショーが利用したD・W・グリフィスの手法とは典型的な並行編集（クロスカッティング）である。並行編集とは、異なる複数の空間の出来事の「同時性」ないしは「継起性」をきわだたせるために複数の空間をくりかえし往復する編集法のことである。この画期的手法はグリフィスの創案にかかるものではないものの、[*]それを物語映画にふさわしい劇的な映像言語へと高めたのは明らかにグリフィスの功績である（彼はサスペンスを産みだすために、往復するショットの数を増やし、切り替えるタイミングを速めた）。グリフィスがしばしば古典的ハリウッド映画の創始者とみなされるゆえんである。じっさい彼はミショーの『我らが門の内にて』*Within Our Gates* 公開の年（一九二〇年）にも、『東への道』*Way Down to East* において清純可憐なリリアン・ギッシュを凍てつく流氷のうえに横たわらせ、逆巻く滝壺に呑みこまれる寸前に救出させるという昔ながらの並行編集の極致を披露している。[**]グリフィスが一九〇八年以来磨きをかけてきた並行編集は、[***]一二年後の一大メロドラマ映画『東への道』において頂点をきわめ、勧善懲悪という唯一絶対のプロットとイデオロギーに奉仕する。いいかえれば並行編集は、遅くとも一九〇八年にその語法が確立されて以来、長いあいだ、ただサスペンスと救出の表象のために利用され、それ以外のポテンシャルの実験は事実上抛擲《ほうてき》されてきた。それはフランス市民革命以来のメロドラマ的イデオロギー＊＊＊＊を忠実に再現しつつ、それに奉仕し、その限界を越えゆくものではなかった。そこにおいては善人はかならず悪漢／危難から「あわやというところで救出」され、「救ける者」（正義の味方）と「救けられる者」（迫害される弱者）との並行運動は最終的に融解し、後者は前者と奇跡的な遭遇をはたす。じっさい「黒人暴徒」に脅かされる『國民の創生』の白人家族は、駆けつけたKKK（クー・クラックス・クラン）によって事なきを得る（この映画は悪名高き秘密結社KKK再

＊　英国のすぐれた映画研究者バリー・ソールトの調査によれば、「最初の」本格的並行編集は一九〇六年の『無謀なる企て』*The Hundred-to-One Shot*（ヴァイタグラフ社）における疾走する車と、その目的地とのあいだを往復するものである。いっぽう、グリフィス初の並行編集は、その二年後（グリフィスが監督デビューした年）の『運命のとき』*The Fatal Hour*（1908）に見られる。Barry Salt, "Film Form 1900-1906," in Thomas Elsaesser ed., *Early Cinema: Space-Frame-Narrative* (London: British Film Institute, 1992), p. 39.

＊＊　流氷のうえを滝壺へと流されてゆく娘のショット群Aと、その現場へ救出に駆けつける男のショット群Bとの交互編集。『東への道』の並行編集の詳細については、拙著『鏡の迷路　映画分類学序説』（みすず書房、一九九三年）、一一九―一二八頁を参照されたい。

＊＊＊　ふたたびバリー・ソールトによれば、グリフィスが一九〇八年から九年にかけて演出した映画のおよそ四本に一本の割合で並行編集が用いられている。Barry Salt, *Film Style & Technology: History & Analysis, 2nd Expanded Edition* (London: Starword, 1992), p. 100.

＊＊＊＊　メロドラマ的イデオロギーの詳細については、傑出したドイツ人映画学者（わたしが第三回京都映画祭で招聘した）トマス・エルセサー、石田美紀との共訳「響きと怒りの物語　ファミリー・メロドラマへの所見」（岩本憲児他編『新映画理論集成　第一巻』〔フィルムアート社、一九九八年〕所収）、一四―四一頁を参照されたい。

結成〔創生〕の年に製作されている）。逆に言えば、『國民の創生』が並行編集という名の二項対立を採用するかぎりにおいて、黒人の白人社会からの人種隔離（フレーム隔離）が文字通り（映像通り）正当化される。人種隔離政策は、この支配的な映画語法のうちに受肉化され、人種差別（すなわち並行人種）政策を施行すると同時にそれを正当化するのは、それを表象する二元論的並行編集そのものということになる。

このとき並行編集はグリフィスの名において映画史上の投錨点として記載され、ひとつの技術的手法にすぎなかったはずのものが、映画と社会の双方の支配的場面で支配的権力をふるう絶対的法へと格上げされる。並行編集は正しく使用されさえすれば、いついかなるときでも万人に正しい意味（勧善懲悪）と効果（普遍的秩序）をあたえる映像言語とみなされる。しかるにオスカー・ミショーの名画が検討されねばならないのは、まさにこの点においてである。ミショー映画においては、こうした支配的言説（正統的映画史）に地殻変動が生ずるのであり、それこそグリフィス以降の映画史家たちが長らく記述しそこねてきたものだからである。

グリフィスの並行編集は、市民の秩序と安寧を脅かす不合理な（既得権を脅かすものはつねに不合理なものと見なされる）暴力とそれを排除しようと奮闘する無辜《むこ》なる（罪なき）市民とのあいだの競合であり、このブルジョア競走（レイス）はつねに後者の前者に対する勝利で幕をおろす。エイゼンシュテインも（革命的映像言語の徒としてのみならず、共産主義革命の徒として）不快感を隠さなかったこの楽観的ブルジョア世界観に対して、*黒人ミショーの並行編集はより現実的であり、またより映画的でさえある。それはグリフィスの階級対立／人種対立の構図を装いながら、もはや貧富／黒白の単純な二元論には還元されない。異なる二領域（階級／人種／倫理）は文字通り「並行」線をたどり、善人はかならずしも悪漢の手から救われるとはかぎらないという当然至極な結論のうちにミショーはアメリカ社会における「黒人の現実」（市民たる権利の否定）を表象してみせる。

じっさい『我らが門の内にて』の並行編集は、白人暴徒によって縛り首にあい、火をかけられる無辜なる黒人夫婦の場面Aと、その夫婦の娘が別の場所で白人（実父）によっていままさにレイプされようとしている場面Bとをクロスカットする。そこではヒロインの窮地（空間B）を救わんがためにヒーローが空間Aを走破するという、一九〇八年以来飽かずくりかえされてきた勧善懲悪の出来競走《しゅつらい》（レイス）は存在しない。一九一九年の黒人劇場専用映画（レイス・ムーヴィ）『我らが門の内にて』のヒロイン（「レイス・クイーン」と呼ぶべきだろうか）には駆けつける正義漢などいないし、まして両親はすでに縊殺され、その亡骸はいま炎につつまれようとしている。そこではグリフィスの楽観的二元論は正当にも抛擲され、そのうえでクロスカッティングは生まれ変わる。

比喩形象としてのクロスカッティング

じっさい黒人劇場専用映画作家ミショーの革新性は、異なる空間ＡＢの描写が相補的な比喩形象とな

＊　山田和夫他訳『エイゼンシュテイン全集　第六巻』（キネマ旬報社、一九八〇年）、一九五頁。

るところにある。養父母の亡骸をつつむ紅蓮の炎が、凌辱されようとするヒロインの窮地にクロスカットされるとき、暗闇を照らしだす炎が何を象徴しようとしているのかは誰の眼にも明らかだろう。すくなくとも次のようなショット分析において、誰もがかんたんにひとつの解釈にいたることができる。すなわち、火だるまの養父を示すショットA群に、美しきムラート（白人と黒人の混血者）を前にした（性欲の火に油をそそがれた）実父を示すショットB群が重ねられ、闇夜に燃えさかる白い炎（ショットA群）が、銀髪白衣の白人（実父）に黒いコートを剝ぎとられながら白いドレスひとつで抵抗する黒髪のムラートたるヒロイン（ショットB群）に挿入される。このクロスカッティングを構成する二種類のショット群は次のように要約できる。

クロスカッティング
- ショットA群――リンチ／養父／白い炎／闇夜
- ショットB群――レイプ／実父／白いドレス／黒髪と黒いコート

ミショーはこのリンチとレイプの大胆な並行編集において、ショットA群にショットB群を七回も挿入しながら、「父の死」という同じ意味論的戯れ（養父の現実の死と実父の象徴的な死〔わが娘を凌辱しようとしていたことに気づいた実父の茫然自失〕）と白と黒の形象論的戯れ（モノクローム映画における黒人と白人の戦い）を重層的に表現する。むろん、わたしたちにとって重要なのは、白と黒の形象論的戯れの方である、ショットA群の闇夜に燃えさかる白い炎とショットB群の剝ぎとられる黒いコート（とその下から露わになる白いドレス）は、AB間のめまぐるしいクロスカッティングの焼成《しょうせい》プロセスのなかで、たがいにたがいの重層的比喩となり、黒く焼けただれた闇のなかの揺れ動く白の形象となる。いうまでもなく、そうした比喩形象はたんなる装飾と洗練の手段ではなく、映画的文体による本質洞察のための手段であり、検閲の眼が光る社会状況下においてはなおさらそうである。クライマックスにおける風になぶられる白い炎と白人の父によって露わになる白いドレス。この白の形象は空間と時間を交差するクロスカッティングという手法によって、白人によって黒人の心身にくわえられる切断と暴虐の歴史を表現する。逆に言えば、クロスカッティングは映画史上はじめて、それが表現する対象の重みに見合う自重を獲得したのである。しかも、この白い炎は無辜なる黒人の屍体を焼きながら、同時に陋劣《ろうれつ》なる白人の傲岸《ごうがん》不遜をも焼き尽くす（白人の倫理においても奴隷のレイプは許されても近親相姦は許されない）。そしてこの白い炎の浄化力は、ヒロインの危機を救いにやってくるはずのヒーローが欠落しているこのメロドラマにおいて唯一の救い（デウス・エクス・マキーナ）となっている。対立する二種類のショット群の行為項は現実には永遠の並行線をたどりながら、観客の視界の内でのみ象徴的にクロスし、それゆえこの黒人劇場専用映画は黒人観客のみならず、あらゆる映画観客に明確な詩的ヴィジョンを共示するのである。

グリフィスの酷薄な人種差別映画（黒人抑圧の実態に眼をつぶる映画）に異議をとなえるこの黒人劇場専用映画のなかの控えめなバロックともいうべき、ミショーによるクロスカッティングは、グリフィスの映画手法を外面上そのまま利用しながら、その手法からグリフィスがついぞ気づくことのなかった新しいふたつの効果を引きだすことに成功する。すなわち、並行編集は文字通り並行線をたどりうること（つまりメロドラマにおいてかならずしも善人が完全勝利するとはかぎらないということ、黒い物納小作人と白い農園経営者とのあいだには生なかな和解はありえないということ）、そして並行編集における二種類のショット群は相補的な比喩形象たりうるということ（つまり「現実」の表象は社会の現状を凌駕して、きたるべき「現実」を鍛える象徴的手段たりうるということ）である。持つ者と持たざる者との二元論を支持するヴィクトリア朝的メロドラマのなかで、善人はかならずや悪漢の手から救い出されるというグリフィスの世界観は、ミショーによって同じ手法がまったく逆の世界観を示すために利用されるがゆえに、痛烈なアイロニーをもって白人社会の圧制下に生きる黒人の「現実」を表象する。グリフィスの現行版『國民の創生』では黒人に「求婚された」白人女性が崖のうえから投身自殺をはかったというだけでKKKによる黒人リンチが正当化され、ミショーの『我らが門の内にて』では白人がそれと知らずに実娘（ムラート）をレイプしようとしても、彼はただおのれの「恥辱の傷痕」に向きあう機会をあたえられるだけである。ミショーはグリフィスの手法を逆転させるのではなく（勧善懲悪の立場を白黒逆転させるのではなく）、それを利用しながら、まさにその白い手法（並行編集法／人種差別〔並行人種〕法）そのものの限界を浮き彫りにするわけである。

かくしてオスカー・ミショーはハリウッド主流映画の屋台骨にひびをいれることに成功し、グリフィスの並行編集（圧制に対する市民の勝利という歴史的ブルジョア革命を寿ぐために産みだされたメロドラマ演劇に起源をもつもの）が、けっして普遍的な映画言語ではないことを明らかにしたのである。映画史家たちが長らくこうした事実と可能性に気づかなかったということじたいが、彼らの生きてきた支配的社会条件の限界を露呈するものであろう。

アメリカ映画史の二重化

したがって、ここで強調しておかねばならないことは、人種的というよりも、その歴史的先行条件によって傍流映画作家たらざるをえなかったオスカー・ミショーが同時代の支配的社会条件下に生きつつ、その支配的社会条件の体現者D・W・グリフィスを意識的に利用することによって、アメリカ映画史を拡張更新しているということである。グリフィスが、ミショーの黒人劇場専用映画『我らが門の内にて』の製作ののちも、旧態依然とした自己反復から（たとえそれが洗練の極致を示していったとしても）逃れられなかったという事実（『東への道』）は、既成のハリウッド主流映画の貧困を物語ってあまりある。

ハリウッドにおいては、ひとたび物語映画の規範が成立したうえは、その維持継承にあいつとめ、効率的に作品（商品）の配給をめざす経済システムが優先される（ハリウッド映画の世界配給は『東への道』製作の年にほぼ独占状態に達する）。それゆえメイジャーの映画言語にマイナーが画期的改良をくわえたとしても、マイナーによるその新機軸がメイジャーへと再摂取されることはない。黒人観客は白人たちの映画も自分たちの映画も、その黒い公共圏において享受することができたのに対して、白人観客は基本、自分たちの白い映画しか見ようとせず、外部というものを体験しえなかった。白い公共圏は閉じられていたのである。ハリウッドは一見したところ外部に開かれているように見えながら（ドイツの映画会社ウーファと業務提携をし、あるいはウルマーのような欧州映画人を大戦前から多々迎えいれていたものの）、その内実はいわば同胞（ユダヤ人）の再結集であって、ハリウッドの門戸は（とりわけ黒人には）堅く閉ざされていた。

要するに、黒人劇場の存在がアメリカ映画史の二重化を産みだす。おそらくすべての歴史がそうであるように、アメリカ映画史もまた不均質かつ不可逆的な展開を見せている。ハリウッド映画は、それが内包しえたはずの、またその成立の根拠でもあった新移民の流動性と多様性にてらせば内包してしかるべきであった先行中少数民族（アフリカンやインディアン）を、ほとんど無意識的に（しかし確固たる経済的論理にてらして）排除した。それは人種的排他性であると同時に、市場独占の結果であり、市場経済がすべてに優先する世界ではメイジャーの規範システムが重厚化し、それゆえハリウッド映画はみずからを脱構築する契機を永遠に失ってしまった。これはシステムの硬直性の典型的な例であろう。ハリウッド主流映画はどんな小さな支流（サブジャンル）へと流れこんでいっても、支流で産まれた黒く輝く魚が主流へと遡上することはありえなかった。黒人たちは白人たちとは別の場所で別種の文化的達成を示し、それは長いあいだ不可視の領域へと追いやられていたのである。

レヴュー映画

ところでサイレント映画が文字通り鳴り物いりでトーキーへと脱皮をはかるころ（一九二七年から

三〇年代初頭）、歌声と演奏が眼も綾なるクラブ・ショーの映像と同調することを売り物にした「レヴュー映画」が世界を席巻した。日本でもE・A・デュポンのレヴュー映画（『ムーラン・ルージュ』*Moulin Rouge* 1928 など）が輸入公開され、あまつさえ「小唄映画」なる便乗型サブジャンルが流行し、設備投資のかなわぬ小劇場の舞台袖に歌手がひかえ、カラオケさながらに主題歌を熱唱するという活弁サイレントの彌縫策が講じられさえした*（『祇園小唄 絵日傘 第一話 舞の袖』金森万象、1930）。

眼にも耳にも心地よいレヴュー映画がトーキー移行期に流行したということは映画史上象徴的な出来事であろう。技術革新の波が歌手や弁士やピアノ奏者といった生身の人間を不可視の音響再現装置へと呑みこんだ結果、映画の観客聴衆はその場かぎりのパフォーマンスではなく、何度でも忠実に再現されるサウンドとイメージを手にし、それゆえ彼らはこの新機軸映画においてレヴューを文字通り正確に「レヴューする」（もう一度見る）ことができるようになる。この反復可能性、「レヴューのレヴュー性」こ

* その年々の注目すべき映画現象をレヴューする『日本映画年鑑』によれば、この時期、レコード会社と提携した映画会社によって『祇園小唄』をはじめ『東京行進曲』、『摩天楼』、『沓掛小唄』、『悲しき踊り子』、『波浮の港』、『君恋し』、『アラビヤの唄』、『浅草行進曲』、『道頓堀行進曲』、『城ヶ島の雨』など多くの「小唄映画」が濫作されている（『日本映画年鑑 昭和四年―五年版』朝日新聞社、一九三〇年、六二―六八頁）。また「小唄映画」の粗製濫造ぶりは当時、一映画ファンによって次のように断罪されてもいる。「小唄映画は単に字幕として小唄を並べるばかりでなく、多くは伴奏によって小唄を奏するか更には『楽壇の名花』××××嬢といふ肩書づきの怪しいソプラノ歌手が闇の中で黄色い聲を張りあげることになつている。これは映画が、光と影の世界から、辨《べん》士《し》の説明といふ畸型物を乗り越して、更に音楽と握手していることを示すものである。だがそうした視覚と聴覚とに訴ふる新しき綜合芸術といふべく小唄映画は余りに美学的価値を持たな過ぎる」（『キネマ旬報』第三二八号〔一九二九年四月二一日号〕、九三頁）。

そ、映画という媒体が二〇世紀に根をおろす最大の根拠である。自他ともに認める人気娯楽産業としての映画界がなりふりかまわずニュー・テクノロジーの摂取をはかっていたこの時期は、大半の黒人劇場専用映画もまたハーレム・ルネサンスの活況をトーキー映画に反映させようと奮闘する時期でもあった。

クラブ映画

さて、次章でも論証しているバズビー・バークリーはこの時期のメイジャー系ハリウッド・ミュージカルを代表する振付師だが、多数の美女が巨大なバナナやタイプライターへと変身するその振付が、今日のわたしたちの眼からいかに誇大妄想狂的バロックに見えたとしても、ショーと物語のあいだには両者をつなぐしかるべき物語論的関節が存在し、歌と踊りとプロットのあいだには論理的一貫性を保証する装置があった。しかるに同時期（一九三〇年代）のオスカー・ミショーの映画にはそれが見当たらない。黒人映画プロダクション初のオール・トーキー映画『流浪』*The Exile*（1931）にしろ『あと一〇分の命』（1932）にしろ、木に竹を接ぐように（あるいは劇中突如CFを挿入するかのように）情け容赦なく物語の流れを寸断する長いレヴュー・シーンの開幕となる。しかも、そのレヴューはシーン全体がシングル・ショットで撮られ、一演目が切れ目なくまるまる提示される（さながら歌手やダンサーのためのプロモーション・フィルムでもあるかのように）。テオ・アンゲロプロスもアンドレイ・タルコフスキーも溝口健二も当時まだ見せたことのないこの驚くべき長廻《ながまわ》し撮影で、黒人女性ダンサー（「セピア・コーラス・ライン」）と黒人楽団のパフォーマンスが同一ポジション、同一アングルから延々とカメラにおさめられ、クラブ最上席からテーブル・チャージより安価な（映画の）入場料でフロア・ショーが楽しめる仕組みになっている。スタイルの統一性におかまいなしのスタイル。これは同時代のほかのいかなる監督にも似ていない（とりわけハリウッド主流映画に似ていない）オスカー・ミショー独自の物語スタイルである。題名（「あと一〇分の命」）が暗示するプロットの展開やジャンル（この場合はミステリ映画）の外観とは無関係に、ともかくナイトクラブのショーを忠実に再現した黒人劇場専用映画を、ここでは「クラブ映画」と呼ぶことにする。

ミショーのクラブ映画のこの長廻し固定ショットは（とりあえず、それをワン・シーン＝ワン・セットアップと呼んでおけば）、考えうるかぎり最小最低の予算体制から産み落とされた苦肉の策である（なにしろ配給先は、ハリウッド・メイジャーが世界市場を相手にしていた時期に、アメリカ国内の最大七〇〇館の黒人映画劇場に限定され、観客動員数も合衆国国民の六割が週末を映画館ですごしていた時代に、せいぜいその一〇分の一しかないのだから予想収益はたかが知れている）。要するにワン・シーン＝ワン・セットアップは、カットを割るための予算も時間もない最悪の製作状況を積極的に引き受けたときに産みだされた手法である（サウンド・ステージ内でカットを割るということは、通常キャメラのセットアップを変えることであり、それは少なくとも照明と美術と音響の煩瑣《はんさ》な変更をともなう時間消尽型の撮影体制である）。ワン・シーン＝ワン・セットアップによるレヴューの挿入は、オスカー・ミショーのクラブ映画が、およそ観客が主人公に感情移入してカタルシスを味わうタイプの映画ではないことを意味する。それはあくまでも擬似クラブ体験を味わえる、歌って踊れる映画なのである。なにしろミショーのクラブ映画（たとえば『あと一〇分の命』）が公開される一九三〇年代初頭は、大恐慌期とはいえ、いまだハーレム・ルネサンス華やかなりしころであり、乱立するクラブではジャズの旋律が鳴り響き、セピア・コーラス・ラインが聴衆の熱い視線を浴びていた時代である。クラブの活況は、同じ歓楽街の一部としての映画館の活況に通じ、黒人劇場専用映画の新興サブジャンル（クラブ映画）はトーキー技術革新によって一世を風靡《ふうび》することになる。しかし、それだけのことなら、わざわざここで検討するほどのことでもあるまい。重要なことはその先にある。

頭数にはいっていない映画

オスカー・ミショーのクラブ映画『あと一〇分の命』（1932）などのレヴュー・シーンを見ていると、同時期のハリウッド・ミュージカル映画（たとえば『フットライト・パレード』*Footlight Parade* ロイド・ベイコン監督、バズビー・バークリー振付、1933）では許されないような扇情的な衣装と振付に気づかされる。ミショーのクラブ映画は、ヘイズ・コード第六条第四項（「舞踏において過度の露出や下品な動作を可能にするよう意図された衣装の着用は、これを禁ずる」）にあからさまに抵触する。*なるほどヘイズ・コードの罰則規定施行以前は、ハリウッド・メイジャーでも超仰角から覗きこむように踊り子の脚をとらえるミュージカル映画も珍しくなかった。しかし『あと一〇分の命』などにセミヌード・ダンサーの露骨な腰の動きが認められるのは、このフィルムの公開がヘイズ・コードの罰則規定施行（一九三四年）以前だからというよりも、そもそもこれがアメリカ映画としては頭数にはいっていない黒人劇場専用映画だからである。ダイナミックで扇情的なダンサーの動きも、これが全米配給を意図した映画でない以上、世論とボイコットを懼《おそ》れるハリウッド映画界には無縁の出来事である。性的検閲の必要が声高に叫ばれる時期でも、アメリカの劇場公開映画がのきなみ偽善的禁欲ぶりを発揮したわけではなかったのである。このことはヘイズ・コードがより厳格に運用されていた時期の黒人劇場専用映画（たとえば一九四五年のバッド・ポラードの『ハーレムの出来事』）を見れば、より明白になるだろう。そこでも同時代の白いハリウッド主流映画ではかなわない女性たちの激しい腰の動きが、白人と見紛《みまが》わんばかりの白い肌と直毛のムラートたちによって披露されている。

さて大恐慌時とはいえ、いまだハーレムのクラブ・シーンが活況を呈していた時期につくられたミショーの『あと一〇分の命』(1932) は、ミステリ風クラブ映画の最初期の作品として、その後、長いあいだこのジャンルで（たとえば八年後の『スウィング』*Swing!* の別ヴァージョン『スウィングするミステリ』*Mystery in Swing* にいたるまで）大きな影響力をあたえることになる。『あと一〇分の命』の特筆すべき点は、すでに触れたように、対応するふたつの恋愛と殺人の物語がプロットとは無縁の長い（物語展開にも匹敵する時間の）レヴュー・シーンをはさみこんでいるという点にある。もっとも、この黒人劇場専用映画のレヴュー以外の部分は、同時代のメイジャー系ハリウッド映画と比較すれば、ほとんど「絵にもならなければ、話にもならない」シーンの連続なのだから、このレヴュー・シーンはいずれ

* ヘイズ・コードについては、本書第Ⅲ章、九三―九四頁を参照されたい。

にせよ、このフィルム最大のスペクタクルとして突出せざるをえない（なにしろ前述の作家主義者の評言をかりれば、三〇年代のミショー映画は「摩訶不思議なフラッシュバックと辻褄のあわない筋立てと思いがけない時間的飛躍」を旨としているのだから）。しかし、ここに奇妙な逆説が生起する。傑出したイギリス人小説家トリストラム・シャンディ的逸脱にもかかわらず、このレヴュー・シーンがプロットと積極的に戯れる不思議な時間がやってくるからである。

相容れないふたつの要求

事の次第はこうである。映画のなかのクラブ上席に座り（わたしたち観客同様）華やかなフロア・ショーを楽しんでいるヒロインの手許に、突如「あと一〇分の命」という脅迫状が届けられる。彼女には、このフロア・ショーが終わるまでの「あと一〇分の命」しかのこされていないというのである。前述したように、このフィルムのレヴュー・シーンは、その長い切れ目のない持続ゆえに、なんらプロットと関わりをもたないという印象を観客にあたえる。ところが、その長い、いつ終わるとも知れないレヴューが終わったときがヒロインの命が終わるときだというのだから、これは奇妙な迫真的恐怖感をもって観客にせまることになる。つまり、ここで相容れないふたつの要求が引っ張りあいをすることになる。一方で、このレヴュー・シーンは純然たるスペクタクルとして、この映画のほかの部分からの分離独立を要求しながら、他方で、それは物語の核心にふれることを観客に要求するのである。それは痴情の果ての殺人予告などクラブの艶美なダンス表象にくらべれば取るにたらないとでも言いたげな、物語ることの義務と権利をはなから棄捐したかのような、この映画の基本構造にとって痛烈なアイロニーを産みだすことになる。はたせるかな「一〇分」後、[*]この映画はひとつの死によって皮肉なエンディングをむかえるのだが、クラブでヒロインが「あと一〇分の命」という脅迫状を受けとってからおよそ「一〇分」後にこの映画は終わるわけだから、そのとき「あと一〇分の命」と宣告されたのは『あと一〇分の命』というこのフィルムそのものではなかったのか。映画的言説の水準においても映画的物語の水準においても「あと一〇分の命」と宣告されたのち、あえなくアンチ・クライマックスをむかえるこの映画は、物語映画としてはおよそ体をなさない。にもかかわらずタイトルで時間に言及するこのフィルムは、レヴューの尋常ならざる持続をサスペンスの持続へと強引に接木し、それによってメロドラマとミステリのプロットをミュージカル的要請に接続することに成功している。こうした力業は、のちの他の多くの作家のクラブ映画ではけっして見ることのできないオスカー・ミショー独自のものである。

ジャンルの指標

ミショーの『あと一〇分の命』の製作から九年後の黒人劇場専用映画『レノックス街の殺人』(アーサー・ドライフス、1941) でも、一三年後の『ハーレムの出来事』(バッド・ポラード、1945) でも、ミ

＊ それは複雑怪奇な時制進行を採用するこのフィルムにおいて、およそ回想シーンとは言いがたい過去の顚末を物語る挿入場面ののち、現在のクラブの場面に戻ってから上映時間にして約「一〇分」後のことである。

ショーのクラブ映画のパターンはほぼ正確に踏襲されている。ドライフスもポラードもミショー同様、黒人劇場専用映画のプロデューサー兼監督であるが、三人の違いはドライフスとポラードがヨーロッパ系アメリカ人だったということである。にもかかわらず彼らの映画は『あと一〇分の命』と同じく異様に長いレヴューの再現挿入を特徴とする「オール・ブラック・キャスト」のクラブ映画である。それらはかならずしもミショーのワン・シーン＝ワン・セットアップを踏襲せず、むしろ比較的潤沢な予算と製作期間によってセットアップ数を増やし、できることならハリウッド主流映画の洗練度に接近しようと企てる。しかし物語の円滑な流れよりもレヴューを重視する点において、まぎれもなくミショーのクラブ映画を継承するものである。むろん、事はこの二人の黒人劇場専用映画白人作家の作品にとどまらず、この時期に製作された大半の黒人劇場専用映画にもあてはまる。ミショーが確立したクラブ映画のコンヴェンション（物語の流れを寸断し、木に竹を接ぐように異様に長いレヴュー・シーンを挿入すること）は水で薄められながらも長く黒人劇場専用映画の特徴を形成するのである。

いうまでもなく黒人劇場専用映画製作会社は一九三〇年代から四〇年代にかけてクラブ映画ばかりを量産していたわけではなかった。ハリウッド主流映画同様、同時代の人気ジャンルたる西部劇（『ハーレムから来た二丁拳銃の男』*Two-gun Man from Harlem* 1938）や擬似ギャング映画（『ハーレムのパラダイス』1939）、あるいはリパブリック映画を彷彿とさせる荒唐無稽な「原子力ミュージカル・コメディ」とでも呼ぶべきもの（『夜のシカゴ』、1946）すら製作した。しかし、それらは白い俳優を黒い俳優に置き換えることで、より大きな活力とチープネスをもちえたものの、もっぱら白人監督によって演出された

『ハーレムから来た二丁拳銃の男』ポスター

がゆえに白人たちのB級映画（リパブリック社やモノグラム社の製品）と基本的になんら変わるところがなかった。しかもジャンルの多様な外観にもかかわらず、それらは深くクラブ映画の影響を受けていた。[*] つまり黒人環境のハーレム・ルネサンスの隆盛に呼応するかたちで、クラブ映画は二〇年近くものあいだ命脈を保ちつづけ（少なくとも一九四八年の『キラー・ディラー』*Killer Diller* にいたるまで）、その後の長い黒人映画史の伝統の一部を形成したのである。白人監督のアーサー・ドライフスやバッド・ポラードらは、オスカー・ミショーが樹ち立てた黒人劇場（カラード・シアター）専用クラブ映画の文体と主題を模倣しながら（見方によってはそれを忠実に守りながら）、この黒人映画独自のジャンルと製作システムの維持に貢献したのである。

従来のアメリカ映画史は、一九七〇年代の「ブラック・フィルム」の活況を記述するさいに典型的に見られるように、もっぱら白人から黒人への一方向的影響、白を黒に置き換えただけの戯画的映画史観に立っていた。しかし黒人劇場専用映画の歴史的展開を見れば、事実はむしろ逆だったことがわかる。観客が黒人層に限定されていたとはいえ、白人の監督とプロデューサーたちはむしろ黒人映画作家オスカー・ミショーたちの模倣と剽窃のうえにみずからの文体と資本を築いたのである。しかもそれはいまだにアメリカ映画史に書きこまれていない隠蔽された剽窃である。アメリカ映画史は、黒人に対する白人のこの負債を公式非公式を問わずいまだ認めたことがない。つまり世界映画史正典は、アフリカ系アメリカ人オスカー・ミショーが白人文化を凌駕する大胆にして繊細な映画的文体を確立したという事実を認知できないまま今日にいたっているのである。

ハーレム・ルネサンスには白人既成文化に対抗する黒人独自の文化を構築しようという正の側面と、白人のエキゾチシズムを満足させるという負の側面があっただろうが、いずれにせよ、その末期に黒人

＊　一九三〇年代のクラブ映画の主人公はほとんどいつも中流以上の階級に属し、彼らに感情移入する低所得黒人観客にとって、映画が「金で買える夢」であることを物語っている（黒人中産階級は三〇年代のアメリカにおいておよそ例外的な存在であり、それは同時期の日本映画、たとえば『雪崩』〔成瀬巳喜男、1937〕などが室内を靴履きですごす日本人上流階級の夢のメロドラマを飽かずえがいていたのと同様である）。そこには初期の黒人劇場専用映画が追求した二階級間の軋轢《あつれき》と融和の可能性（『恥辱の傷痕』*The Scar of Shame* フランク・ペルジーニ、1926、『我らが門の内にて』〔実娘をレイプしようとして、その胸におのが「恥辱の傷痕」を発見する奴隷所有権継承者〕）がきれいに漂白されている。黒人劇場専用映画が白人B級映画を模倣するのは、そのスタイルばかりではない。その既成の社会的枠組みをも流用する。「オール・カラード・キャスト（黒人総出演）」映画のなかでタキシード（夜会服）に身をつつんだ黒人資産家のかたわらに、かいがいしく仕える黒人メイドの姿が見えるという事実は文字通り黒いアイロニーとしか言いようがあるまい。黒人観客の歓心を買うためにだけつくられた黒人劇場専用映画が、主役を白人から黒人に変えながらも、メイド役は白人映画同様、東洋人でもネイティヴ・アメリカン（インディアン）でも（むろん白人でも）なく、やはり同じ黒人に演じさせるのである。それはこの映画の白人男性監督（兼プロデューサー）が、白人のための（あるいは白人に感情移入できる「人の良い」カラード〔黒人〕観客のための）白人によるハリウッド映画の慣習に浸かるあまり、人種と階級の夢の転換に留意しつつも、性役割の転換にまでは頭がまわらなかったことを意味するだろう。黒人観客が夢見る階級とジェンダーの理想社会は、その内部から蝕《むしば》まれているのである。もっとも、女性が演出しさえすれば、女性表象にしかるべき配慮がはらわれるという単純な問題でもないことは、映画史最初期のすぐれた女性監督アリス・ギイのフィルム（『第一級の助産婦』*Sage-femme de premiere classe* 1902、『奥様の欲求』*Madame a des envies* 1906など）を見れば一目瞭然であるが。同じ理由から黒人男性が黒人劇場専用映画を演出しても、やはり白人監督同様に黒人女性の脱衣場面や入浴シーンを挿入することになる（『あと一〇分の命』、『スウィング！』、『嘘吐き』*Lying Lips*、『ハーレムから来たダーティ・ガーティ』*Dirty Gertie from Harlem* など）。黒人観客のためにだけつくられた黒人劇場専用映画がかならずしもそこに黒人のステレオタイプを含まないわけではない。むしろ積極的に新しいステレオタイプを捏造《ねつぞう》しさえするだろう。そこではきまって色の薄い、白人と見まがわんばかりの直毛の「黒人」女性が、同じように色の薄い黒人男性の恋の相手となる（同じことが、ふたたび同時期の日本映画についてもいえよう。当時の日本のメロドラマ映画の主演男女優はほとんどコケイジアン〔白色人種〕と見紛わんばかりである）。

芸術家の創造した独創的文体が一部の白人文化経済によって模倣摂取されたという事実は、白人による もうひとつの黒人搾取を意味する。一般に人種差別は、相異なるふたつの人種文化のうち、一方が他方 に一方向的に依拠することによって生起する。アメリカの黒人は白人たちの奴隷貿易によってみずから の依ってたつアフリカ文化を壊滅させられてしまっている以上、多かれ少なかれ白人文化に同化せざる をえなかった。しかるにハーレム・ルネサンス末期における白人による黒人劇場専用映画の搾取は、黒 人文化の枠組みのなかだけでおこなわれたものであり、剽窃と模倣の結果はけっして白人正典文化へと は反映されなかった。黒人とはちがって白い劇場と黒い劇場を自由に横断することのできた白人は、そ の横断する権利を独占することによって黒人文化を利用した。両者のあいだに横たわる見えない障壁は、 その後も白人によるこの黒人文化搾取の実態を長いあいだ隠蔽することに成功してきたのである。

このことは前述のエドガー・G・ウルマーのような長い映画的経歴をもつ白人作家についても同様で ある。ウルマー（『ハーレムにかかる月』1939）であれポラード（『ハーレムの出来事』1945）であれ、ハ リウッド主流映画の文法にしたがえば、より接近したショットへとカットすべきところを黒人劇場専用 映画ではズーム・インのごとき接近撮影ですませる傾向がある。それは既成のハリウッド映画史観から すれば奇妙な逆行である。ウルマーは欧州で一流の映画製作にかかわったあと、ハリウッド・メイジャー で作品をものした経験豊かな白人監督である。にもかかわらず、さしたる審美的、心理的理由もなしに、 彼の映画がワン・シーン＝ワン・セットアップやズーム・インのごとき反時代的文体によってグリフィ ス以来のハリウッド主流映画の伝統から逸脱するとすれば、それは黒人劇場専用映画のささやかな生産と消費のサイクルのなかで強いられた常套手段に、ウルマーのようなすぐれた白人映画作家もまた同意したということを示唆するものである（『ハーレムにかかる月』の撮影はわずか四日でなされたといわれる）。それは製作者と観客のあいだで特定の共同体を構成している非ハリウッド映画としての黒人劇場専用映画が独自の文法と製作様態を積極的に構成していたということの証左であり、そしてその「黒い文法」の父こそオスカー・ミショーそのひとなのである。彼のレヴュー・シーンが固定長廻しキャメラで撮られていたのは、たとえそれが当初技術的、経済的要因に端を発していたとしても、それを卓抜な物語論的装置として活用しながら自己の文体的特徴とし、のちに広く「クラブ映画」の支配的スタイルとしたのはミショーの功績である。

じっさいミショーは、大恐慌期の経済的制約を黒人劇場専用映画の文体論的特徴に転化する力をもっていた。なるほど『あと一〇分の命』と同じ年に撮られたトーキー映画『シカゴから来た娘』*The Girl from Chicago*（1932）では、監督ミショーが俳優に向かってなにやら指示をだしている声が聞こえ、あまつさえ俳優が画面外のミショーに黙るようにと合図をおくる場面すら見てとれる。入念なリハーサルと執拗なリテイクからなる「ふつうの映画」では、そうしたシーンは絶対にありえないことであり（仮にミショーがそうしたシーンに編集段階で鋏をいれたとすれば、それはそれでジャンプ・カットという、ふたたびゴダールの文体を三〇年先どりする結果になったであろうし）、たとえ現場のチェックをすりぬけたミスでも公開までには修正するのが基本、プロの映画人の気骨である。映画を撮りだして一五年近くになるヴェテラン、オスカー・ミショーが、トーキー初期とはいえ、かかる初歩的ミスに気づかなかったということはありえない。それゆえミショーの映画は、たとえそれが経済的、技術的制約に端を発していたとしても、撮影現場における監督の意志と「現実」を観客に伝える奇妙なすぐれた作品ということになる。それは継ぎ目の見えない端正な夢を観客にあたえようとするハリウッド主流映画とは逆に、困難な製作状況を自作の文体と化し、そのことによって同胞が次々と倒産してゆく困難な時代を生きのこり、そのことによってまたクラブ映画という黒人劇場専用映画の一大ジャンルを確立したのである。

そして一九八〇年代後半から、ようやくアフリカ系アメリカ人の新作映画は世界的マーケットを獲得するようになった。スパイク・リー、マリオ・ヴァン・ピーブルズ、ジョン・シングルトン、アーネスト・ディッカースンら多くの黒人男性監督作品がアメリカを代表するフィルムとして世界各地で公開され、同時代の黒人問題が広く世界中の観客と共有されはじめた。今日、アフリカ系アメリカ人監督がアフリカ系アメリカ人の撮影監督とともに、ほかのアフリカ系アメリカ人スタッフやキャストをつかって映画をつくり、それを世界市場に配給することはごくあたりまえのことのように思われる。しかし、それが当然のこととなったのは、あくまでも二〇世紀末のことであり、彼らの父親の世代にはおよそ不可能なことであった。しかしながら一概に逆説的なこととも言えないかもしれないが、アフリカ系アメリカ映画が世界配給を手にしたことによって、逆にアフリカ系アメリカ映画はふたたびその独自性を失い、他のヨーロッパ系（あるいは当時の香港系）アメリカ人の映画となんら変わるところのないものになる傾向を見せはじめている。今後アフリカ系アメリカ映画がどのような指標と同一性をもつにしろ、彼らの映画の起源がオスカー・ミショーにあったことは記憶されてしかるべきことであろう。

終章　映画の身体性／身体性の映画

最後に、映画の身体性と身体性の映画、その両義的包容性について論証してみよう。その意義はつぎのような先行メディアに由来する。映画《フィルム》は、本来、「演劇」と「写真」の二項目、さらに「文学（戯曲、小説、脚本《スクリプト》）」と「音楽（音声、音響、環境音）」と「絵画」の合計五項目の並行合体から充実しはじめる。そして、その先行史上の五大メディア（演劇、写真、文学、音楽、絵画）から、新規ミディアム（媒体）たる映画が斬新《ざんしん》的に活性化するのが映画的身体と身体的映画なのである。舞台演劇で生身の俳優の身体運動を見るよりも、映画スクリーンで映像的俳優身体を見るほうが圧倒的な多様性と細密的な多義性を（また当然、運動時間のねじれも）入念に堪能できる。むろん、映画的身体性は写真や絵画の画期的身体描写とも連繫《れんけい》しうる。しかし写真や絵画が静止画像でしかない以上、映画撮影における動画像と静止画像の合体による紆余曲折たる身体的映画の漸進《ぜんしん》性こそ、映画ミディアムの独創的有機性となるのである。

映画とは、基本、観客の視覚と聴覚にさらされる諸器官の錯綜的集合体である。そして、すぐれた芸術映画《アート・フィルム》は映画的身体性と身体的映画性の充溢《じゅういつ》性が高度であるがゆえに類推的解釈から乖離《かいり》する。たとえばソ連の映画監督アンドレイ・タルコフスキー映画のおどろくべきロング・テイク（長廻《ながまわ》し撮影）は、のびきった靭帯《じんたい》というよりも、いわば胃腸の消化活動ごときものである。体内摂取された食物を、ゆるやかに分解吸収するプロセス（視覚的に提示しない有機的動画像）を身体外部から精神的に触覚しうる静謐《せいひつ》かつ超然たる感覚が途方もなく輝く作品、それがアンドレイ・タルコフスキー（1932–1986）の芸術映画（『鏡』や『ストーカー』など）の個別性である。*

分別と限定を解さぬ混沌《こんとん》世界

また明暗対照を縦横無尽に凝視しつづけさせる（長廻し撮影する）映画ならば、拡散的世界を無軌道に拡張する身体的映画となる。それは、傑出したアメリカ映画作家オーソン・ウェルズ監督＝主演の『黒い罠』*Touch of Evil*（1958）の冒頭シーンのおどろくべき視聴覚的空間である。それは多面的拡張（運動媒体の移動撮影）によって世界の曖昧的合理性を深遠化する身体的映画である。そしてシネキャメラ（映画カメラ）とその被写体（人間や自動車などの運動媒体）はともに服膺《ふくよう》世界に侵入活動し、吼《ほ》えわたりながらも、われわれ観客は映画空間内に参入する感性にはいたらない特異な身体的映画となる。それゆえ、オーソン・ウェルズ（1915-1985）のフィルム・ノワール（暗黒映画）『黒い罠』はハリウッド映画史上最高の芸術映画のひとつということになる。**

ショット編集による多様性

一九七九年にソ連邦から遊離するタルコフスキー同様、悪しきフランスから一九五八年に亡命する映画作家ストローブとユイレが西ドイツで制作する映画『妥協せざる人々（和解せず）』*Nicht versöhnt oder*

Es hilft nur Gewalt, wo Gewalt herrscht（1965）もすぐれた芸術映画である。動画像の不意なる頓挫《とんざ》（主要人物たちがプラットフォームから乗った列車出発描写の唐突なる消失）。そして、つぎのショットにおける、ささやかな動画像（運動）再現（プラットフォームをながながと歩きながら会話する別の登場人物たち）。傑出した映画『妥協せざる人々』の一例にすぎない、この鉄道撮影編集は、関与的人間身体（列車に乗った者たち／乗っていない者たち）が、編集ショットをまたいで運動を継続する古典的ハリウッド映画文法身体の関節＝ジョイント（継ぎ目）をすずやかに崩壊させる。

ストローブ＝ユイレによる離反的接続ショット編集は、半世紀を閲《けみ》した二一世紀現在の映画でも、基本『妥協せざる人々』とかわらず、対極的かつ混淆《こんこう》的運動編集がつづいている。それは、いわば人間身体の複数関節の運動が多様な自然世界において不連鎖となるとも言えるだろう。

カメラの運動と人間の運動

すぐれたギリシア人監督（日本最高の映画作家のひとり溝口健二の『残菊物語』［1939］に影響を受けた）テオ・アンゲロプロス（1935–2012）は、純然たる人間の歴史的循環性の崩壊を画期的に身体的映画

＊　タルコフスキー（1932-1986）の詳細についてはアンドレイ・タルコフスキー、鴻英良訳『映像のポエジア　刻印された時間』（キネマ旬報社、一九八八年）、および拙著『映画の領分　映像と音響のポイエーシス』（フィルムアート社、二〇〇二年）を参照されたい。

＊＊　詳細については拙著『鏡の迷路　映画分類学序説』（みすず書房、一九九三年）を参照されたい。

化する。溝口健二の代表作『残菊物語』がすごいのは、悠然《ゆうぜん》たる緊張感をもちえた「長廻し移動撮影」による身体的映画に、突如、一箇所（ワン・シークエンス）のみ、古典的ハリウッド映画文法に類縁した集中的「切り返し」ショット（見ている者と見られている者の対応編集）を挿入することで、映画的身体にほとんど不可視の聖痕（晴れがましい傷跡）を刻印する映画となるからである。

映画カメラが連繋機器によって大移動（前述の『黒い罠』冒頭シーンにおけるクレーン・ショットやトラッキング・ショット）しなくとも、不動の三脚架上の映画カメラは「パニング（横移動撮影）」や「ティルティング（縦移動撮影）」によって、文字通り（映像通り）頸《くび》を左右上下に動かす。前述のテオ・アンゲロプロス（代表作『旅芸人の記録』*O Thiassos*［1975］）のように、古典的ハリウッド映画文法にもとづく「切り返し編集」をしない身体的映画／映画的身体は、手足によるジャブ（突きだし）をくりださなければ、フットワークによって身体を動かしたりもしない。しかし、人間（観客／俳優）が四つ足動物同様、みずからの身体で長期放浪冒険旅行《オデュッセイア》をするのであれば、身体的映画も長廻し移動撮影することになる。*

全体と個別の渦巻き連繋

さて「イスタブリッシング・ショット（後継アクションへとつづく冒頭の時空間的設定場面）」が独自に提示されるとき、映画の超越的身体は視覚領域内の特異な運動媒体となる。ハリウッド映画史上最高の映画作家のひとりアルフレッド・ヒッチコック（1899-1980）は、全体的な視覚環境を提示するイスタブリッシング・ショットから、そのまま切れ目なく個別的な内的環境へと浮遊的に移行する特異な撮影編集（『サイコ』や『裏窓』などの冒頭部）を提示する。それによって、超越的身体の視覚領域が経験的身体の視覚活動と連鎖する。現実的に異なる身体的映画と映画的身体が精妙に連接するアクロバティックな離れ業《わざ》を実践する。**

声なき口の圧倒的運動

また映画の主人公が（男優であれ女優であれ）「ヴォイスオーヴァ・ナレイション（口唇運動なしの黙想の発声化）」をするトーキー映画の場合、観客《オーディエンス》（聴衆）にとっては主人公の内的精神＝魂＝重要な記憶を精妙に受容することになる。*** たほう、通常のトーキー映画では文字通り（映像通り）リップ・シンク（口合わせ）で、ごく普通に主人公が発話するときは、口唇運動がダイレクトに提示されることになる。しかし、そうした映画的身体が演劇的身体と同化しながらも、映画が演劇から劇的に変容する作品は映画史初期（サイレント初期）に制作された。

＊　詳細についてはヴァルター・ルグレ、奥村賢訳『アンゲロプロス　沈黙のパルチザン』（フィルムアート社、一九九六年）を参照。

＊＊　詳細については拙著『ヒッチコック「裏窓」　ミステリの映画学』（みすず書房、二〇〇五年）、および『表象と批評』（岩波書店、二〇一〇年）、序章を参照されたい。

＊＊＊　「ヴォイスオーヴァ」の詳細については拙著『「ブレードランナー」論序説　映画学特別講義』（筑摩書房、二〇〇四年）を参照。

最初期映画ゆえ、超短篇（約六〇秒）のサイレント映画『大きなひと呑《の》み』*The Big Swallow*（1901）では、男性主人公の顔の超クロースアップ（大写し）撮影によって（むろん、シネキャメラによる拡大撮影ではなく、登場人物が三脚架上の映画カメラに近づいてくるから、その顔がどんどん大きく見えるだけだが）、大きく開かれた口唇《こうしん》（一九世紀後半の大劇場では舞台《ステージ》から離れて座っている観客＝聴衆は双眼鏡《オペラグラス》で俳優＝歌手の顔を大きく見ることが多かった。それゆえ逆説的とも言えるほど、本作の男性がカメラに接近しはじめるとき、みずからの眼鏡をはずすのである）と身体的映画（暗い映画館内の明るいスクリーン）内の穿《うが》たれた真っ黒な触感なき口内＝ブラックホールが同化し、暗渠《あんきょ》のような穴（映画的身体と身体的映画の縫合《ほうごう》による巨大な暗黒口内）の奔流《ほんりゅう》に、非被写体（大きく口を開けている人物の顔を映している映画カメラマンとその三脚架シネキャメラ）が呑みこまれる場面で終わる映画。本作の監督（兼カメラマン）は初期映画の有名な、すぐれた英国（スコットランド人）映画作家ジェイムズ・ウィリアムソン（1855-1933）。『大きなひと呑み』はサイレント初期映画であるため口唇による音声表示はできないがゆえに、このような斬新的かつ凝縮的動画像になりうるのである。

身体的音響運動

あるいは、世界映画史上最高監督のひとりイタリア人映画作家フェデリコ・フェリーニ（1920-1993）の映画のように幻肢と実肢が同化する身体的映画もあれば、傑出したアメリカ人映画作家ロバート・アルトマン（1925-2006）の作品のように、視聴覚媒体たる映画が人間の音声を練達化した画期的身体的映画もある。アルトマン映画の観客＝聴衆は、人物群像の同時多数会話を錯綜した音響（音声）共鳴とともに完全に聴取することができるのである。それは現実世界における聴覚を超越した刷新的「現実」身体映画となり、群像的映画身体そのものに観客は溺《おぼ》れることになる。＊

身体的光暗

「溶暗（フェイドアウト）」は身体的映画が眠りに落ちるように、ゆっくりと目を閉じる行為であり、「暗転（ブラックアウト）」はいったん目を閉じたあと、ふたたび目を開ける身体運動である。ともに映画の身体的暗流となる。なぜなら人間は現実世界において、つねに明暗の日々をおくっているのだから（たとえば星空月光）。それゆえ光彩のみに満たされた現代映画（CGI＝コンピュータ生成動画像）は、基本、活性化しえなくなる。

また映画産業は基本、白黒映画《モノクローム・フイルム》として半世紀以上つづいたため、曇空や霧の自然世界同様、闇と光の多様な変様を存在基盤にしている（暗闇をつらぬく光線の反映として映画的身体は存立する）。それゆえ、白黒映画を多数撮っていた二〇世紀前半のすぐれたハリウッド映画監督ジョン・フォード（1894-1973）のカラー西部劇『捜索者』*The Searchers*（1956）でも、暗い室内のドアが開いて外光が差しこむショッ

＊　フェデリコ・フェリーニの特異性の詳細については拙著『愛と偶然の修辞学』（勁草書房、一九九〇年）を、ロバート・アルトマンの特異性の詳細については蓮實重彥著『映画　誘惑のエクリチュール』（筑摩書房、一九九〇年）を参照されたい。

トから物語がはじまり、それからドアが閉じられて外光が消えて真っ黒になって終わる身体的映画となる。*

心身二元論の映画的解体ブルー

イギリス人映画作家デレク・ジャーマンの最期の作品『ブルー』*Blue*（1993）は、おだやかな蒼空蒼海のごとく、全篇、青一色のみの美しい非動画像（人間も風景もふくめ、いかなる被写体も映されていない青一色のみの映像）で、音響（デレク・ジャーマン本人のナレイションと音楽と環境音）によって多様化された特異な視聴覚媒体で、文字通り（映像通り）すばらしい身体的映画となる。この青色《ブルー》映画制作は、エイズ（同性愛による性的感染症）で身体不全におちいった死の一年前のデレク・ジャーマン本人の不可避的選択でもあった。

彼と同じ一九四二年生まれの英国人ピーター・グリーナウェイの映画『数に溺《おぼ》れて』*Drowning by Numbers*（1988）のように、数列的分節性を視聴覚的にも概念的にも強調すれば、登場人物たちも画期的に映画的身体化する。

かたや一九七〇年から、最高のアメリカ映画作家となりはじめるデイヴィッド・リンチの『イレイザーヘッド』*Eraserhead*（1977）のように、人間の「現実」身体が特異な視聴覚的表象によって悪夢と現実に融合するような特異な映画もある。そこでも心身二元論は解体し、映画的身体が悪夢を具現化して身体的映画となる。映画が単に悪夢のイメージを提示しているのではなく、映画の構成要素全体が悪夢と化しているからである。それは同じリンチ監督の『ブルー・ベルベット』*Blue Velvet*（1986）においても、一層活性化される。なぜなら、残虐な屍体の姿がまるで生きている身体にしか見えないからである（むろん、屍体を演じている俳優は生きているのだが）。[**]

一人の人間の複数画像の鏡面化

「マルチスクリーン（一枚の巨大スクリーンを分割して複数の映像を同時上映する方式）」を採用する、凡庸《ぼんよう》かつ有名なアメリカの巨大野外ロック・コンサート映画『ウッドストック』*Woodstock*（1970）。これは、一見したところモザイク的ないしジグソー・パズル的身体のように見える（膨大な聴衆と多数の演奏歌手たちの動画像）。しかし映画の巨大フレームのなかに複数の小フレームが平行挿入される。それゆえ「マルチスクリーン方式」は、見られるべき身体の複合的複数化がもたらされているかに見える。むろん、通常の映画でも見られる身体は、けっしてその全体性が十全に提示されることはない。したがって、単一スクリーンであろうがマルチスクリーンであろうが、映画的身体の全体性を究明することは不可能である。映画的身体は現実化するわけではなく、麻袋のような肌理《きめ》のあらいモザイク的構成に従属する。

＊　あるいは二一世紀ですらも、つねにモノクローム映画を撮りつづけた、すばらしいハンガリー人映画作家タル・ベーラの身体的映画の芸術性については拙著『列車映画史特別講義　芸術の条件』（岩波書店、二〇一二年）を参照。
＊＊『ブルー・ベルベット』の詳細については拙著『映画のメロドラマ的想像力』（フィルムアート社、一九八八年）を参照されたい。

亡命ユダヤ人ロバート・シオドマク監督によるハリウッド映画『暗い鏡』*The Dark Mirror*（1946）や、ユダヤ系カナダ人デイヴィッド・クローネンバーグ監督の『戦慄の絆』*Dead Ringers*（1988）のように、すぐれたイギリス人映画俳優（オリヴィア・デ・ハヴィランド／ジェレミー・アイアンズ）を一人二役（姉妹／兄弟）にする撮影技法によって鏡像的映画的身体が生成される。そこでは、いわば一卵性双生者たち（姉妹／兄弟）のどちらが鏡像でどちらが実像なのかわからず、しかも姉妹／兄弟が異なる二面的精神性ゆえに、観客に眩暈《めまい》をあたえかねない肉迫しがたい映画的身体が提示される。

しかも、それは前述のロック音楽映画『ウッドストック』が同一人物（ひとりの歌手）を三つのアングルから撮影したショットを三面化するマルチスクリーン（三分割フレーム）で提示する（一人の人間がスクリーン上に三人化する）ことに似ていなくもないと思えるかもしれない。しかし『暗い鏡』や『戦慄の絆』では、観客は鏡面境界を把握できないがゆえに映画的身体は純然として複数化する。いっぽう、マルチスクリーンの『ウッドストック』では鏡面境界が明瞭であるがゆえに、一人の人間身体を各方向から多面的に同時提示するだけである。

映画における主人公の回想シーンの多様性と観客の再見化

「フラッシュバック（主人公の回想シーン、二〇分前後の長いシークエンスや一秒弱の短いショットなど）」の代表作のひとつとして、ジョン・ブラーム監督のハリウッド映画『危険な女』*The Locket*（1946）がある。それは、多種多様なフラッシュバックスを嵌《は》めこんでゆき（現在の回想シーンから過去の回想シーンへと、過去から大過去へと多面的に複層化し）、過去の多層性ゆえに現実感が稀薄化し、空虚感さえも具象化する「入れ子細工状」の身体的映画となる。

言いかえれば、ロシアのマトリョーシカ人形（蓋《ふた》つきカップ形状の女性人形の身体のなかに矮小《わいしょう》化されつづける複数の同じ形姿の女性人形が嵌めこまれる立体人形）のような身体的映画である。この、すぐれた映画『危険な女』は、ひとりの謎の女性をめぐって男たちがつぎつぎにみずからの過去の記憶を物語る。ひとりの男性の過去の物語のなかに、他の男性のさらなる大過去の物語が回想シーンとして錯綜的に嵌めこまれてゆくのである。

なお「フラッシュバック」技法は、ハリウッド映画で一九三〇年代から四〇年代まで隆盛し、それから六〇年代まで世界的につづく理由はなぜなのだろうか。なにしろフランスのヌーヴェル・ヴァーグ映画作家たちのなかでも、ジャン＝リュック・ゴダールやエリック・ロメールやジャック・リヴェットらとは異なる質の低い映画作家、たとえばクロード・ルルーシュの代表作『男と女』*Un Homme et Une Femme*（1966）などもフラッシュバックを膨大かつ革新的に利用する。本作はそれゆえカンヌ国際映画祭グランプリ（現在はパルム・ドール［黄金の棕櫚《しゅろ》の木］賞という名にもどっている最高賞）を受賞する。『男と女』の卓越性は、『危険な女』の錯綜的過去のフラッシュバック技法とはまったくちがって、むしろ現実風景下での人間身体のロング・ショット（遠景撮影）の圧倒的すばらしさにある。

当時の（一九六〇年代以前の）映画観客は現代の観客とはちがって、同じ映画を数ヶ月後に再見するということは大変むずかしかった。それゆえ、感慨深い物語映画の回想（記憶）に嵌《は》まる観客たちは過去の回想シーンに嵌まる主人公たちといわば同一化することになるわけである。したがって「フラッシュバック」方式物語映画は、映画《フィルム》がテレヴィやコンピュータ（→ヴィデオ→レーザーディスク→DVD→YouTube）で簡単に再見可能になる時代までつづかざるをえないということになるのだろう。

現実世界と虚構世界の人間交流

ところで、同じスペイン人画家のサルバドール・ダリとの共作による、ルイス・ブニュエル監督の第一作にして、すぐれたシュルレアリスト映画『アンダルシアの犬』*Un Chien Andalou*（1928）は、あらゆるイメージが現実原則から完全に遊離しながらも、多様なイメージは不合理でありつつも相互融合し、それゆえほとんど荒唐無稽な四肢を有しながらも（イメージの内容は超現実主義的でも）、ショットの接合方式（イメージの形式）はかならずしも古典的編集原理から完全に分離していないため、すべての関節が逸脱しているわけでもない身体的映画となる。

いっぽう、ルイス・ブニュエル（1900-1983）の最後の作品（第三四作）『欲望の曖昧《あいまい》な対象』*Cet Obscur Objet du Desir*（1977）では、ひとりの女性をふたりの女優が演じ分けつづけるという破綻した技法によって映画的身体に決定的な精神的断層が生じる。物語映画の男性主人公は、われわれ観客が簡単に見分けることのできるふたりの女優（女性）をまったく見分けることができない（ふたりの、まったく異なる女優が、男性主人公の恋人たりうるひとりの女性を交代しながら演じつづける）。それゆえ、「現実世界」に奇妙な混沌が生じることになるが、観客はそれを高水準から眺めおろしながら（映画鑑賞しながら）、現実世界と虚構世界の境界、ふたりの女優がひとりの女性主人公を演じる行為のはざまの意味を認知することになるかと言うと、かならずしもそうも言えない。したがって、観客は物語世界を堪能しつつも、登場人物の存在する虚構世界に参入することを、なかば拒絶されることにもなる。しかし、それでも虚構世界（「現実世界」）はルイス・ブニュエル監督によって営々と構築され、それはそれなりに立派な映画的身体と身体的映画を構成する。かくして、ブニュエル映画の観客はメタ-レヴェルに立ちあがりながらも、そこから冷ややかに虚構世界を眺めおろしているだけではない。そこに本作の映画的身体に断層が生じる契機がはらまれるのである。*

人間的身体と映画的身体

身体は血流の循環、神経系統のフィードバック、そして骨格と皮膜によって一個の個体を形成することによってひとつの全体を構成する。すぐれた映画もまたひとつの全体として存在している。それは順次開陳されながら最終的に観客の頭脳において全体像をかたちづくるという方法をとっている。そこでは個々の細部が全体の様式と食い違わないことが肝要となっている。一瞬の流れのうちに、水脈のようにみずからを提示しながら、最終的に一個の全体をもつ映画は、一瞬の生の鼓動においてたえず運動を生成する身体となる。肘、膝、手首、足首などが関節によって接合されているように、映画的身体は多

＊ 詳細は四方田犬彦の大著『ルイス・ブニュエル』（作品社、二〇一三年）を参照。

種多様なショット接合によって成立する。

若いころからアンドレイ・タルコフスキーに高く評価されていたすぐれたロシア人（旧ソ連人）アレクサンドル・ソクーロフ監督の映画『ストーン／クリミアの亡霊』（1992）は、一見、冷静的ながらも文字通り（映像通り）歪《ゆが》んだ身体に満ちている。同時に、それはまた視界が十全に開けていない迷霧《めいむ》状身体でもある。観客に捕捉しがたい現実の光の配合の不安定さが映画的身体に浸透しているのである。むろん、これは有名なハンス・ホルバイン絵画の『大使たち』（1533）における前景の頭蓋骨の（一見それが頭蓋骨とは理解できないほどの）大胆な歪像《わいぞう》（アナモルフォーシス）でもなければ、部分的なフレーム内身体におさまっているわけでもないが、他の映画的身体にくらべて、あまりにも光学的偏差の大きい画期的身体となっている。

人間の身体は心身二元論では説明しがたい自然素材＝物質である。なぜなら精神活動は身体的基盤から分離することなどないからである。それゆえ、哲学や科学や医学や心理学、その他いかなる諸学問においてであれ、人間心身の釈然性をはかることは本質的明証性の歴史（一貫的変節史）に由来するしかない。人類全体は、生と死の交替ゆえに、いかなる歴史でも平穏でいられることはない。映画の体軀中に回想シーン（想像シーン）、現実シーン（虚実シーン）などが挿入されるさい、映画的身体は観客の精神活動を活性化させるが、それらも基本的に心身活動の一部にすぎないがゆえに、（物語映画であろうと、ドキュメンタリー映画であろうと、風景映画であろうと、なんであろうと）芸術映画《アート・フィルム》のみが人間精神の歴史的狭隘《きょうあい》性を破棄しうるのである。関節は、それを支える靱帯とともに、身体各接合部の運動を円滑におこなうよう工夫されているが、関節の運動にはそれぞれ限界がある。たとえば、膝の活動範囲はもっぱら縦方向の屈伸運動に限定され、肘すらも完全な旋回運動をおこなうことはできない。同じように映画的身体のショット接合、ないしモンタージュは、膝の関節運動のように限定された直線的運動しか構成しない場合もあれば、肘や肩の関節運動のように比較的なめらかな旋回運動を構成する場合もある。フランス人のすぐれた映画作家ロベール・ブレッソンの作品は前者の例であるし、ハリウッド映画の最高監督のひとりハワード・ホークスの作品は後者の例である。しかし、肩にせよ肘にせよ三六〇度自由自在の旋回運動をおこなうわけではないように、ホークスの映画的身体が百パーセント自由闊達だというわけでもない。

古典的ハリウッド映画は、包括的な複製概念（いわば素朴なる心境）を歓楽的に観客にあたえる。しかし一九六〇年頃まで、ハリウッドで最高の映画を制作していたハワード・ホークス（1896-1977）とアルフレッド・ヒッチコック（1899-1980）とニコラス・レイ（1911-1979）。この輝かしい三人の芸術＝娯楽映画作家たちは、慣例的ゆえに不遜なハリウッド映画監督たちとはまったく異質な映画監督である。*

映像＝音響の分散性による身体的映画の充実性

たとえば、ハワード・ホークス監督の驚嘆すべき喜劇映画『赤ちゃん教育』*Bringing Up Baby*（1938）。

＊　ニコラス・レイの詳細については拙著『映画の論理　新しい映画史のために』（みすず書房、二〇〇五年）、第三章を参照されたい。

そこでは、いわば人間の多様な声が映画的身体化する。世界映画史上、前代未聞の早口で、一気呵成にしゃべりつづける最高水準の女優キャサリン・ヘップバーン。そして音声と映像の巧妙な演出ショット編集によって、映画の体軀《たいく》性すら崩壊しかねないほど「物語」の包括的構成が不可解な映画となり、まるで流星のような迅速な明暗映画となる。

キャサリン・ヘップバーンによる精妙なるエロキューション（標準的かつ誇張的発話）ゆえに、物語（婚約者がいるにもかかわらず、古生物学者ケイリー・グラントが偶然出逢ったキャサリン・ヘップバーンといつのまにか恋に落ちる不可思議な恋愛過程《プロセス》）は視覚的には成立しがたくなるのに、音響的には（ヘップバーンのペットの仔犬やかわいい豹《ひょう》の動物音声もふくめて）ふたりの男女間での不可解な恋愛が最終的に成就する惑乱的な映画的奇蹟が成立する。

むろん、映画的分節（ショット編集）もいっさい隙のない速度で進行する。多種多様な音声によって、ありうべき映画的身体が変質変容し、変態造形化するがゆえに、世界映画史上、『赤ちゃん教育』の奇妙な映画的身体の類例は存在しない。トーキー映画完成期において音響が映像よりも優位に立つわけでもないのだが、本作では現実的な視覚的身体が音声によって創造される不可視の想像的身体に取ってかわられるのである。観客が現在進行形で見ている映画的身体が不意なる多様音声によって寸断されブラックホール化され、音声によって逸脱的に造形された不可解な身体的映画となる。

本作の題名《タイトル》『赤ちゃん教育』の「赤ちゃん」とは一才にも満たないかわいいペット豹（レパード）にすぎず、偶然、遭遇した男女（ケイリー・グラントとキャサリン・ヘップバーン）がこども（赤ちゃん）

をつくるわけでもなければ、映画全体で五分間ほどしか登場しない愛玩豹（ペット・レパード）を「教育する（きちんと仕込む）」わけでもないのだから、本作の題名自体も物語的身体の転位を象徴することになる。偶然出逢った女性の音声（個性的感性）が男性の映像（古生物学者としての巨大恐竜骨格の社会的完成）を浸蝕し、婚約者との接線がキャサリン・ヘップバーンの音声によって脱線化してゆくパラグラム的（映画全篇に散在される）『映像＝音響の複雑な連繫《れんけい》』を把握するのもむずかしい。

当時（一九三八年）も現代（二一世紀初頭）も、本作を一回しか見なかった観客は、映像＝音響の分散性と映画的身体の異質性ゆえに、本作の壮絶たる革新性を理解することはできないのである。*

軟体人間の飛流的映画身体化

すぐれた映画作家たちによる例外的作品をのぞけば、現代まで、まる一世紀ほどつづいている古典的ハリウッド映画文法は、平板な限定的ポジションにおいてしか身体的部位、視聴覚的諸器官を配置しえない。しかし、パリのヌーヴェル・ヴァーグ（並はずれた新しい流派＝新傾向、一九五九年）によってはじまる、すぐれたアンチ・ハリウッド映画は思わぬところへ多方面に自由自在に身体諸器官を延長拡大する。

たとえば、同時代の小説家（ヌーヴォー・ロマン作家）兼映画作家として傑出したフランス人アラン・

＊ スクリューボール・コメディ『赤ちゃん教育』の詳細については拙著『映画ジャンル論』（平凡社、一九九六年）、第六章を参照。

ロブ゠グリエ（1922-2008）は、映画を視聴覚的な隠喩と換喩（密接でありながら距離のあるもの）によって、断片的、遊離的ショット編集をしながらも、完璧に無機的身体を活性化させる。それは映像的には、基本、破格したショット編集でありながら、音響的には観客の想像力を主導原理へと旋回させる革新的身体映画である。日常的、合理的身体運動は、しょせん雑然たる「現実世界」の範疇《はんちゅう》にしかないのだから。

ロブ゠グリエの映画的身体は頭部、体軀《たいく》、四肢などの人間的接合＝分節を包容せず、美しい海牛のような軟体動物の飛流身体と化すことになる。それは全身に多色をほどこした戯れの詩的身体であり、途方もなき斬新性へと進展する。*

身体の消失化

すぐれたイタリア人映画作家ミケランジェロ・アントニオーニ（1912-2007）の映画的身体も、部分的かつ絶対的に触知不可能である。それは霧のなかで映画内身体が消えてゆき（『赤い砂漠』*Il Deserto Rosso*［1964］など）、さらにカメラ（映画撮影）の超絶技巧の運動化によって映画内身体は消失しながらも、その内的精神は封印されることもない（『さすらいの二人』*Professione: reporter*［1975］）。アントニオーニの映画的身体はみずからのうちに空無をかかえこみ、通常の健全な体軀をもちえないものの、人間精神の多様性は映像世界内で革新的に広範化する。いわば身体に穴が開き、精神が飛翔し、心身の分節構造も伝統的な物語映画パターンから乖離《かいり》する。ミケランジェロ・アントニオーニの映画は、どれも地球の

「現実世界」同様、完結的な意味の一貫性にとどまることがない。[**]

映画的身体と身体的映画の合一化

そして日本映画における最高監督のひとり、小津安二郎（1903-63）の映画的身体は身体各部のきれいな比例関係からなる。ショットが移り変わっても、そこに映っているイメージ身体の比率は変化しないので、別の被写体が提示されても、事態はいっさい何も変化していないように感じられる。

これほど均整のとれた滑らかな分節構造を有している映画的身体は、世界映画史上、小津映画をのぞいて他に存在しない。ひとつのシークェンスが終わって、つぎの新しいシークェンスに移行するときにすら、身体的映画の分節性にほとんど継ぎ目は見当たらず、視覚的に類似したイメージの継起によって、シークェンスの移行に気づかない観客がいたとしても、まったく不思議ではないくらいの滑らかさをもった画面構成＝編集がなされている。ショットもシークェンスも変わっても、何も変わっていないかのような「現実世界」の理想的永続性の印象を観客にあたえる。小津の映画的身体の比例的な四肢と内臓は当然、物語そのものも同様の性格で構成され、たとえ肉親の死に立ち会ったとしても、まるで何事

＊　傑出したロブ＝グリエ映画の詳細については拙著『映画のメロドラマ的想像力』（フィルムアート社、一九八八年）、および『列車映画史特別講義　芸術の条件』（岩波書店、二〇一二年）を参照されたい。

＊＊『さすらいの二人』の詳細については拙著『鏡の迷路　映画分類学序説』（みすず書房、一九九三年）を参照されたい。

もなかったかのように日常がつづいてゆくのである。*

映画の身体性の具体例

最終的に、映画が人間身体をどのように表現し、どのように現実の人間身体を映画的身体へと変容させるのか世界映画史のなかから瞥見《べっけん》してみよう。

ロバート・シオドマク監督、オリヴィア・デ・ハヴィランド主演『暗い鏡』*The Dark Mirror*（1946）

一卵性双生児（姉妹）を映画的に生成すること。二重露光（double exposure）撮影によって、一人の人間を同一場面に二人（瓜ふたつの姉妹）化し、代役というナイーヴな映画演出によってオリヴィア・デ・ハヴィランドという、すぐれたハリウッド映画女優を動画像内に違和感なく二重に存在させること。映画が複製芸術媒体だとすれば、一本のフィルム内においても人間は複製可能な特異な存在となる。しかも観客は、その複製技術のナイーヴさゆえに逆説的に複製人間の生々しさに驚かずにおれない。確固たるペルソナをもつひとりの有名女優がふたりになって同時に同じ空間をしめ、ふたりとも、それぞれ生々しい存在感を発揮する。

今日のCGI（コンピュータ生成形象）技術ならば簡単に再現可能な「二重露光」技法（一人の人間を二重化すること）が、一九四〇年代のナイーヴな撮影技術によって、CGIによる再現よりも一層生々しい存在感を発揮する。それゆえ、映画は現実の再現=表象媒体というよりも、映画は現実そのものとなってしまうかのようである。そのような眩惑感が瓜ふたつの姉妹を目の前にすることによって生じてしまうことなど、にわかに信じがたいことである。しかし、ここで映画は現実の再現＝表象の技術的勝利にいたるというよりも、逆説的に現実そのものと化してしまうとしか言いようがない。

なるほど、瓜ふたつの一卵性双生姉妹は現実に存在し、それを一九六七年にそのまま写真化（撮影＝再現＝表象化）したダイアン・アーバスという、すぐれた女性写真家もいたし（しかも彼女は生きた人間たちを撮影しながらも自殺してしまうので）、賢明なアメリカ映画作家スタンリー・キューブリックの代表作『博士の異常な愛情』*Dr. Strangelove or: How I Learned to Stop Worrying and Love the Bomb*（1963）とならぶ革新的映画＝亡霊（精神崩壊）映画『シャイニング』*The Shining*（1980）では、いわば瓜ふたつの少女姉妹が戦慄の亡霊としてダイアン・アーバスの写真から引用されることになる（「引用」と言うのは、ダイアンの写真同様、キューブリックの映画『シャイニング』においても一卵性双生児はほぼ静止画像風に提示されるからである）。

しかし、『暗い鏡』の女優オリヴィア・デ・ハヴィランドほど映画的に奇妙な身体性を提示したものはほとんど類例がない。映画のなかで容疑者（オリヴィア・デ・ハヴィランド）をしぼりこんだつもりの刑事が「容疑者がふたりいること」（容疑者は一卵性双生姉妹のうちのひとりであること）に気づいて軽い眩暈《めまい》をおぼえるのと同様に、観客もオリヴィア・デ・ハヴィランドの二重身体に気づいたときに軽い

＊『ユリイカ　小津安二郎総特集』二〇一三年十一月臨時増刊号（青土社）における、エドワード・ブラニガン「『彼岸花』の空間小津映画における芸術様式の本質」（伊藤弘了との共拙訳）を参照。

ショックを受ける。双子姉妹の存在に気づいたあと、刑事自身が室内の鏡に一瞬映りこむショットがあるが、その鏡像と実像の二重存在というありふれた描写にすら軽い戦慄を感じざるをえないほど、オリヴィア・デ・ハヴィランドの二重存在はスターの唯一かつ自己同一的なペルソナを重視するハリウッド映画史において大きな危惧感をいだかせる事態となる。スターというものは映画史上唯一無二の存在でなければならない。映画史上のこの約束事が『暗い鏡』において破綻するのである。この危惧感が瓜ふたつの姉妹のうちのいずれかが殺人犯であるという、この物語映画の基本プロットを身体映画的にささえるものとなる。

レーニ・リーフェンシュタール監督『オリンピア第二部　美の祭典』*Das Fest der Schönheit*（1938）

ヒトラー政権下のベルリン・オリンピック（一九三六年）のドキュメンタリー映画『オリンピア第二部　美の祭典』のエンディング近くに溌剌《はつらつ》たる長い身体運動シーンがある。俯角《ふかく》（見下ろし）ショットと仰角《ぎょうかく》（見上げ）ショットをリズミカルに交錯（編集）させながら、水中飛び込み（ダイヴィング）競技者たちの多種多様な運動形態を超スローモーションで幾度もくりかえし提示する。やがて跳躍台（飛び込み台）から入水までの一連の落下運動を省略しはじめ、競技者たちが空中に浮かんでいるさまをとらえたショットのみをつぎつぎと畳み重ね、その結果、さながら天使のように天空を飛翔している美しい人間の姿が現出することになる。飛び込み者はまるで地上の重力を逃れた偉大なる鳥人（超人）と化したかのように見える。世界映画史はもっぱら大地（水平線）に依拠する人間をとらえてきたが、ドイツ山岳映画のすぐれた女優でもあった女性監督レーニ・リーフェンシュタール（1902-2003）のオリンピック映画『美の祭典』は、人間は重力の軛《くびき》（束縛）を逃れて跳躍的身体性を獲得することを強調する。

それがナチス・ドイツの権力の誇示を目的としたプロパガンダ映画と言えなくもない、この映画の眩惑感を構築する。人間は映画によって大空に向かって飛び立つ鳥人（超人）へと生成変化する。スローモーション撮影編集というナイーヴな映画的操作にもかかわらず、飛び込み競技者たちは蝶《ちょう》のように美しく空を舞い、鳥のように躍動的に飛翔する超人と化す。それゆえ第二次大戦が、このベルリン・オリンピック映画公開の一年後にはじまるのも当然ということになるのである。

マルコ・ベロッキオ監督『肉体の悪魔』*Diavolo in Corpo*（1986）

『肉体の悪魔』冒頭のイスタブリッシング・ショットにおいて、おどろくべき映画的舞台（舞台演劇の「現実世界」化）が提示される。まずパティオ（中庭）を取り囲むように接した四階建てとおぼしき三つの現実の建物が見える。ひとつの建物は現実から遊離したかのような文学（詩）の授業がおこなわれている学校教室で、そこの大きな窓から赤瓦《あかがわら》の長い屋根をはさんで向かい側にあるアパートのヴェランダが見え、そのふたつの建物にはさまれるようにして真ん中に別棟のアパートの赤瓦の屋根がある。そしてその広い瓦屋根がこれから展開する精神的ドラマの主要舞台となる。

すなわち、不安定な足場の屋根のうえに突如、黒い肌の異邦人女性が取り乱してやってきて、いまにも屋根のうえから地上に身を投げだして自殺せんばかりである。画面左手のヴェランダでは神父が命をそまつにすることの愚かしさを大声で訴えるが、黒い肌の若い女性は聴く耳をもたないどころか、キリスト教の教えで自殺を防ぐことができると思いこんでいる神父の愚かしさを、みずからの狂乱と合わせて笑っている。画面右手の教室では騒ぎを聞きつけた学生たちが教師の制止もきかずに窓から身を乗りだして事態の推移を見守っている。すると真向かいの（画面左手の）ヴェランダに面した部屋で寝ていたひとりの若い美しい白人女性（マルーシュカ・デートメルス）が騒ぎで眼をさまし、神父が立っているヴェランダに出てきて、いまにも身を投げだしそうな黒い肌の異邦人を見つめる。ふたりの眼が合い、白人女性が狂乱している異邦人の女性を見つめながら、いつのまにか涙を流していることに投身自殺寸前の異邦人が気づく。神の名によって自分の狂乱をなだめようとしていた神父や、事態を穏便に収拾しようとしていた階下のアパートの住人たちとはちがって、この若い白人女性は一言も口をきかず、ただ赤瓦屋根のうえの狂乱状態の異邦人を見つめて、ひとり涙を流しつづけているのである。なぜ赤の他人が自分のことを観て泣いているのか、そのことに気づいた投身自殺者（異邦人）ははじめて我に帰り、自分がなそうとしていた自殺の愚かしさと恐ろしさに気づき周囲に助けをもとめる。

傑出したイタリア映画作家マルコ・ベロッキオの『肉体の悪魔』のこの冒頭シーンは、神の名において魂の救済を訴える神父や自殺の愚かしさを訴える隣人たちの存在とは対照的に、一言も発さず、ただ涙する人間身体（顔の瞳）の感情的横溢《おういつ》のみが精神的に生命を救えることを示している。口先だけの説得よりも、自殺しようとしている自己の境遇に涙を流す赤の他人の存在のほうが自殺志願者にとっては意味を有するのである。これはどういうことなのか。すなわち、人間身体は感情的身体でもあり、半狂乱のなか投身自殺に溺れている若い女性が、自分を見つめながら何も言わずにただ涙している（まったき感情移入をしている）若い他者（女性）の存在によって、狂乱から目をさますのである。両者はただ視覚的共存者である（それは映画の観客と主人公との視覚的共存性が象徴化されることにもなる）。

眼から涙を流す女性。その視覚的共有だけで、自殺志願女性は同じ逆境を実感し、魂（精神）の共感によって被救済にいたる。コミュニケーションも説得も世論も聴覚的にいっさい無縁のまま、人間の心身は視覚的共感によって他者の心身を共有するのである。

人間身体が視覚的に共感する存在であることは、この冒頭シーンにおいて、さらに別様に強調される。文学教室の窓から事態の推移を見守っていた男子学生たちのひとりが、屋根の向こうのヴェランダで立ちつくしたまま静かに泣く女性の存在に気づいて、彼女に激しい好奇心をそそられるからである。すなわち、この若い男子学生は遠いヴェランダの白人女性に恋するのである。これもまた視覚的共感のひとつのヴァリアントである。

サミュエル・フラー監督『裸のキッス』*The Naked Kiss*（1964）

男を殴《なぐ》りたおす艶《つや》なる女。しかも男性を打つ過激ならざる身体運動の最中に鬘《かつら》がずり落ちてスキンヘッド（禿頭《はげあたま》）が露《あら》わになる女性。二重の意味で女性の既存パターンが稀薄化する『裸のキッス』の冒頭シーン。第一に、よくあるように男性が若い女性に腕力をふるうのではなく、その逆であるということと。第二に、ふさふさとした美しい女性の黒い髪の毛が鬘であり、それが暴力的身体運動中に突如落下して、まばゆいスキンヘッドが表れるということ。その二点において『裸のキッス』の冒頭の女性は、すくなくとも典型的女性の身体性を閃光的に超出する。しかも、たんに女性身体が男性身体を凌駕するにとどまらない。それは反発的、追随主義的男女二元論ですらもない、おどろくべきシーンから画期的、非スペクタクル（壮観）物語映画をはじめるサミュエル・フラー監督の偉大さである（前年の傑作映画『ショック集団』*Shock Corridor*［1963］との連繋）。サミュエル・フラー（1912-97）が、アンチ・スペクタクル上、世界映画史上最高のヌーヴェル・ヴァーグ監督ジャン＝リュック・ゴダールの映画（『気狂いピエロ』）や、ドイツ人映画作家ヴィム・ヴェンダースがドイツから多様的に離れて制作するすぐれた映画（『アメリカの友人』、『ハメット』、『ことの次第』）に引用的に出演させられるのは、ハリウッド映画作家サミュエル・フラーの偉大さゆえである。*

成瀬巳喜男監督『浮雲』（1955）

死んだ女性の顔のクロースアップに、彼女を愛する男性の回想イメージ（想念）シーン（フラッシュバック）が重なり、過去のイメージが浮きあがって現在のイメージに取ってかわる。記憶イメージには生前の女性の溌剌《はつらつ》とした心身が表れる。それは逝《い》った者を悼《いた》む、愛する者の典型的メロドラマ映画イメージである。しかし、前述の溝口健二（1898-1956）の超絶技巧的メロドラマ映画『残菊物語』（1939）でも、また同じ成瀬巳喜男監督（1905-1969）の後年の（『浮雲』と同じ主演女優、高峰秀子の）スーパー・

メロドラマ映画『乱れる』(1964)でも、最愛の死者(女性であれ男性であれ)の顔のクロースアップは画面に提示されることもなければ、死者の生前の姿がフラッシュバックで回帰することもない。**

してみれば、『浮雲』のこのエンディングはメロドラマ映画として典型的でありながらも、映画の回想イメージにおいては死者と生者は容易に接合可能であり、運動しない屍体と運動する生前の身体とが矛盾することなく並置されるのは物語映画的倫理にもとづいた映画的身体にほかならないことが改めて確認できるだろう。

ロイド・ベイコン監督、バズビー・バークリー振付『フットライト・パレード』*Footlight Parade*(1933)

世界映画史上、人間身体の精妙なフェティシズム化の最初の最たる例がハリウッド映画『フットライト・パレード』である。バズビー・バークリー振付によるすぐれた「人間万華鏡」をトップ・ショット(巨大撮影所《ステューデイオウ》の天井から真下を眺めおろす撮影)によって強調され、人間(女性たち)の四肢が花弁となり、ひとりひとりの身体が開閉する巨大な花弁素材となり、個々の身体は完全に固有性が喪《うしな》われ、人

* ヴェンダースの詳細については、ヴィム・ヴェンダース、梅本洋一他訳の翻訳集成書『天使のまなざし ヴィム・ヴェンダース、映画を語る』(フィルムアート社、一九八八年)を参照。

** この最高級の日本映画『残菊物語』と『乱れる』の詳細については、拙著『日本映画論 1933-2007 テクストとコンテクスト』(岩波書店、二〇一一年)を参照されたい。

間たちはマス・ゲームの塊のなかに溶融する。

またシンクロナイズド・スウィミング（同調遊泳）を利用した人間万華鏡は、当時は映画カメラによってしか表示されない革新的視点移動によって、華麗なハリウッド版シュルレアリスム映像と化す。映画が運動イメージの多角的媒体だとすれば、水上を舞い踊る女性たちを真上からの視点によって撮影すると、美しい同調遊泳者たちの浮遊性は一層強調され（身体の重力の軛《くびき》から解放され）、映画というミディアム以外では不可能だった非人間的運動イメージが生成される。くりかえせば、彼女たちの個々の身体は自律性を失い無機的全体へと統合される。言いかえれば、身体はいわば純然たる機械的機能に還元される。その意味で、バズビー・バークリー（1895-1976）による振付映画『フットライト・パレード』の特異なシーンは、人間を機械へと変容させる場面ともなる。

それから、たんなる振付のみならず、最高のハリウッド・ミュージカル映画となるバズビー・バークリー監督作品『*The Gang's All Here*（日本未公開作品で、テレヴィ放映時の邦題は「バズビー・バークリーの集まれ!仲間たち」）』（1943）は、映画俳優たちの身体が部分的にフェティッシュ化されながらも、切れ目なき身体運動を撮影する特殊なカメラ搭載装置によって、バロック的に振動しながらも円滑な映画的身体を形成する。カメラの運動と人間身体の運動連結は、太陽（地球）の運行とそれにともなう花弁の開閉のように連動する。観客はそこで楽しい歌曲を聴きながらも、人間心身表象の眩暈《めまい》におちいらずにはおれない。*

エルンスト・ルビッチ監督『生きるべきか死ぬべきか』*To Be or Not to Be*（1942）

すぐれたドイツ系移民ユダヤ人エルンスト・ルビッチ監督（1892-1947）による芸術的ハリウッド喜劇映画『生きるべきか死ぬべきか』。本作は、映画的身体と身体的映画の両面性がほとんど見分けのつかない革新的複層映画である。ポーランド人演劇俳優たちは、ポーランドを占領するナチス・ドイツ党員から逃れるために、みずからナチス党員を演じてナチス・ドイツ政府と交流する。それゆえ、われわれ観客は、どこから演劇世界が終焉して、どこから「現実世界」がはじまるのか区別しがたくなる（舞台演劇役者たちが精妙な演技力によって現実問題を回避するのだから）。本作の中間機構では、ナチス・ドイツが世界大戦において隆盛をほこっていた時期（一九四二年）にアメリカで製作公開された映画であるという同時代の凄惨な問題（すでにポーランドは占領されている）という意味でも、傑出した喜劇映画でありながら、単純なコメディ映画として堪能することもできない錯綜的映画である。なにしろ、本作自体が「現実」動態を演ずる現実の人間（舞台俳優＝映画俳優）たちが、舞台上（スクリーン内）ではなく「現実」上で虚構を複層的に現実化する最高の演出物語を施行する。それゆえ、映画全体は喜劇的アスペクトを有しながらも、ナチス・ドイツから逃れるために、どこから現実的演技を遂行して、それによってどこから現実的成果が生じうるのかが徹底的に曖昧《あいまい》で（文字通り［映像通り］、登場人物たちに

＊　バークリーをふくめた、すぐれたミュージカル映画の詳細については拙著『映画ジャンル論』、第九章を参照されたい。

とっても映画観客にとっても曖昧性が高くなければ、主人公［舞台俳優］たちはドイツ支配下のポーランドから亡命できないのだから）、われわれ観客すらも、ドイツ軍人同様、現実と虚構の二元論を見逃しかねない精妙な歪曲的映画となっている。

当時（一九四二年）の観客ではないわれわれでも、鏡の迷路に混入されたかのように眩暈《めまい》を生じる。実像と虚像の区分が、演技ゆえに（物語映画では基本「演技」が主要構成要素であるにもかかわらず）、判断しがたい世界が現出し、映画的身体と身体的映画は触知しがたいものとなり、それゆえ「現実世界」においてすら真実と虚構の分岐は不明瞭だということを実感する。人間の理性と思考がまがいなきものになることは、現実世界においては、はなはだ困難だということ。うねうねとくねっている二匹の蛇、からまりあっている二匹の蛇が分かちがたいように、この映画では演劇世界と「現実世界」がねじりまわって身体的映画に歪《ひず》みが生じる。本来、そのうねりが笑いをもたらす純然たる喜劇映画であるにもかかわらず、観客は当時の現実の世界大戦勃興の複雑な断層基準すら認識しがたく、笑うべき箇所で笑うタイミングを見落としかねないほど、本作は快走的に錯綜している。映画的身体と身体的映画はたえず振動し、共鳴し、鏡像と実像がゆらめきつづける最高の変容喜劇映画なのである。

ジガ・ヴェルトフ監督『カメラを持った男』*Человек с киноаппаратом*（1929）

ソ連邦（ロシア）のアヴァン＝ギャルド的ドキュメンタリー映画『カメラを持った男』（*Man with a Movie Camera*）は、人間身体をいわば映画的機械化する（人間精神表象は基本削除される）。この映画のエンディングでは、時計の振り子が急速に左右にゆれるのに合わせて映画館の巨大スクリーンを覆《おお》うカーテン（緞帳《どんちょう》）が左右に開き、スクリーン上に映っているのは、車輪が急速回転する走行車に乗った「ムーヴィー・カメラ（シネキャメラ）を持った男」が手廻しカメラでロシアの街の景観を多様に撮影している映像群である。それを観ている映画館内のロシア人観客たち（のシーン）はカメラマンの移動撮影そのものを見ている。それは映画で見る被写体としてはきわめて画期的表象である。

それはこのサイレント映画『カメラを持った男』を見ているわれわれ観客にとっても同じことである。しかし、このシーンは自己言及的というよりも、むしろ人間身体が映画機械となることを志向している。前述の走行車上でムーヴィー・カメラを廻していた男が運動撮影する政治的新鋭都市では、同じように路面電車や乗用車が走り周り、飛行機が飛び、列車が走る。都市の遠景ショットは交通網と雑踏によって織りなされる。米粒大の膨大な人間たちは街路を急ぎ足で、てんでん、ばらばらに歩き、それは不規則なブラウン運動を連想させる。レール（鉄道）上を急走行する列車と、その撮影の現像ずみのフィルム（静止画像）を観ている女性フィルム編集者の眼と、われわれ観客の眼も同じように重なり、そして最終的に人間（カメラマン）のまるい眼は文字通り（映像通り）カメラのまるいレンズと一体化する。つまり、人間身体は沸騰《ふっとう》する新生都市と連結して運動カメラそのものとなるのである。

謝辞

本書は「ハリウッド映画とは何か」という総題のもとに月刊誌『みすず』に書きすすめられた拙論がベースになっている。とても月刊誌とは信じがたい悠長な、しかも不定期の連載を許してくださったみすず書房編集部の郷雅之さんには本当にお礼の言葉もない。郷さんがいなかったら本書が存在しえなかったことだけは確かである。

以下、各章の来歴などを記しておきたい。

第Ⅰ章は京都大学総合人間学部で開催された第一回二本松映画研究会（のちの映画社会史研究会）シンポジウムでの発表原稿がもとになっている。当日の報告者と参加者、わけても田代真さん、竹内啓子さん、斎藤綾子さん、そして新田博衛教授の貴重な御意見に改めて感謝申しあげたい。

第Ⅱ章の原型は、京都のスペース・ベンゲットでフリッツ・ラング回顧展がおこなわれたさいに読まれた講演原稿である。ラング映画を字幕なしで一週間にわたり自主上映したスタッフ諸氏の熱意に拍手を送りたい。また映画の細部の確認にあたって東京のアテネ・フランセ文化センターの松本正道さんのお手をわずらわせてしまった。本当にありがとうございます。

第Ⅲ章は愛知県立大学外国語学部学術講演会用の原稿がもとになっている。講演会を企画準備された野沢公子教授にお礼を申し述べたい。また冒頭部の『質屋』にかんする議論は、共立女子大学でおこなわれたアメリカ学会シンポジウム（岩元巌教授司会）での発表がもとになっている。なお本章には次のヴァージョンもある（"*Seeing Holocaust Films*" *Iconics* 4, 1998）。

第Ⅳ章もまた完成までに三つの試練をへている。埼玉大学経済学部と立教大学アメリカ研究所そして東京工芸大学芸術学部での講演会である。各フロアからの質問は本章を仕上げるのに非常に有益であった。各講演会を依頼された小山徹教授、小林憲二教授、森岡祥倫教授に改めて感謝申しあげたい。なお本章の執筆にさいしては東日本鉄道文化財団研究助成金（一九九六年度）をえた。

第Ⅴ章と第Ⅵ章については、現地で長期間にわたるフィルム・スクリーニングを快諾してくれたアメリカ議会図書館映画放送記録音響部門（ワシントンＤＣ）の「トレランス」ぶりに、そして一九九〇年にカリフォルニア大学バークリー校でインタヴューした、グリフィス映画の専門研究者ラッセル・メリット氏、そして「タイラー、テキサス黒人映画コレクション」の存在に眼をひらかせてくれたＵＣＬＡ（カリフォルニア大学ロサンジェルス校）フィルム&テレヴィジョン・アーカイヴにも感謝の意を表したい。また第Ⅵ章の一部はその最終段階でアメリカ文学会中部支部大会特別講演会（名古屋大学）で発表した。講演会を企画準備された同支部に感謝申しあげたい。

また京都大学大学院の高橋義人教授には映画愛を共有するという理由だけで本当に随分と御世話になった。京都文化博物館学芸員の森脇清隆さんはコンピュータの利便性など、いつも最新のメディアについて知識を伝授してくださった。ＵＣＬＡ映画学博士の斎藤綾子さんには前著にひきつづき、ふたたび本書草稿に目を通していただいた。この三人の方々の友情に対してもやはりお礼の申し述べようもない。

本書全体の基本的アイディアは、京都大学、そして最高の日本実験映画作家兼映画批評家、松本俊夫氏が副学長時代の京都芸術短期大学（現在は京都造形芸術大学）、龍谷大学、大阪市立大学、熊本大学、信州大学、新潟大学、そして筑波大学、ミシガン大学の学部生や院生諸君に集中講義や演習のかたちで試された。若い学生たちのレスポンスはつねにわたしの講義の霊感の源泉であった（とりわけ京都大学大学院人間・環境学研究科博士後期課程在籍中の藤井仁子《じんし》、板倉史明両君にはいつも刺戟を受けた）。彼らの未来に幸多からんことを（現在、上記二名は早稲田大学大学院映画学准教授と神戸大学大学院映画学准教授になっている）。

＊

そもそも本書は二〇〇一年三月に、みすず書房から出版され、同年十月に「吉田秀和賞」を受賞し、贈呈式のさい東京大学総長の蓮實重彥教授から御祝辞をいただきました。高校時代からわたしは蓮實重彥先生の映画論の革新性に圧倒的影響を受け、蓮實教授は基本「映画批評」の御仕事をつづけられましたが、わたしは映画学者＝批評家（film scholar-critic）となりました。

本書は二〇〇四年四月に二刷刊行されたきりでしたが、このたび、長崎市に生まれて芥川賞受賞しても東京文壇に赴くことなく、故郷にて四二歳で急逝するまで、すばらしい小説を執筆しつづけていた日本芸術小説家、野呂邦暢《のろくにのぶ》の「小説集成」を何巻もすばらしい装丁と構成によって再刊行されている文遊社によって、拙著「増補改訂版」を復刊いただきました。編集者、久山めぐみさんの画期的理念のおかげです。文遊社というマイナー的出版社が長年、いかにすぐれた仕事をつづけられているかということを、わたしも長年、存じていましたから、本当にどうもありがとうございます。

加藤 幹郎

初出一覧

序章　書き下ろし　二〇一四年九月
第Ⅰ章　月刊誌『みすず』（みすず書房）一九九四年十月号
第Ⅱ章　月刊誌『みすず』（みすず書房）一九九五年三月号
第Ⅲ章　月刊誌『みすず』（みすず書房）一九九六年三月号
第Ⅳ章　月刊誌『みすず』（みすず書房）一九九七年五月号
第Ⅴ章　月刊誌『みすず』（みすず書房）一九九七年六月号
第Ⅵ章　月刊誌『みすず』（みすず書房）一九九八年八月号
終章　書き下ろし　二〇一四年九月

著者略歴

加藤幹郎

1957年、長崎市生まれ。1986年、筑波大学大学院文芸・言語研究科単位取得退学。1987年、京都大学教養部助教授。1990-92年および2002-03年、カリフォルニア大学バークリー校、同ロサンジェルス校、ニューヨーク大学、ハワイ大学マノア校フルブライト客員研究員。1999年、ミシガン大学客員教授。2006年より京都大学大学院人間・環境学研究科教授(京都大学博士)。単著に『映画のメロドラマ的想像力』(フィルムアート社、1988)、『鏡の迷路　映画分類学序説』(みすず書房、1993)、『映画ジャンル論』(平凡社、1996)、『映画　視線のポリティクス』(筑摩書房、1996)、『映画とは何か』(みすず書房、2001)、『映画の領分　映像と音響のポイエーシス』(フィルムアート社、2002)、『「ブレードランナー」論序説　映画学特別講義』(筑摩書房、2004)、『映画の論理　新しい映画史のために』(みすず書房、2005)、『ヒッチコック「裏窓」　ミステリの映画学』(みすず書房、2005)、『映画館と観客の文化史』(中公新書、2006)、『表象と批評　映画・アニメーション・漫画』(岩波書店、2010)、『日本映画論 1933-2007 テクストとコンテクスト』(岩波書店、2011)、『列車映画史特別講義　芸術の条件』(岩波書店、2012)、『荒木飛呂彦論　マンガ・アート入門』(ちくま新書、2014)など。監修書に『映画学叢書』(ミネルヴァ書房、2010-2015)、第1巻〜6巻。訳書に『知りすぎた女たち　ヒッチコック映画とフェミニズム』(青土社、1992)、『わたしは邪魔された　ニコラス・レイ映画講義録』(みすず書房、2001)など。編著に『映画学的想像力　シネマ・スタディーズの冒険』(人文書院、2006)、『アニメーションの映画学』(臨川書店、2009)など。

映画とは何か　映画学講義

2015年2月25日初版第一刷発行

著者：加藤幹郎

発行者：山田健一

発行所：株式会社文遊社

東京都文京区本郷4-9-1-402　〒113-0033

TEL: 03-3815-7740　FAX: 03-3815-8716

郵便振替：00170-6-173020

装幀：黒洲零

DTP：荒川典久

印刷：シナノ印刷

乱丁本、落丁本は、お取り替えいたします。

定価は、カバーに表示してあります。

 ISBN 978-4-89257-110-7

曽根中生自伝
人は名のみの罪の深さよ

曽根 中生 著

70年代以降の日本映画を代表する映画監督が、伝説の脚本家集団「具流八郎」、鈴木清順の助監督時代、監督全作品の製作秘話から、突然の失踪、発明家への転身までを告白した、衝撃の半生記。

書容設計・羽良多平吉　ISBN 978-4-89257-108-4

リアリティのダンス

アレハンドロ・ホドロフスキー
青木 健史 訳

カルトの鬼才、『エル・トポ』監督による自伝。いじめ、虐待を受けた少年期、詩へのめざめ、瑞々しくも激しい恋と友情、数々の芸術実験、オカルト的精神修行、そしてサイコテラピーの道へ。

装幀・佐々木暁　ISBN 978-4-89257-076-6

インタヴュー
ジョン・フォード

ピーター・ボグダノヴィッチ
高橋 千尋 訳

「インタヴュー嫌い」で知られたジョン・フォードに、若き日のピーター・ボグダノヴィッチが取材し、構成した名著。関係者へのインタヴュー、網羅的なフィルモグラフィを収録。

装幀・加藤賢策　ISBN 978-4-89257-070-4